edition chrismon

• • •

Und Gott chillte

Die Bibel in Kurznachrichten

Vorwort

»I guess someone had to do it. Tweet the Bible.«
TIMES ONLINE

»Am siebten Tag war Gott fertig mit seinem Kreativ-Projekt, fand das Ergebnis genial und beschloss, ab jetzt zu chillen!« So endet die Schöpfungsgeschichte (Genesis 2,1-3), zumindest in dieser Twitterbibel. Die allerdings ist nicht in sieben Tagen fertig geworden – denn die gesamte Bibel in schnell erfassbare, knackige 140-Zeichen-Schnipsel zu übertragen, ging nicht ganz so flott. Dafür kann sich das Ergebnis sehen lassen. Denn vor Ihnen liegt die schmalste Fassung der Bibel, die es gibt, ganz ohne Dünndruckpapier. Das Besondere daran: Es ist trotzdem alles drin, auch wenn die Wortwahl im Vergleich zu Luthers Übersetzung ungewohnt wirkt. Aber auch für diese Version haben wir – wie der Reformator – dem Volk aufs Maul geschaut.

Über 3.000 Leute haben dazu beigetragen, dass dieses Buch entstehen konnte. Das Internetangebot evangelisch.de, damals noch im Aufbau vor dem offiziellen Start, hatte rund um den Deutschen Evangelischen Kirchentag 2009 dazu aufgerufen, die gesamte Bibel in eigenen Worten zusammenzufassen: 3.906 Stellen mussten innerhalb kürzester Zeit gelesen, interpretiert und auf den Punkt gebracht werden, auf 140 Zeichen Länge. Mitmachen durfte jeder – je origineller die Kurzfassung, desto besser.

Twitter war damals für viele Internetnutzer in Deutschland noch neu und ungewohnt, aber für das Projekt eine richtig gute Plattform. Denn 140 Zeichen zwingen dazu, sich auf das Wesentliche zu konzentrieren, sei es im Internet oder wie auf dem Kirchentag auf Zetteln. So musste sich jeder, der mitmachen wollte, mit mindestens einer Bibelstelle ganz intensiv befassen. Und darauf hatten viele Menschen Lust: Weit über 6.000 Zusammenfassungen wurden eingereicht, viele Teilnehmer bearbeiteten gleich zwanzig und mehr Stellen.

»Ich bin evangelisch, nicht gläubig, aber das macht Spaß«, schrieb der achtzehnjährige Bernd der Redaktion. »Das nenne ich doch mal ein innovatives Projekt: Protestanten twittern die Bibel«, kommentierte der Journalist Roland Grün die Aktion. Und über Twitter erreichte die Redaktion folgende Botschaft: »Macht weiter mit dem Twittern. Durchhalten. Ihr baut mich und andere Christen unglaublich auf und erreicht Nichtchristen.«

So einfach und verspielt die Idee klingt, die Bibel mithilfe moderner Kommunikationsinstrumente wie Twitter ins Gespräch zu bringen, so komplex war die Umsetzung. Zunächst musste die gesamte Ausgabe des Textes (Luther 1984) in gut lesbare, sinnvolle Abschnitte unterteilt werden. Allein dafür benötigte Christoph Römhild, damals Pastor in Hamburg, über eine Woche.

Jedem Text wurde ein vierstelliger Code zugewiesen – ohne diesen hätten die tausenden Zusammenfassungen die Verbindung zum Original direkt verloren. Dann hätte vielleicht nie jemand erkannt, dass sich »Die Zahl der Priester ist insgesamt 139. Viele, viele Namen und Aufteilung auf die verschiedenen Herkunftsfamilien« auf das Buch Esra 2,36–42 bezieht.

Die crowdgesourcte Sammlung startete mit dem Kirchentag in Bremen: Pünktlich um 18 Uhr am 20. Mai 2009 wurden Bibelstellen an mehr als 1.000 Menschen verschickt, die sich vorher im Internet angemeldet hatten; ab diesem Zeitpunkt grassierte das Bibel-Twitter-Fieber. Rund um den Stand von evangelisch.de im EKD-Medien-Zelt standen Kirchentagsbesucher mit den knallgelben Zetteln; in Gruppen diskutierten sie darüber, was »ihre« Stelle wohl bedeuten könnte. Selbst die Kleinsten machten mit: »Kann ich bitte eine neue Stelle haben?«, fragte der achtjährige Lukas, »meine ist so schwer.«

Im Sekundentakt trafen Zusammenfassungen ein, handschriftlich vom Kirchentag und online. Allesamt wurden sie von der Redaktion geprüft, von früh bis spät. Doch unpassende Texte waren die Ausnahme, fast alle Beiträge konnten ohne Änderung veröffentlicht werden. Und für besonders schwierige Passagen standen Theologen helfend zur Seite. Bis zum Ende des Kirchentages hatten 30 Mädchen und Jungen rund 30.000 Flyer verteilt, jeder mit einer Bibelstelle. Etwa die Hälfte der Bibel war geschafft.

Doch die besondere Herausforderung bestand darin, bis zum Pfingstsonntag alle 3.906 Abschnitte tatsächlich in Twitter-Länge zusammengefasst zu haben. Denn natürlich wollte jeder vor allem seine Lieblingsstellen zusammenfassen, sodass sich schnell eine echte Bibel-Hitliste formte. Für die Schöpfungsgeschichte, Jesu Geburt, Noahs Arche, das Hohelied oder den Sündenfall im Paradies hatte die Redaktion viele Optionen zur Auswahl, aber nur eine schaffte es in dieses Buch. Der Prophet Jesaja gehörte dagegen nicht zu den Favoriten.

Trotzdem waren am Pfingstsamstag, 37 Stunden vor dem Ende der Aktion, nur noch sechs Stellen übrig, allesamt aus dem Buch Jesaja. Hirte777 fasste schließlich um Punkt 11 Uhr die letzte Bibelstelle zusammen, das Riesenprojekt war geschafft. Es war Jesaja 24,13–23: »So preiset nun den Herrn an den Gestaden, auf den Inseln des Meeres den Namen des Herrn, des Gottes Israels.«

Diese Version der Heiligen Schrift soll eine klassische Ausgabe mit dem ganzen Text nicht ersetzen, das kann sie auch nicht. Aber sie ist eine gute Erinnerungsstütze für die, die den Luther-Text schon kennen, und ein sehr guter Einstieg in die Bibellektüre. »Sola scriptura«, allein die Schrift, hat Luther den Christen als Grundlage des Glaubens mitgegeben: Jeder darf und soll sich selbst mit dem Wort Gottes befassen und es auslegen, statt jeder Deutung durch andere zu glauben. Die Tausenden, die an dieser Twitter-Bibel mitgeschrieben haben, nahmen sich das zu Herzen. Für jede einzelne der

Kurzfassungen mussten sie ihre Textstelle lesen, verstehen, deuten und wieder formulieren. Ganz persönlich, ganz individuell. Intensiver kann man sich mit der Bibel kaum befassen.

Jesus hätte auch getwittert, sagt man heute gern – und es stimmt. Denn Jesus wollte Menschen mit seiner Botschaft erreichen und hätte sich über jeden Retweet gefreut. Jesus hat uns die Sache dabei übrigens leicht gemacht: Von ihm sind Botschaften überliefert, die sogar kürzer sind als 140 Zeichen. Selbst jedes der Zehn Gebote aus dem Alten Testament passt in einen Tweet. Das Wort Gottes lässt sich also auch mit wenigen Worten verkünden, und dieses Buch ist ein großer, gedruckter Retweet der Heiligen Schrift. Lassen Sie sich darauf ein und haben Sie auch ein bisschen Spaß beim Lesen!

Hanno Terbuyken
PORTALLEITER EVANGELISCH.DE

Das Alte Testament

Das Neue Testament

Das Alte Testament

Das erste Buch Mose (Genesis)

⊙ **CHAOS PUR**

1 **1-5** Wüst und leer war alles, Chaos pur. Und Gott sprach sich in dieses Chaos aus und es wurde licht und hell. **6-8** Gott sagte, es werde Himmel und Erde. Und es geschah. Ende zweiter Tag. **9-13** Gott trennte das Wasser vom Trockenen und nannte es Meer und Erde. Er ließ Pflanzen aufgehen, die Samen tragen. Es ward der dritte Tag. **14-19** Gott setzte ein großes Licht, das den Tag regierte und ein kleines, das die Nacht regierte in den Himmel. Aus Abend und Morgen ward der 4. Tag. **20-23** Gott schuf die Tiere des Wassers und der Luft. Dann kam Tag fünf. **24-31** Gott machte Tiere, schaffte Menschen nach seinem Bild. Gab ihnen Aufträge: Vermehren, bevölkern, herrschen. Alles war sehr gut. Tag 6.

2 **1-3** Am siebten Tag war Gott fertig mit seinem Kreativ-Projekt, fand das Ergebnis genial und beschloss ab jetzt zu chillen! **4-9** Gott erschuf den Menschen aus Erde und setzte ihn in den Garten Eden, wo er von allen Bäumen außer vom Baum der Erkenntnis essen durfte. **10-14** Um den Garten Eden zu bewässern, teilt sich der Hauptfluss in vier Kleinere: Pischon, Gihon, Tigris und Euphrat. Alle hatten wichtige Aufgaben. **15-17** Gott setzt den Menschen in den Garten Eden und mahnt: Du darfst von allen Bäumen essen, nur der Erkenntnisbaum ist tabu – sonst bist du tot! **18-25** Die Einsamkeit von Adam findet ein erfreuliches Ende.

EIN ABEND IM PARADIES ⊙
MIT FOLGEN

3 **1-7** Der Mensch ließ sich vom Gedanken verführen, von Gott unabhängig sein zu wollen, missachtete sein Gebot und entdeckte, wie bedürftig er doch war. **8-14** Ein Abend im Paradies mit Folgen für alle Menschen aller Zeiten. **15-19** Gott: Ihr habt vom Baum der Erkenntnis gegessen, nun sollt ihr euer Leben mit viel Arbeit und Mühe tragen, bis ihr wieder zu Erde werdet. **20-24** Gott bekleidet Adam und Eva mit Fellröcken. Sie müssen Eden verlassen, ein mächtiger Engel verhindert den Zugang zum Baum des Lebens.

(▶) **DER MENSCH PFLANZT SICH FORT – IMMER UND IMMER WIEDER**

4 **1-8** Adam und Eva bekamen Kinder: Kain wurde Bauer, Abel Schäfer. Gott zog Abels Opfer dem Opfer Kains vor. Da schlug Kain seinen Bruder tot. **9-16** Kain leugnet – doch Gott weiß Bescheid. Der verflucht Kain zum Nomadentum, verpasst ihm aber ein Schutz-Tattoo. Kain zieht nach Eden. **17-26** Die Menschen vermehrten sich, sie bauten Städte. Eva gebar noch einen Sohn für den ermordeten Abel. Man fing an, Gott anzurufen.

5 **1-17** Nachdem Gott Adam schuf, wurden über viele Generationen Söhne und Töchter gezeugt. Sie wurden alle sehr, sehr alt. **18-32** Der Mensch pflanzt sich fort, immer und immer wieder, und Gott behütet und beschützt die Menschen auf ihren Wegen, bis sie sterben.

6 **1-7** Gottessöhne nehmen sich Menschentöchter zur Frau. Kinder waren »Riesen auf Erden/ Helden der Vorzeit«. Menschen machen Fehler, Gott ist's leid.

FLUT TOBT 40 TAGE (◀)

8-12 Noah, ein frommer und tadelloser Mann, wandelte mit Gott. Er zeugte Sem, Ham und Jafet. Gott aber sah die Erde durch alles Fleisch verderbt. **13-22** Da sprach Gott zu Noah: Baue eine Arche, rette von jedem Tier ein Paar + deine Familie. Ich werde eine Sintflut schicken. Denk an Futter!

7 **1-5** Gott wählt den würdigen Noah, die Arche zu bauen und die Tiere nach seinem Gebot zu wählen. Dann kündigt er die Sintflut an. Noah gehorcht. **6-9** Noah war 600, Sintflut kommt. Er stieg in Arche mit seiner Familie und ein Paar von allen Tieren, je Weibchen und Männchen, nach Gottes Auftrag. **10-12** Nach sieben Tagen kam die Sintflut, 40 Tage und 40 Nächte Regen. **13-17**

Ein Paar (xx + xy) eines jeden Lebewesens besteigt die Arche vor der Flut, die 40 Tage tobt. **18-24** Die angekündigte Katastrophe tritt ein: Alles Leben geht unter. Nur Noah und was er in der Arche gerettet hat – das überlebt.

8 **1-7** Puh, zum Glück entdeckte Gott Noah mit seiner Arche und dachte sich: na gut, es reicht mit dem Wasser. Ich versuche es nochmal mit ihnen. **8-14** Taube kehrt zu Noah zurück. Nächster Versuch 7 Tage später: Taube kehrt mit Ölblatt im Schnabel zurück. 7 Tage später: Arche endlich an Land. **15-22** Gott sagte zu Noah: Ihr könnt jetzt alle die Arche verlassen. Von nun an seid ihr sicher! Da dankte Noah Gott und opferte ihm.

9 **1-7** Gott vertraut den Menschen die Welt an, damit sie sie ehrfurchtsvoll nutzen, bewahren und bevölkern. **8-17** Gott: Meinen Bogen habe ich in die Wolken gesetzt; der soll das Zeichen sein des Bundes zwischen mir und der Erde. **18-29** Nach der Sintflut. Noah betrinkt sich, strampelt sich frei. Noah sauer auf jüngsten Sohn: Der sah ihn

splitternackt rumliegen, posaunte es bei seinen Brüdern rum. Die aber deckten Vater zu ohne hinzugucken.

GOTT IST SAUER –
VERWIRRT SPRACHEN

10 **1-17** Nachkommen Noahs, Gesegnete Gottes – alle. Er lässt Seine Sonne aufgehen über Gerechte und Ungerechte, denn also hat Gott die Welt geliebt. **18-32** Eine Auszählung der Nachkommen der Söhne Noahs nach Familien, ihren Sprachen, Ländern & Völkern. Von ihnen stammen wir nach der Sintflut ab.

11 **1-9** Ganze Welt = 1 Sprache. Im Land Schinar bauten sie ne Stadt mit hohem Turm bis in Himmel. Gott sauer. Verwirrt Sprachen und verstört dadurch Bau. **10-23** Sem lebte nach der Sintflut noch über 500 Jahre und hatte jede Menge Nachkommen, die alle steinalt wurden.

FAMILIENUNTERNEHMEN
ABRAM-LOT TIERISCH ERFOLGREICH

24-32 Stammbaum Abrams (ab Nahor). Abram heiratet unfruchtbare Sarai. Ziehen mit Lot gen Kanaan bis Haran.

12 **1–9** Gott sprach zu Abram: Geh, wohin ich dich sende! Du sollst ein Segen sein, weil ich dich segne. In Kanaan sprach Gott: Das ist euer Land! **10–20** Eine Hungersnot trieb Abram nach Ägypten. Seine schöne Sarai stellte er Pharao als seine Schwester vor. Die Lüge flog auf. Folge: Ausweisung.

13 **1–7** Das Familienunternehmen Abram-Lot ist tierisch erfolgreich, aber es verliert Energie im internen Streit. Alle sind genervt. **8–13** Im Konflikt ist es manchmal besser, sich zu trennen. Das schlug Abraham auch Lot vor und ließ ihm die Wahl. Der ging in die Gegend um Sodom. **14–18** Gott sprach zu Abram: Schau, alles Land ringsum will ich dir und deinen Nachkommen geben. Abram zog bis Hebron und baute Gott einen Altar.

14 **1–9** Zur Zeit, als Abram in Kanaan lebte, gab es dort einen heftigen Krieg zwischen neun verschiedenen Stämmen. **10–17** Die 4 Könige besiegten die Gegner, plünderten Sodom und Gomorra und nahmen auch Lot mit. Abram überwältigte sie nachts und rettete Lot. **18–24** Abram wurde vom König von Salem, der sich zu Gott bekannte, mit Brot und Wein als Sieger geehrt. Abram gab ihm den zehnten Teil der Beute.

SARAI AKQUIRIERT MAGD ALS LEIHMUTTER

15 **1–11** Abram ist kinderlos, aber Gott verspricht ihm eine große Nachkommenschaft. Abram glaubt dem Herrn und bringt ihm Tieropfer dar. **12–21** Im Traum offenbart Gott Abram die Zukunft seines Volkes: Nach vierhundert Jahren Sklaverei werden sie ihr eigenes Land bekommen.

16 **1–6** Abrams Frau Sarai akquiriert ihre Magd Hagar als Leihmutter. Magd wird schwanger und stolz. Sarai will sie demütigen – Magd flieht. **7–16** Ein Engel fand Hagar an einer Quelle und sagte: Geh zurück zu deiner Chefin Sarai und benimm dich! Den Sohn sollst du Ismael nennen = Gott hört!

17 **1-8** Gott sprach zu Abram: Du sollst Vater vieler Völker werden. Deshalb heißt du nun Abraham. Kanaan wird euer ewiger Besitz und ich euer Gott.

❯ DIE SÜNDE REGIERT SODOM

9-14 Aua, kleine Jungs und große Männer sollen beschnitten werden. Damit gehören sie dazu. Guckt auch an, ob das Personal beschnitten ist. **15-20** Abraham und Sara lachen sich schlapp: mit 90 und 100 noch Eltern werden? Aber Isaak wird geboren werden. Gottes Segen liegt auf ihm. **21-27** Gott zu Abraham: Doch meinen Bund will ich mit Isaak weiterführen. Abraham befolgte Gottes Wille und ließ alle männlichen Hausbewohner beschneiden.

18 **1-8** Drei geheimnisvolle Besucher standen vor Abrahams Zelt. Er redete sie mit »Herr« an und lud sie zu fürstlicher Mahlzeit ein. **9-15** ER sagte: Übers Jahr soll Sara einen Sohn haben. Sara lachte hinter dem Zelt wegen ihres Alters. ER: Dem Herrn ist nichts unmöglich! **16-25** Die Männer brachen auf nach Sodom. Der Herr sagte: Die Sünde regiert Sodom. Abraham: Willst Du Vernichtung trotz eventuell 50 gerechter Menschen? **26-33** Der Herr: Finde ich 50, so will ich vergeben. Abraham handelte: Wenn es nur 40, 30, 20, 10 gute Menschen sind? Der Herr: Ich werde verzeihen.

19 **1-8** Zwei Engel kamen nach Sodom. Lot lud sie zur Übernachtung ein. Die Bewohner wollten sie missbrauchen. Lot versuchte sie abzulenken. **9-15** Sie bedrohten Lot heftig. Lots Gäste griffen ein. Morgens drängten die Engel Lot und Familie zur Flucht, bevor die Stadt vernichtet wurde. **16-21** Lot zögerte. Die Männer zwangen ihn: Rette dich! Lot sagte: Nicht ins Gebirge, in die kleine Stadt will ich mich retten. Einer gab ok. **22-29** Eile! Morgens erreichte Lot Zoar. Gott vernichtete Sodom und Gomorra. Lots Frau schaute und erstarrte. Abraham erblickte nur Rauch. **30-38** Lots Töchter in Not: kein Mann weit und breit! Verführen ihren eigenen Vater im Suff. Zwei Söhne: Ben-Ammi (Ammoniter), Moab (Moabiter).

20 1–8 In der Fremde behaupten Abraham und Sara, sie wären Geschwister, nicht Eheleute. Da nahm sich der König Sara. Gott verhindert die Schande. 9–18 König Abimelech sagte zu Abraham: Warum hast du gelogen? Abraham: Ich hatte Angst. Sara ist wirklich meine Halbschwester. Abimelech beschenkte beide.

21 1–8 Sara gebar Isaak, der am 8. Tag beschnitten wurde. Abraham war 100 Jahre alt. Sara jubelte. Das Kind wuchs heran und Abraham gab ein Fest. 9–14 Sara will nicht, dass Ismael wie Isaak erbt. Vertreibe die Magd mit Sohn, verlangt sie. Abraham zögert, doch Gott gibt sein ok. 15–21 Ohne Wasser saß Hagar in der Wüste und bangte um das Leben des Sohnes. Steh auf, ich will Ismael zum großen Volk machen. Sie sah Wasser. 22–34 König Abimelech bat Abraham: Schwöre bei Gott, dass du mir Treue zeigst. Sie schlossen einen Bund, in dem es auch um einen Wasserbrunnen ging.

22 1–10 Gott versuchte Abraham: Opfere Isaak! Abraham ging an den Ort, baute einen Altar, legte Holz auf, band Isaak und griff nach dem Messer ... 11–19 Der Engel des Herrn sprach zu Abraham, er solle Isaak nicht töten: Ich weiß, dass du Gott fürchtest. Und Abraham verschonte Isaak. 20–24 Abraham erreicht eine Familiennachricht: Milka, die Frau deines Bruders, hat 8 Söhne geboren. Der Jüngste wurde später der Vater von Rebekka.

23 1–11 Sara starb, Abraham weinte. Er wollte von Efron eine Höhle als Erbgrab kaufen. Efron: Ich schenke sie dir, begrabe deine Tote dort. 12–20 Abraham wollte den Acker mit Höhle nicht geschenkt. Er zahlte 400 Lot Silber. Er begrub Sara auf seinem eigenen Land mit Höhle und Bäumen.

AUF BRAUTSCHAU

24 1–9 Abraham war alt. Er beauftragte einen vertrauten Knecht, für Isaak in der alten Heimat eine Frau zu suchen. Ein Engel wird mit dir sein. 10–14 Knecht zieht mit zehn Kamelen los. Sein Auftrag: Am

Brunnen eine junge Frau abpassen, die den Tieren Wasser gibt. Sie ist dann die Braut. **15-21** Rebekka kam zum Brunnen. Lass mich aus deinem Krug trinken, bat der Knecht. Sie reichte ihm Wasser und tränkte alle seine Kamele. **22-28** Er beschenkte sie und fragte, ob sie bei ihrem Vater übernachten könnten. Sie stellte sich vor und lud sie nach Hause ein. Da war er happy. **29-35** Laban, Rebekkas Bruder, bittet die Gäste vom Brunnen ins Haus, versorgt die Tiere. Der Gast will vorm Essen erst seinen Auftrag loswerden. **36-44** Der Knecht ist auf Brautschau für den Sohn seines Herrn. Er hofft, auf die Gnade Gottes, diese Aufgabe zu erfüllen. **45-49** Die Person, um die es geht, hat Liebeskummer (Rebekka, Tochter von Betues), lobt Gott und fragt, welchen Weg er einschlagen soll. **50-59** Rebekka wird gefragt, ob sie mit Abraham und seinen Knechten ziehen will. Sie will. **60-67** Die Familie segnete Rebekka vor der Reise. Isaak betete, als er die Kamele sah. Rebekka hüllte sich in den Schleier. Sie wurde seine Frau.

25 **1-11** Abraham heiratet Ketura, neue Kinder kommen. Er gibt alles Isaak, beschenkt die anderen, stirbt mit 175, wird neben Sara begraben. Gott segnet Isaak. **12-18** Ismael, Hagars Sohn, hatte 12 Söhne. Er war 137 Jahre als er starb.

SCHWIEGERTOCHTER GREIFT ZUR LIST

19-28 Später Nachwuchs im Hause Isaak: Esau liebt die Jagd, Jakob die häusliche Umgebung. **29-34** Esau verkaufte Jakob voller Verachtung sein Erstgeburtsrecht für Brot und einen Teller Linsengericht, welches Jakob kochte.

26 **1-6** Gott versprach Isaak, ihn zu segnen und ihm viele Nachkommen zu schenken, wenn er in dem Land bleibt, obwohl er Angst vor den Einwohnern hat. **7-13** Philisterkönig Abimelech merkt: Isaak lügt, Rebekka ist nicht seine Schwester, sondern Frau! Er ist sauer, aber gnädig – und Isaak wird reich. **14-23** Da schickten die Philister ihn und seine Herden wieder zurück, stritten sich mit ihm um seine Brunnen. Da baute Isaak einen neuen. **24-33** Und wieder wurde er von Gott gesegnet. Um sich vor seiner wachsenden

Macht zu schützen, schlossen die Philister mit Isaak einen Bund. **34-35** Als Esau 40 Jahre alt war, heiratete er Jehudit. Ihre Eltern machten Isaak und Rebekka dauernd Kummer.

27 **1-10** Esau soll den Segen des sterbenden Vaters erhalten. Ehefrau Rebekka will den Segen für den zweitgeborenen Sohn und greift zu einer List.

⊙ BETRUG UMS ERBE

11-20 Der jüngere Sohn betrügt zusammen mit seiner Mutter den Vater. Er lästert sogar Gott, indem er sagt: Der Herr hat's mir beschert! **21-29** Jakob gibt sich als Esau aus. Isaak überwindet Zweifel und übergibt dem vermeintlich Erstgeborenen die Macht. Der Akt ist bindend. **30-35** Der Betrug fliegt auf: Esau kommt, doch Isaak kann ihn nicht mehr als Erstgeborenen segnen. Listig hat ihn Jakob ums Erbe betrogen. **36-39** Esau erfleht von Isaak Segen, der ihm diesen verweigert. Er hat Jakob zu seinem Herrn gemacht, ebenso zu dem seiner Brüder. **40-46** Wegen des erworbenen Segens wollte Esau Jakob töten! Rebekka

hörte es, schickte ihn daher zu Laban und begründete es Isaak mit »Frauensache«.

28 **1-5** Isaak segnet Jakob, er soll in Mesopotamien eine Tochter des Bruders der Mutter heiraten, zahlreiche Kinder haben und das Land besitzen. **6-9** Esau sieht, Jakob gehorcht seinen Eltern, und tut ebenso: Er nimmt sich eine Frau aus der Verwandtschaft Abrahams.

ERKAUFTE NACHT ⊙

10-15 Als Jakob umherzog, schlief er an einem Stein ein. Er träumte von einer Himmelsleiter und Gott versprach ihm und seinen Erben Segen und Land. **16-22** Jakob entdeckt die Heiligkeit Gottes, die jenseits von Naturerfahrung liegt. Dieser unverfügbaren Heiligkeit vertraut er sich an.

29 **1-10** Auf dem Weg nach Osten trifft Jakob Schafhirten auf einem Feld. Er ist Rahel behilflich und tränkt ihre Schafe. **11-19** Jakob lernte durch Rahel seinen Onkel Laban kennen und arbeitete bei ihm. Als Lohn wollte er 7 Jahre um Rahel dienen. Laban: Ok. **20-30** Jakob wollte Rahel heiraten *&* diente Laban 7 Jahre. Lea aber war die Ältere *&* sollte zuerst heiraten. So diente Jakob noch 7 Jahre um Rahel. **31-35** Da Lea ungeliebt war, ließ Gott sie vier Söhne bekommen, so dass sie von ihrem Mann geliebt würde: Ruben, Simeon, Levi und Juda.

30 **1-15** Rahel wurde von ihrem Mann Jakob nicht schwanger, daher schickte sie Jakob zu ihrer Sklavin Bilha. Sie sah deren Kind dann als ihr eigenes an. **16-24** Lea erkauft Nacht mit Jakob. Gott erhört Lea, die wird schwanger. Sohn 5 *&* 6, dann Tochter. Rahel auch erhört *&* gebiert Josef. **25-33** Jakob bittet Laban, ihn ziehen zu lassen. Laban ist einverstanden. Als Lohn fordert Jakob alle gefleckten Tiere aus der Herde. **34-43** Jakob züchtet sich eine starke, große Herde mit Hilfe von geschälten Stäben und wird reich. Laban bleiben die schwachen Tiere!

31 **1-12** Die Söhne Labans waren gegen Jakob. Gott hatte den Betrug um den Lohn aufgedeckt. So hatte Gott Jakob alle Schafe Labans verschafft. **13-24** Rahel und Lea haben ihr Erbe verloren. Jakob flieht mit allem, was er besitzt, wird von Laban verfolgt. Gott aber schützt ihn. **25-34** Jakob floh mit Labans Töchtern. Er folgte ihnen verärgert. Sein Hausgott war weg. Nicht Jakob nahm ihn, sondern Rahel hatte ihn.

LABAN SAGT LEBEWOHL

35-43A 20 Jahre diente Jakob ohne Vorfälle und soll keinen Lohn bekommen. Also sprach Gott ein Urteil, trotzdem keine Einsicht bei Laban. **43B-54** Jakob sammelt Steine und baut daraus ein Mal, Laban lässt die Steine auflesen. Sie machen es zum Mal ihrer Freundschaft *&* schlafen im Gebirge.

32 **1-3** Laban sagt früh Lebewohl + zieht wieder an seinen Ort. Jakob zog seinen Weg, sieht Engel und spricht: Gottes Heerlager! Nennt Ort Mahanajim.

JAKOB IM KAMPF MIT GOTT

4-8 Jakob will mit viel Gefolge zu Esau, der ihm mit 400 Mann entgegen kommt. Jakob hat Angst und teilt sein Volk und die Tiere in zwei

Lager. **9-13** Jakob: Eines der beiden Lager wird's überleben, wenn mir Esau feindlich gesinnt sein sollte. Herr, halte doch deine Zusage an mich ein! **14-21** Jakob ließ eine große Zahl Tiere als Geschenk für Esau vor sich her treiben, denn er hoffte, so Esau mit sich versöhnen zu können. **22-33** Jakob im Kampf mit Gott. Er erkannte: Hier überlebe ich nur, wenn ich ihn um seinen Segen bitte. Gott segnete ihn und machte ihn groß.

33 **1-10** Jakob will Esau, der ihm entgegenkommt, seine Herden schenken als Ausdruck des Dankes für Esaus Freundlichkeit. Dieser lehnt dankend ab. **11-20** Esau & Jakob trennten sich friedlich; Jakob & sein Volk wanderten bis Sichem in Kanaan. Dort kaufte er Land & baute dem Herrn einen Altar.

🔘 MARSCHBEFEHL NACH BETHLEHEM

34 **1-10** Der Hiwiter Sichem vergewaltigt 1 Tochter Jakobs. Er liebt sie, bittet seinen Vater, den Landesfürsten, um sie zu freien. Wird so Friede sein? **11-19** Sichem hat sich an Dina vergangen, durch Täuschung wurden erst alle Stammessöhne beschnitten und anschließend erschlagen! Strafe muss sein. **20-24** Das Land ist weit genug, damit alle hier leben, dazu muss alles Männliche beschnitten werden und ihr Eigentum wird das unsere werden. **25-31** Simeon und Levi ermorden aus Rache die Männer aus Hamors Familie, plündern die Stadt, entführen die Frauen und Kinder. Jakob ist entsetzt.

35 **1-7** Gott erteilt Jakob einen Marschbefehl nach Bethel. Sie eliminierten die Götzen und gehorchten Gott. Am Ziel baute Jakob Gott einen Altar. **8-14** Bei Bethel erschien Gott dem Jakob ein weiteres Mal. Er gab ihm den neuen Namen Israel und verhieß ihm eine große Nachkommenschaft. **15-19** Unterwegs von Bethel nach Efrata gebar Rahel mit Schmerzen Benjamin und starb. Der Ort, an dem sie begraben, heißt nun Bethlehem.

VIEEEEEEL FAMILIENBANDE 🔘

20-25 Jakob war ein reicher Mann: Seine Frauen schenkten ihm 12 Söhne. **26-29** Ende der Liste der Söhne Jakobs. Jakob kam zu Isaak.

Isaak wurde 180 Jahre alt, verschied alt und lebenssatt. Esau und Jakob begruben ihn.

36 **1-8** Esau, Spitzname Edom, musste mit seinen Frauen und deren Kindern und seinen Tieren von seinem Bruder Jakob wegziehen. Es gab keinen Platz. **9-13** Aufzählung des Geschlechts Esau. Viele Söhne, Töchter und Frauen. **14-30** Vieeeeeel Familienbande von Esau und Konsorten: die Fürsten der Horiter im Lande Seir. **31-43** Esau ist der Stammvater der Edomiter; in Edom regierten die Nachfahren von Esau als Könige.

⊘ JOSEF MACHT SICH FEINDE

37 **1-5** Als leiblicher Sohn und als Spätgeborener war Josef Jakobs Lieblingssohn. Er bevorzugt ihn. Das bringt die Stiefbrüder gegen ihn auf. **6-10** Josef erzählt von seinem Traum und macht sich Feinde, er erzählt von einem weiteren Traum und macht sich noch mehr Feinde. **11-20** Josef soll nach dem Rechten schauen, findet seine Brüder erst in Dotan. Aus Neid wollen sie den Träumer töten & die Tat

vertuschen. **21-30** Sie warfen Josef in die Grube und die Brüder verkauften ihn an die midianitischen Kaufleute, statt ihn zu töten. **31-36** Sie tauchten Josefs Rock in Blut und gaben den Rock dem Vater. Er war sehr traurig und Josef wurde nach Ägypten verkauft.

38 **1-12** Juda hatte 3 Söhne. Der Erste starb. Onan sollte die Witwe schwängern. Er wollte nicht und passte beim Verkehr auf. Das war sein Tod! **13-22** Tamar verkleidet sich als Hure und lässt sich von ihrem Schwiegervater Juda schwängern, weil er sie nicht seinem letzten Sohn zur Frau gibt. **23-30** Die unehelich schwangere Tamar soll verbrannt werden, beweist die Mitschuld ihres Schwiegervaters und wird zur Mutter seiner Söhne.

JOSEF HAUT AB – NACKT ⊘

39 **1-6** Josef stellt sich extrem geschickt an im Haus von Potifar und wird Verwalter. Gefahr: Josef ist voll der Beau und gut gebaut und so ... **7-15** Frau Potifar versucht ihn zu verführen. Josef haut ab – nackt. Da macht sie voll den Skandal und keift, er habe sie vergewaltigen wollen. **16–23** Josef wird fälschlich der Vergewaltigung angeklagt und kommt ins Gefängnis. Er erfährt Gnade dank Gott. So wird er Aufseher des Gefängnisses.

(›) 7 SCHÖNE UND 7 HÄSSLICHE KÜHE

40 **1–11** Der Mundschenk und der Bäcker des Pharaos landen im Knast. Dort begegnet ihnen Josef, der dem Mundschenk einen Traum erklären kann. **12–23** Josef deutete dem Pharao den Traum. Es kommen 7 gute und 7 schlechte Jahre.

41 **1–7** Der Pharao sah 7 schöne und 7 hässliche Kühe. Die Hässlichen fraßen die Schönen, dann wachte der Pharao auf und merkte, dass es ein Traum war. **8–13** Kein Wahrsager in Ägypten konnte den Traum deuten. Nur dem Mundschenk fällt Josef wieder ein, der damals im Knast Träume gedeutet hatte. **14–24** Pharao ruft Josef zur Hilfe, um ihm seinen Alptraum zu deuten. **25–35** Prophezeiung: Nach 7 fetten Jahren kommen 7 miese Jahre in Ägypten. Der Pharao soll or-

dentlich Vorräte anlegen für die Zeit des Hungers. **36–46** Weil Josef dem Pharao rät, wie die sieben dürren Jahre zu überstehen sind, macht dieser ihn zum Landesvater. Damals war Josef erst dreißig. **47–57** Josef gründete eine Familie. 7 gute Jahre lagerte er Korn ein. In 7 schlechten Jahren verkaufte er den Ägyptern und deren Nachbarn Korn.

42 **1–10** Die Hungersnot zwingt die Brüder nach Ägypten. Und auf einmal hat der verstoßene Bruder Josef ihr Schicksal in der Hand.

SPIONAGEVERDACHT – (‹)
GLAUBWÜRDIGKEITSTEST!

11–20 Die zehn Brüder Josefs (außer Benjamin) wollten bei Josef Korn kaufen. Er tat so, als wären sie Verräter. Er griff zur List, um ihr Herz zu prüfen. **21–28** Dem, der seine Sünden erkennt, wird Gott vergeben. **29–35** Zurück aus Ägypten erzählen die Brüder dem Vater Jakob: Spionageverdacht, Glaubwürdigkeitstest! Dann entdecken sie in ihrem Gepäck: Geld. Alle erschrecken. **36–38** Jakob will nicht auch noch Benjamin verlieren, selbst wenn ihm Ruben beim Leben seiner zwei Söhne verspricht, Benni zurückzubringen.

▶ BENJAMIN ALS SKLAVE

43 1–7 Es war Hungersnot überall und Juda sollte mit seinem Bruder Getreide kaufen, sagte ein alter Mann, den sie nicht sehen sollten. 8–13 Juda zu Jakob: Lass Benjamin mitkommen. Ich bürge für ihn. Jakob: Nehmt ihn mit. Nehmt teure Geschenke mit. Vielleicht ist alles ein Irrtum. 14–18 Juda und seine Brüder werden in Josefs Haus eingeladen, der sie verköstigen will. Die Männer aber fürchten, beraubt zu werden. 19–25 Menschen traten in Josefs Haus und sagten, dass in ihrem Essen Gold war. Später führte Simeon sie in Josefs Haus und gab ihnen Wasser und Essen. 26–34 Josef begegnet unerkannt seinen Brüdern und sieht zum ersten Mal seinen Bruder Benjamin. Das war ganz schön heftig.

44 1–9 Josef lässt einen silbernen Becher in Benjamins Sack verstecken, um ihn hinterher des Diebstahls zu beschuldigen. 10–17 Der silberne Becher wird in Benjamins Sack gefunden. Die Brüder sind entsetzt. Benjamin muss als Sklave bei Josef bleiben. 18–26 Juda appeliert an Josef, wie sehr der Vater leidet, wenn der jüngste Sohn nicht bei ihm ist. 27–34 Juda beschwört Josef, der Vater wird sterben, wenn Benjamin nicht zurückkommt. Er bietet sich selbst als Stellvertreter an.

45 1–8 Josef gibt sich den Brüdern zu erkennen, fragt nach dem Vater, und vergibt den erschreckten Brüdern. Es sei Gottes Plan gewesen. 9–19 Josef lud seinen Vater und die gesamte Großfamilie herzlich ein, im Land Goschen in Ägypten zu wohnen. Der Pharao bestätigte die Einladung. 20–28 Die Brüder Josefs zogen mit Geschenken und Wagen nach Kanaan zu Jakob. Von Josef – er lebt. Jakob war sprachlos, dann wollte er Josef sehen.

DAS VOLK HUNGERT ◀

46 1–7 Gott sprach zu Israel, er solle nach Ägypten ziehen. Er würde ihn beschützen. So brachte Israel seine ganzen Nachkommen dorthin. 8–18 So kamen die Israeliten nach Ägypten: Josef, der in Ägypten zu Ruhm kam, holt seine gesamte Familie nach. **19–27** Familienchronik: 70 Nachkommen hat das Haus Jakob, die nach Ägypten kamen. **28–34** Josef und sein Vater begrüßten sich freudig. Er wollte für seine Familie beim Pharao eintreten, damit sie gutes Land bekämen.

47 **1–6** Der Pharao erlaubte fünf Brüdern von Josef, mit ihren Weisen in Goschen zu wohnen, weil in Kanaan kein Gras mehr war. **7–13** Josef brachte seinen Vater Jakob nach Ägypten, wo sie wohnen und leben durften und er versorgte sie mit Nahrung, auch wenn es wenig war. **14–20** Josef ruinierte in nur zwei Jahren durch schlechtes Wirtschaften sein Volk. Alles Geld und ganz Ägypten ging an den Pharao, das Volk hungert. **21–27** Josef ordnete an, dass alle Ägypter ein Fünftel an den Pharao abgeben müssen. Israel wohnte in Ägypten und mehrte sich sehr. **28–31** 147 Jahre wurde Jakob alt, davon 17 in Ägypten. Josef musste ihm versprechen, ihn in Kanaan zu beerdigen.

SCHISS VOR RACHE UND SCHLEIMEN UM VERGEBUNG

48 **1–7** Josef geht zu seinem kranken Vater Jakob; dieser wiederholt den Segen, den er von Gott empfangen hat. **8–16** Der alte Israel segnet die Söhne Josefs, seines Lieblings, und kreuzt dabei bewusst seine Hände. Er schaut dankbar auf Gottes Hilfe zurück. **17–22** Josef will den Segen andersrum, aber Jakob bleibt dabei: denn Ephraim wird stärker und größer sein als Manasse. Dann Ausblick auf die Heimat.

49 **1–8** Jakobs Rede an seine Söhne: Ruben soll nicht der Oberste sein. Simeon und Levi werden versprengt. Juda ist gepriesen. **9–20** Rede Jakobs an seine Söhne. Aus Juda wird der Held der Völker kommen. Weitere Worte über die Söhne: Sebulon, Issachar, Dan, Gad und Asser. **21–27** Rede Jakobs an die Söhne: Naftali. Josef: Vom Allmächtigen seist du gesegnet mit Segen der Brüste und des Mutterleibes. Wort über Benjamin. **28–33** Als Jakob alle 12 Söhne gesegnet hatte, kündigt er seinen Tod an. Das Grab sollte in Kanaan sein, bei seinen Verwandten.

50 **1-8** Josefs geliebter Vater Jakob stirbt. Er wird 40 Tage gesalbt und 70 Tage betrauert. Der Pharao gestattet das Begräbnis im Lande Kanaan. **9-14** Überm Jordan, da hielten sie eine große Totenklage. Und sie begruben Jakob im Familiengrab und zogen wieder hinunter nach Ägypten. **15-20** Die Brüder haben Schiss vor Rache und schleimen um Josefs Vergebung. Josef heult. Und vergibt, weil Gott alles gut gemacht hat – trotz allem. **21-26** Josef kümmert sich um alle, bis er stirbt. Aber er wird nicht – wie gewünscht – in Kanaan begraben, sondern als Mumie in Ägypten gelagert.

Das zweite Buch Mose (Exodus)

1 **1-12** Das Volk Israel wächst, dem Pharao in Ägypten wird angst und bange. Er unterdrückt das Volk Israel, aber es wächst weiter – die Angst des Pharaos auch. **13-22** Gott steht zu dem, der ihm vertraut und handelt fantasie- und liebevoll.

2 **1-10** Tochter des Pharaos findet Baby in einem Kästlein im Nil. Nimmt es zu sich. Lässt es stillen, ahnungslos, von der Mutter. Nennt es Mose. **11-16** Umbringen, Verscharren und Verdrängen ist kein Weg Gottes. Und doch holt ER Mose ein auf seiner Flucht und begleitet ihn, schenkt ihm Zukunft. **17-25** Statt zu töten, verscharren und verdrängen, schöpft Mose für andere Wasser zum Leben – und es wird neues Leben durch ihn.

3 **1-6** Mose sieht einen brennenden, aber nicht verbrennenden Dornbusch, aus dem Gott spricht und Mose lernt ihn respektieren. **7-12** Gott: Volk, ich habe deine Not vernommen. Ich schicke den Retter. Wenn ihr raus seid, dankt mir hier. **13-16** Mose fragt nach Gottes Namen. Gott antwortet: Ich werde sein. Gott ist Zeit und Ewigkeit, Jetzt und Hier. Gott sorgt für sein Volk. **17-22** Ausziehen, immer wieder, um Gott anzubeten – gerade auch in wüsten Zeiten. Was für innere Widerstände gilt es da zu überwinden!

4 **1-7** Mose fürchtet, sein Volk glaube ihm nicht, dass Gott ihm erschienen ist. Dann überzeugt Gott ihn aber vom Gegenteil. **8-17** Gott: Du schaffst das. Mose: Ich bin eine Kommunikationsniete. Gott: Ich helf Dir. Mose: Nee! Gott: Los jetzt, Aaron ist dabei und redet. **18-23** Mose verlässt den Schutzort bei seinem Schwiegervater und stellt sich der von Gott genannten Aufgabe: Freiheit für die Kinder Israels. **24-31** Der Herr nimmt sich den Israeliten an und das Volk glaubt und betet an.

NOCH HÄRTER SCHUFTEN

5 **1-9** Ohne sich für die Israeliten zu interessieren, befahl der Pharao, sie noch härter schuften zu lassen, was ihnen nicht gefiel. **10-16** Rede des Pharaos ans Volk: Kein Häcksel mehr, aber gleiche Arbeit! Beschwerde der Aufseher beim Pharao. **17-23** Pharao bleibt dabei. Aufseher der Israeliten beschweren sich bei Mose, der es an Gott als Klage weitergibt.

6 **1-7** Gott erzählte Mose, dass er Abraham, Isaak & Jakob erschienen ist. Und dass er die unterdrückten Menschen aus Ägypten führen will. **8-13** Der Herr zu Mose: Sprich mit dem Pharao, dem König Ägyptens. Gott sendet Mose und Aaron zum Pharao. **14-21** Die Bosse der Bosse sind Kids von Ruben und Simeon. Die Ältesten der Oldies wurden 137, beziehungsweise 133 Jahre.

WASSER ZU BLUT – DAS LAND STINKT

22-27 Gott zu Aaron und Mose: Verlasst das Land, führt die Israeliten da raus! **28-30** In Ägypten Gott zu Mose: Rede mit dem Pharao für mich. Der meinte: Bin rhetorisch 'ne Krücke, der wird mir nicht zuhören.

7 **1-10** Gott sendet Mose und Aaron zum Pharao. Ungläubig bittet der Pharao um ein Wunder. Aarons Stab wird zur Schlange als Zeichen der Worte Gottes. **11-19** Auch die ägyptischen Zauberer verwandelten Stäbe in Schlangen. Doch Pharao blieb stur. Daraufhin soll alles Wasser im Land zu Blut werden. **20-29** Erste Plage: Wasser zu Blut. Beginn der 2. Plage.

8 **1-11** Zweite Plage: Frösche. Frösche sterben auf Mose. Das Land stinkt. **12-19** Dritte Plage: Stechmücken, damit Pharao endlich das Volk der Israeliten ziehen lässt. **20-28** Eine Stechfliegenplage quält Ägypten. Pharao lässt Mose und Aaron in der Wüste opfern. Die Plage geht, doch die Israeliten müssen bleiben.

9 **1–7** Obgleich der Drohung von Mose ließ der Pharao die Israeliten nicht ziehen und riskierte den Tod des Viehs, der auch eintrat. **8–12** Die sechste Plage: die Blattern. Der Herr verstockte das Herz des Pharao, dass er nicht auf sie hörte. **13–21** Siebte Plage: Hagel. **22–28** Noch eine schlimme Plage in Ägypten: Gott schickt Donner, Hagel und Feuer. Gibt der Pharao wirklich auf? Lässt er das Volk Israel wegziehen? **29–35** Mose betete zu Gott und die Plagen hörten auf. Der Pharao änderte sein Verhalten aber nicht und ließ die Israeliten auch nicht gehen.

10 **1–6** Ankündigung der achten Plage durch Mose & Aaron vorm Pharao: Heuschrecken. **7–13** Der Pharao bietet einen Kompromiss an, Mose lehnt ab. Weil das Volk Israel nicht freigegeben wird, trifft Ägypten die Heuschreckenplage. **14–20** Achte Plage: Heuschrecken. Massenhaft. Mose betet, ein Wind weht alle fort. Das Herz des Pharao ist verstockt. **21–29** Finsternis überall, wenn Moses Hand zum Himmel zeigt. Aber Licht bei den Israeliten. Doch der Pharao weigert sich, das Volk ziehen zu lassen.

11 **1–5** Gott kündigt die letzte Plage für die Ägypter an: Alle Erstgeborenen werden sterben. **6–10** Von den Israeliten soll niemand sterben. Gott zu Mose: Pharao wird nicht auf euch hören.

12 **1–9** Gott zu Mose und Aaron: Am 10. des Monats schlachtet genug Lämmer, dass alle davon essen. Bratet sie, bestreicht mit ihrem Blut die Türrahmen.

TAG DER BEFREIUNG

10–14 Gott tötet Ägyptens Erstgeborene und stellt weitere Passaregeln auf: **15–22** Sieben Tage ungesäuertes Brot essen, Schafe schlachten, keiner soll aus Haus gehen bis zum Morgen. **23–32** Der Herr wird alle schlagen, die dieses Zeichen nicht an den Pfosten haben und so wurden alle anderen Erstgeburten getötet, das Volk zog weg. **33–42** Die Israeliten verlassen endlich Ägypten. Sie nehmen Beute mit. Sie backen ungesäuerte Brote. Sie waren 430 Jahre in Ägypten. **43–51** Gott führte die Israeliten aus Ägypten, nachdem das Passa vollzogen war. Es durften nur Beschnittene und keine Tagelöhner mitziehen.

13 **1-10** Feiert den Tag der Befreiung, indem ihr sieben Tage kein gesäuertes Brot esst. Seht es als Zeichen für den Herrn. **11-15** Jede männliche Erstgeburt gehört dem Herrn. **16-22** Gott führte Mose und das Volk der Israeliten auf sicherem Wege aus Ägypten heraus.

⊙ DAS WUNDER AM SCHILFMEER

14 **1-8** Der Herr sprach: Mose, bring die Israeliten zur Umkehr. Also flohen sie. Ägypter verfolgten sie, doch der Herr schützte sie. **9-14** Verfolgung durch das ägyptische Heer. Die Israeliten ängstigen sich, aber Mose ermutigt sie, dass Gott selbst ihr Problem lösen wird. **15-23** Gott sagte zu Mose: Ziehe mit den Israeliten durch das Meer weiter, indem du es teilst. Die Ägypter, die ihnen folgten, ertranken im Meer. **24-31** Das Wunder am Schilfmeer: Nachdem die Israeliten durchgezogen sind, kommen die Wellen wieder zurück und die Ägypter ertrinken.

15 **1-10** Mose und das Volk sangen ein Loblied auf Gott darüber, dass er die Ägypter geschlagen und sie durch das Wunder am Schilf-

meer gerettet hat. **11-19** Der Herr ist mit seinem erwählten Volk und lässt dessen Feinde erzittern. Der Herr wird König sein immer und ewig. **20-27** Mirjam, Aarons Schwester und eine Prophetin, singt über Mose und den Auszug aus Ägypten und schlägt dazu die Pauke.

16 **1-5** Das Volk Israel zog durch die Wüste Sin, es hatte nichts zu essen. Es beschwerte sich. Da ließ Gott Brot vom Himmel regnen für sie zur Prüfung. **6-10** Mose + Aaron reden zu Israel: Haltet inne, Gott rettete euch! Beschwert euch nicht, morgen seht ihr Herrlichkeit! Und Gott erschien. **11-18** Gott zu Mose: Die Israeliten sollten mir vertrauen. Ich werde sie mit genügend Nahrung versorgen. Ein jeder wird bekommen, was er braucht. **19-28** Hört auf die Gebote. Sechs Tage arbeiten und ein Tag widmet der Ruhe! Sechs Tage schaffen und einen Tag reflektieren. Und: Besinne dich! **29-36** Am Sabbat ist Ruhetag. Gott versorgt das Volk in der Wüste 40 Jahre mit Manna. Gut zu wissen für uns. Auch am Sabbat gibt's genug zu essen.

SAUBERE KLEIDER UND KEIN SEX

17 1-7 Die Israeliten dursteten in der Wüste & haderten mit Mose. Mose betete, Gott hieß ihn mit dem Stock auf Fels schlagen, es lief Wasser heraus. 8-16 Kampf gegen Amalek. Josua gewinnt; Mose hält seine Hände hoch. Die Geschichte des Gewinners ist geschrieben. Der Verlierer ausgetilgt.

18 1-7 Moses Frau und seine beiden Söhne waren noch bei Jitro, seinem Schwiegervater in Midian. Er brachte sie jetzt nach dem Exodus zu Mose zurück. 8-12 Als Mose Jitro von Israels Errettung durch den Herrn erzählte hatte, lobte Jitro den Gott Isaels, brachte Opfer dar und lud alle zum Mahl. 13-20 Mose spricht dem Volk Recht. Schwiegervater Moses: Du machst dich und Volk müde. Besser sind Satzungen & Weisungen und Anleitung. 21-27 Als Richter solltest du geeignete Leute beauftragen. Wenn denen die Fälle zu schwer werden, sollten sie zu dir gehen. So richtete es Mose ein.

19 1-8 Nach Auszug aus Ägypten – Wüste Sinai: Gott → Mose: Gehorcht mir & ihr seid mein Volk & ich halte Bund. Ihr hl. Volk & Priester. Volk: ja. Mose → Gott: ja. 9-16 Gott zu Mose: Das Volk soll sich bereit machen. Saubere Kleider und kein Sex, keiner darf auf den Berg, dann spreche ich zu euch. 17-25 Mose spricht zu Gott. Gott sagt: Das Volk soll sich kein Bild von mir machen. Mose verkündet die Nachricht dem Volk.

SCHLUSS MIT GÖTZENDIENST UND UNTERDRÜCKUNG

20 1-10 Gott gab Mose auf dem Berg zehn Gebote, von denen das erste lautete: Ich bin der Herr, Dein Gott, keine anderen Götter sollen neben mir sein. 11-21 Tue nichts, was dir oder deinem Nächsten schadet. Ehre die Menschen, nimm dir Zeit für sie und für dich selbst. 22-26 Gott zu Mose: Sag den Israeliten, dass sie keine anderen Götter neben mir haben sollen!

21 1-11 Kaufst du einen Sklaven, so sollst du ihm nach 7 Jahren die Freiheit geben. Sei ein guter Herr und verantwortlich für sein Wohl. **12–21** Vorsätzlicher Mord, Vergewaltigung und Geiselnahme wird mit dem Tod bestraft, Unfall oder Fahrlässigkeit mit Geldstrafe. **22–27** Entsteht im Streit ein Schaden, sollst du Strafe zahlen, entsteht aber ein dauernder Schaden, so sollst du geben Auge um Auge, Zahn um Zahn. **28–32** Ein wildes Rind muss aus dem Verkehr gezogen werden, der Besitzer soll nur dann bestraft werden, wenn er fahrlässig gehandelt hat. **33–37** Führt fahrlässiges Verhalten zum materiellen Verlust (auch Tiere), muss dieser mit Geld ersetzt werden; bei wissentlichem Fehlverhalten mehr.

22 **1–8** Schaden, der angerichtet wird, muss ersetzt werden, bei Vorsatz in der Regel doppelt. In schwierigen Fällen wird Gott als Richter angerufen. **9–16** Anvertrautes Gut muss bei unverschuldetem Verlust nicht ersetzt werden; geliehenes Gut soll ersetzt, Brautpreis für Frauen bezahlt werden. **17–26** Gebote für ein Gott gefälliges Leben: Tod den Zauberinnen, Schluss mit abartiger Sexualpraxis, Götzendienst, Unterdrückung und Zinswucher. **27–30** Gott sollt ihr opfern den Ertrag des Feldes und Überfluss des Weinberges, den ersten Sohn und das Kleinvieh. Esst kein von Tieren zerrissenes Fleisch.

23 **1–9** Schlecht: Gerüchte verbreiten, Böses in jeglicher Form begünstigen, Recht beugen, bestechen lassen. Sei gut zu Fremden, fair zum Feind. **10–18** Sechs Jahre soll geerntet werden, ein Jahr ist Pause. Drei Feste soll es geben: Fest der ungesäuerten Brote, Fest der Ernte, Fest der Lese. **19–25** Tu, was ich dir sage, schlage alle Nichtgläubigen nieder! Hörst du nicht auf mich, gibt's Ärger, hörst du doch, helf ich dir in allen Lebenslagen. **26–33** Israel träumt vom phantastischen Leben im gelobten Land. Gottes Bedingung: Lass dich nicht ablenken von deinem Glauben.

GOTT ERSCHEINT ALS FEUER ⓦ

24 **1–11** Mose verkündet das Wort Gottes. Das Volk will sich daran halten. Da dürfen Mose und mehr als siebzig Anführer des Volkes Israels Gott sehen. **12–18** Mose steigt auf den Berg, um Gebote zu erhalten. Wolke umhüllt den Berg, Gott erscheint als Feuer, Mose tritt am 7. Tag hinein und blieb 40 Tage.

25 **1-9** Gott sprach zu Mose: Erhebt Opfergaben und baut mir ein von mir beschriebenes Heiligtum, damit ich unter euch wohnen und euch nahe sein kann. **10-17** Baut eine Lade und einen Gnadenthron aus Akazienholz und verziert diese mit Gold. Legt das Gesetz in die Lade. **18-22** Zwischen den zwei goldenen Cherubim, die den Gnadenthron zieren, werde ich dir begegnen und alles mit dir reden für die Israeliten. **23-30** Mache einen Tisch, 1 × 0,5 Meter, innen Holz – außen Gold. Mit Tragestangen, Schüsseln und Schalen. Und lege ständig Schaubrote darauf. **31-40** Der Text beschreibt einen heiligen Gegenstand der Juden, den siebenarmigen Leuchter, in allen Feinheiten. Er ist äußerst kostbar.

26 **1-6** Die Wohnung sollst du aus 10 Teppichen weben und es sollen je 5 zu einem Stück verbunden werden, damit eine Wohnung entsteht. **7-14** Nähe 11 Ziegenhaarteppiche zu einem großen zusammen. Darüber noch einen aus Wid-

der- und einen aus Dachsfellen. Lass sie am Rand überhängen. **15-30** Hier: Eine Bauanleitung für eine Hütte aus Akazienholz, die mit Gold überzogen ist. **31-37** Du sollst 'nen Vorhang machen & an 4 Säulen aufhängen, als Scheidewand zwischen Heiligen & Allerheiligsten. Den Tisch mit Decke aber außen.

NUR 1A QUALITÄT

27 **1-8** Mache den Brandopferaltar aus Akazienholz, an den Ecken Hörner + ein Aschegitter. Alles mit Kupferüberzug. Auch Tragestangen soll es geben. **9-19** Gott gibt genaue Anweisungen für die Maße und Dekoration des Heiligtums. **20-21** Lass dir nur 1A Qualität an Olivenöl in ausreichender Menge liefern und sorge dafür, dass der Leuchter 24 h durchbrennt – EWIG! (Ewiges Licht).

28 **1-5** Kleiderordnung für Priester: Hohepriester tragen Brusttasche, Schurz, Obergewand, Untergewand, Kopfbund und Gürtel aus feinem Material. **6-14** Die Dienstkleidung der Priester: Gold, Purpur (rot + blau) und dazu Edelsteine. **15-24** Fertige die Lostasche: 20 × 20 cm, aus edlen Stoffen, gehalten von Goldschnüren. Besetze sie mit 12 Juwelen als Symbole der 12 Stämme Israels. **25-28** Du sollst Ringe an dein Gewand und an die Tasche machen und miteinander befestigen, dass die Tasche sich nicht losmachen kann. **29-30** In der Brusttasche soll Aaron die Namen der 12 Stämme Israels und die Lose »Licht und Recht« tragen, direkt auf seinem Herzen. Und vor Gott. **31-35** Der HERR weist Mose an, wie das Obergewand aussehen soll, das Aaron im Heiligtum aus Ehrfurcht dem HERRN gegenüber tragen soll. **36-38** Ein Stirnblatt aus Gold mit der Inschrift »Heilig dem Herrn« soll allzeit an Aarons Stirn sein. **39-43** Die Söhne Aarons sollen für den heiligen, vererbten Priesterdienst gesalbt und ihre Körper mit kunstvollen Leinengewändern bedeckt sein.

29 **1-10** Anweisungen, wie Priester geweiht werden: Tieropfer + Salbung mit Öl und noch andere Riten. **11-21** Du sollst Stier und Widder als Brandopfer für Gott schlachten und mit dem Blut Aaron und seine Söhne zur Segnung am Ohr bestreichen. **22-28** 1 Widder, 1 Wettschwanz, 1 Eingeweidefett, 1 Leberlappen, 2 Nieren, 1 Keule, 1 Brot, 1 Ölkuchen, 1 Fladenbrot & Feueropfer. **29-37** Nachfolgeregelung für Priester Aaron: Seine Söhne sollen seine Priesterkleidung übernehmen und darin Dienst tun wie er. **38-46** Täglich sollt ihr Gott opfern. Vom Feinsten! Und dann wird euer Heiligtum auch durch Gott geheiligt sein. Und Gott will bei euch sein.

30 **1-10** Akazienholz und Gold seien die Materialien des Räucheraltars; 2 × täglich Rauchopfer und 1 × jährlich Sühnung. So verfahre mit Gottes Altar. **11-16** Volkszählung der Israeliten mit Sühnegeld, das zum Auslösen des Lebens und als Opfergabe gezahlt werden muss. Das Geld ist für die Stiftshütte. **17-21** Gott zu Mose: Installiere ein rituelles Waschbecken, damit sich die Priester vor Altar und Stiftshütte waschen können. Wichtige Ordnung! **22-33** Auftrag an Mose: Salböl machen. Opferstätte, Aaron und dessen Söhne salben und zu Priestern weihen. Darüber hinaus darf Öl nicht benutzt werden. **34-38** Gott zu Mose: Bereite aus Spezerei,

Räucherwerk zum hl. Gebrauch. Es gilt nicht dir, sondern Gott! Denke daran!

⊙ DAS VOLK TANZT

31 1-11 Gott beruft Bezalel aus Juda und Oholiab aus Dan als Kunsthandwerker zur Ausgestaltung des Heiligtums. 12-18 Gott: Haltet Feiertag. Wer Pause macht, zeigt, dass er sich für mich Zeit nimmt. Am 7. Tag halte ich euch den Rücken frei, ihr müsst ihn aber heiligen.

32 1-8 Kaum ist der Anführer weg, rutscht den Israeliten das Herz in die Hose. Sie brauchen einen Gott zum Anfassen. Dafür geben sie, was sie haben. 9-18 Gott zu Mose: Das Volk macht mich zornig. Mose bittet um Nachsicht – mit Erfolg. Als er vom Berg steigt, Geschrei im Lager: Das Volk tanzt. 19-27 Mose sieht bei Rückkehr den Tanz ums goldene Kalb, zerbricht die Gesetzestafeln und fordert das Volk zur Entscheidung auf, Levi reagiert. 28-35 Mose bittet Gott um Vergebung wegen der Verfehlungen seines Volkes. Gott sprach: Führ es weiterhin, ich werde es noch strafen.

MOSE BEKOMMT VON GOTT DIE ZEHN GEBOTE ⊙

33 1-6 Gott zu Mose: Los, zieh samt Volks ins Land, das ich versprochen hab. (Milch & Honig). Ich schick Engel, ich selbst ärgere mich zu doll über euch. 7-11 Mose schlug ein Zelt auf & dort konnte man Gott befragen. Mit der Wolkensäule kam Gott & redete mit Mose. Das Volk schaute ihm dabei zu. 12-17 Mose @ Gott: Zeig, dass das Volk Israel von dir auserwählt ist! Führe mich! Führe uns! Gott: Okay. Ich passe auf euch auf, weil ich dich mag. 18-23 Mose fragte, ob er Gott sehen dürfe. Gott sagte, dass niemand ihn ohne zu sterben sehen könne. Er erlaubte Mose aber, ihm nachzugucken.

34 1-9 Als Mose mit (wie ihm geboten) 2 Steintafeln zu Gott auf den Berg Sinai steigt, bittet er ihn um Vergebung der Sünden. 10-17 Gott sprach: Ich will mit dir einen Bund schließen. Verjage alle gottlosen Völker aus dem Land und gebe dich keinesfalls mit ihnen ab. 18-26 Du sollst mir jede Erstgeburt opfern! Und den Sabbat heiligen! Und die anderen Feste auch. Und vielerlei Opfer sollst du bringen. Vom Besten! **27-35** Mose bekommt von Gott die zehn Gebote diktiert und isst währenddessen nicht. Als Zeichen, dass er mit Gott gesprochen hat, glänzte seine Haut.

35 **1-3** Mose gibt Gottes Gebot weiter: Nach 6 Arbeitstagen soll ein besonderer, ein totaler Ruhetag folgen. Gott muss im Mittelpunkt stehen. **4-20** Mose an Israel: Freiwillig gebt etwas von eurem Besitz als Opfergabe, damit der Tempel schön wird. **21-29** Und alle brachten freiwillige Gaben zur Errichtung der Stiftshütte: Gold und Silber und feines Gespinst aus Purpur und feine Leinwand.

⊙ **WOHNUNG GOTTES WIRD EINGERICHTET**

30-35 Mose erzählt den Israeliten, dass Gott Menschen mit wertvollen Talenten und Herzensgüte ausgestattet hat.

36 **1-6** Für die Künstler war es eine Ehre, am Heiligtum des Herrn zu arbeiten. Es waren so viele

Geld-und Sachspenden, dass man keine mehr brauchte. **7-18** Künstler verschönern die Wohnung mit dem, was über ist, sie fügen alles zusammen mit Ösen aus Kupfer. **19-34** Gemacht werden 2 Decken, Bretter mit silbernen Füßen, Riegel aus Akazienholz, Mittelriegel. Bretter, Riegel und Ringe werden mit Gold überzogen. **35-38** Er baute ein Zelt mit den teuersten und edelsten Materialien, die es zu jener Zeit gab.

37 **1-15** Die Bundeslade wird hergestellt und reich verziert. **16-29** Altarvorbereitung: Geschirr, Leuchter, Räucheraltar und Salböl werden kunstvoll aus den feinsten Materialien hergestellt.

38 **1-8** Der Altar für die Stiftshütte wird gebaut. Genau nach Anleitung. Versteht sich! **9-20** Es wird hier genau beschrieben, wie prächtig, kunstvoll und von welchen gewaltigen Ausmaßen der Vorhof des Heiligtums ist. **21-31** Alle Erwachsenen der Stämme Israels spendeten, was sie konnten, um den heiligen Tempel nach dem Gebot des Mose zu bauen und zu schmücken.

39 **1-10** Sie machten prunkvolle, heilige Priestergewänder für Aaron, genau wie der Herr es Mose geboten hatte. **11-21** Und neben goldenen Ketten, Ringen und wertvollen Steinen wurden die Namen der zwölf Stämme Israels eingraviert für das Priestergewand. **22-31** Die Priester bekommen ihre Dienstkleidung – dem Dienst am Heiligen angemessen aus den feinsten Materialien. **32-43** Die Stiftshütte war fertig. Alles war so, wie es der Herr befohlen hatte, alle Geräte, dazu die Amtskleidung der Priester. Segen ruhte auf allem.

40 **1-9** Mose erhält genaue Anweisungen zur Einrichtung der Stiftshütte, der »Wohnung« Gottes auf Erden. **10-16** Mose wird gesagt, wie er den Altar, die Geräte sowie Aaron und seine Söhne salben und weihen soll. So macht er es. **17-25** Mose tat die Gesetzestafeln in die Lade und baute ein bewegliches Haus darum, so wie es Gott geboten hatte. **26-33** Vorschriften, was man im Tempel alles tun muss. Vor dem Reingehen Hände und Füße waschen. **34-38** Eine Wolke kommt auf die Stiftshütte. Wenn sie da bleibt, wandern die Israeliten nicht weiter. Wenn sie sich erhebt, wandern sie weiter.

Das dritte Buch Mose (Levitikus)

⊙ FETT UND BLUT AM ALTAR

1 1-11 Gott sagt Mose, wie ein Brandopfer von den Priestern durchzuführen ist. 12-17 Der Priester soll ein koscheres Brandopfer für Gott bringen.

2 1-8 Willst du Gott etwas von deinem guten Essen opfern, mach es so: Nur einen symbolischen Teil verbrennen und den Rest Bedürftigen spenden. 9-16 Das Speiseopfer muss vom Gedenkopfer getrennt und koscher zubereitet werden.

3 1-8 Das Gottesopfer, egal welchen Geschlechts, soll dem Herrn geopfert werden. 9-17 Aaron bringt ein Opfer, welches der Priester verbrennt, damit niemand mehr Fett oder Blut essen muss.

4 1-7 Der Herr vergibt die Sünden, wenn man zu ihnen steht & dafür Buße tut. 8-12 Fett und Nieren opfern, Fell, Fleisch, Kopf, Schenkel, Eingeweide und Mist vor dem Lager an reiner Stelle verbrennen. 13-21 Bei Versündigung gegen Gott soll Israel gemeinsam mit den Ältesten und dem gesalbten Priester ein Sündopferritual einhalten: ein Stieropfer. 22-29 Wenn ein Chef sündigt, soll er einen Ziegenbock opfern. Wenn einer seiner Leute sündigt, reicht eine Ziege. 30-35 Dankopfer in alten Zeiten: Umgang mit Fett und Blut am Altar.

SCHULDOPFER ALS NAHRUNG ⊙

5 1-7 Wenn du sündigst, sollst du ein Schaf oder eine Ziege nehmen oder zwei Tauben und sie als Brand- oder Feueropfer dem Herrn bringen. 8-13 Der Priester soll ein Sündopfer halb köpfen – an den Altar legen und verbluten lassen. Seine Sünde wird ihm verziehen. 14-19 Panne oder Fehler beim Brandopfer: Kein Problem, bezahl oder ersetze es. 20-26 Unrechter Besitz? Mach es gut, indem du 1. alles zurückgibst, 2. noch ein Fünftel drauflegst, 3. Gott um Vergebung bittest (Schuldopfer).

6 1-6 Das Feuer der Brandopfer muss am Brennen gehalten werden und jeden Morgen muss der Rauch auf ein Neues aufsteigen. 7-11 Speiseopfer sind auch heilig. Ein Teil von z. B. Mehl wird verbrannt, den Rest isst der Priester als Anrecht, aber ungesäuert. 12-16 Gott fordert von Aaron und dessen Söhnen ein Speiseopfer. 17-23 Sündopfer (Fleisch): Priester haben das Recht, davon zu essen. Töpfe putzen! Alles, was vor Gott gebracht wird, soll verbrannt werden.

7 1-10 Schuldopfer (Fleisch) soll dem Priester als Nahrung dienen bzw. als Besitz (Fell). 11-16 Zum Dank und Lob sollt ihr dem Herrn Schlacht- und Brotopfer bringen. Der die Opferung begleitende Priester erhält einen Teil des Brotopfers. 17-21 Fleisch des Opfers darf nur drei Tage gegessen werden, Dankopfer für den Herrn gar nicht. Nur reine Menschen dürfen das Opferfleisch essen. 22-27 Kein Fett soll gegessen werden von Stieren, Schafen und Ziegen. Von gefallenen und zerrissenen Tieren Fett benutzen, aber auch nicht essen. Ihr sollt auch kein Blut essen. Nie. 28-34 Dankopfer (Fleisch): Ein Teil gehört dem Priester, ein Teil wird am Altar gehoben, ein Teil geschwungen: Sichtbarmachung vor Gott. 35-38 Aaron und seine Söhne sollten Gottes Priester sein, weil sie Gott opfern sollten. Jedes Opfer sollte dem Gesetz Gottes folgen.

BLUT, BLUT, BLUT –
MIT BLUT BESTRICHEN

8 1-12 Wer (und auch was!) mit dem Heiligen zu tun hat, soll sich von anderen unterscheiden, besondere Kleidung tragen, besonders gesalbt sein. 13-18 Mose opfert nach Gottes Anweisung: Blut versprengen, Fett und Innereien opfern, Fell, Fleisch und Mist draußen durch Feuer entsorgen. 19-23 Blut, Blut, Blut. Opfergaben sind blutig und unschön. Aber gut, Mose wird sich dabei was gedacht haben. Das Blut wird auf Aaron verteilt. 24-29 Wer das Opfer durchführt, wird mit Blut bestrichen: Kontakt zum Lebendigen. 30-36 Einsetzungsopfer: Essen vom Opferfleisch und 7 Tage Gemeinschaft aushalten. Ziel = Reinigung, Entsühnung. So machen es Aaron und seine Söhne.

9 1-7 Mose rief die Ältesten des Volkes und trug ihnen auf, Tiere zu opfern und dem Volk aufzutragen, Opfer zu bringen, um sich zu entsühnen. 8-17 Anleitung zum Umgang mit Sündopfern, Brandopfern und Speiseopfern ... ziemlich alle werden verbrannt. 18-24 Viele Tieropfer ... Dann kamen Mose und Aaron raus und segneten das Volk. Gottes Herrlichkeit wurde sichtbar, das Volk freute sich.

> ## AAS MACHT UNREIN

10 1-7 Aarons Söhne leben nicht nach den Geboten des Herrn. Deshalb lässt der Herr die Söhne verbrennen. Mose ruft abermals zum Vertrauen in Gott auf. 8-15 Sich dem Heiligen nähern: kein Alkohol. Essen von den dargebrachten Opfertieren: Anrecht der Priester. 16-20 Mose ist sauer, weil das Sündopfer verbrannt und nicht gegessen wurde. Aron vermag ihn zu besänftigen.

11 1-8 Gott zu Mose und Aaron: Die Israeliten dürfen nur Tiere essen, die sowohl Wiederkäuer sind, als auch gespaltene Klauen haben. 9-12 Von den Tieren im Wasser dürft ihr die essen, die Flossen und Schuppen haben. Von den anderen Meerestieren lasst lieber die Finger. 13-23 Die Speisegebote der Israeliten umfassen auch Regeln, welche Vögel und Insekten sie essen dürfen und welche nicht. 24-32 Reinheitsgebote: Berührt kein totes Fleisch, Tiere mit gespaltenen Klauen & Tatzen, Wiederkäuer und so weiter. Wascht euch & euer Zeug. 33-40 Aas macht unrein. Wer Aas anrührt, trägt oder isst, wird unrein sein bis zum Abend. 41-47 Gott: Keine Kriechtiere essen, sonst werdet ihr unrein und könnt nicht mehr selig werden.

12 1-8 Nachgeburtliche Regeln: nach Junge 33 Tage, nach Mädchen 66 Tage zölibatär. Nur Priester bestätigt nach angemessener Opferung die Reinheit.

13 1-8 Hautveränderungen müssen Priester gezeigt werden. Nach angemessener Beobachtung entscheidet er, ob Ansteckung droht. Notfalls Isolierung. **9–17** Der Priester entscheidet über Reinheit/Gesundheit und bekommt dafür Kriterien, hier für Hautkrankheiten. **18–23** Wenn jemand krank ist und das so bleibt, ist er unrein. Wenn er gesund wird und es bleibt, soll er rein sein. Wenn nicht, soll er unrein sein. **24–28** Wenn man sich verbrennt, die Stelle nicht tiefer als die übrige Haut, die Haare weiß sind, wird man rein. Ist es umgekehrt, wird man unrein. **29–37** Der Priester soll alle Männer und Frauen mit Grind unrein sprechen, sofern der Grind sich nicht heilen lässt. Sonst sind sie rein zu sprechen. **38–46** Wie man Aussatz (Lepra) feststellt und sich im Ernstfall verhält, um Ansteckung zu vermeiden. **47–54** Auch Material, aus dem man Kleidung macht, kann unrein sein und soll verbrannt werden bzw. gesäubert und für 7 Tage verschlossen bleiben. **55–59** Priester beurteilt Stellen nach der Behandlung als rein oder unrein. Gesetz und Anleitung.

ANLEITUNG ZUM REIN WERDEN

14 **1–10** Anleitung für die rituelle Reinigungszeremonie.

Laaaaangwierige Sache … **11–20** Opferhandlung beim Reinigungsritual: Kontakt mit Blut und Öl = Kontakt mit dem Leben. Davon wird man rein. **21–27** Auch ein armer Mann kann Gott ein wohlgefälliges Sühneopfer bringen. Er muss sich aber peinlich genau an alle Vorschriften halten. **28–31** Der Priester entsühnt den, der sich reinigen will, vor Gott: Kontakt mit Blut und Öl, Tieropfer. **32–38** Gott zu Mose und Aaron: Wenn ein Haus von Keimen befallen ist, soll es sieben Tage geschlossen werden. **39–48** Ein Haus, das schimmelt, soll neu verputzt werden, wenn er danach weg ist, ist es rein. Schimmelt es weiter, muss es abgerissen werden. **49–57** Das Gesetz über den Aussatz regelt, wie man Unreines reinigen kann: durch siebenmaliges Besprengen mit Wasser und Vogelblut.

MÄNNER MIT FEUCHTEN TRÄUMEN

15 **1–11** Männer mit Geschlechtskrankheiten sind ansteckend und können dagegen nichts tun. Wer in Berührung mit ihnen kommt, muss wieder rein werden. **12–18** Ausflüssige müssen sich und ihre Umgebung ordentlich waschen & zwei Tauben opfern. Ebenso Männer mit feuchten Träumen (ohne die Tauben). **19-26** Die Periode einer Frau macht unrein & zwar alles und jeden, der mit ihr in Kontakt kommt. Je länger es dauert, desto länger die Unreinheit. **27-33** Der Blutfluss der Frau wird für unrein gehalten, auch nächtlicher Samenerguss u. ä. Zur Wiederherstellung der Reinheit muss geopfert werden.

⊘ ANWEISUNGEN AN AARON

16 **1-9** Gott erklärt Mose, was Aaron tun soll, nachdem seine Söhne gestorben sind: mehrere Opfer leisten und sich dabei entsprechend verhalten. **10-16** Als Sühneopfer wird ein Bock in die Wüste gesandt, ein Stier wird geschlachtet, dann auch der Bock, all dies zur Reinigung der Stiftshütte. **17-22** Nach der Entsühnung des Heiligtums wird ein Bock mit den Sünden der Israeliten beladen und in die Wüste gebracht. **23-29** Weitere Anweisungen an Aaron und den Mann, der den Bock, der verbrannt wurde, für Asasel gebracht hat. **30-34** Einmal im Jahr wird durch einen Priester Ent-

sühnung geschaffen, es soll gefastet werden, so gebot es der Herr Mose – und Aaron tat es.

17 **1-10** Gott erlässt Gebote zum Opfern. Keiner soll fremden Göttern opfern oder Blut trinken – sonst wird er ausgerottet. **11-16** Blut ist der Lebenssaft. Es dient religiös der Entsühnung. Deshalb sollen die Israeliten koscher leben.

KEIN SEX MIT ZWEI **⊘**
SCHWESTERN GLEICHZEITIG

18 **1-9** Gott beginnt damit, Mose die Gebote mitzuteilen, nach denen sich die Christen zu richten haben. **10-19** Kein Inzest, kein Sex mit nahen Verwandten, nicht mit der Schwiegertochter, nicht mit zwei Schwestern gleichzeitig. Tabu sind die Tage. **20-30** Gott spricht: Haltet meine Satzungen, dass ihr nicht tut nach den schändlichen Sitten derer, die vor euch waren, und dadurch unrein werdet.

19 **1-8** Es gibt nur einen Gott. Fürchtet eure Eltern. Haltet die Feiertage ein und dankt Gott! **9-15** Denkt an die Mitmenschen.

Handelt nicht eigennützig, hinterlistig, falsch und gemein, sondern habt Ehrfurcht vor Gott. So handelt ihr recht. **16–25** Liebe deinen Nächsten wie dich selbst! Ernte erst nach vier Jahren Früchte einer Pflanze und weihe sie dem Herrn, ab dann iss sie. **26–37** Gott zählt Gebote auf, an die sie sich halten sollen. Es geht um Ehre, Treue, Aufrichtigkeit und Ehrfurcht.

20 **1–10** Gott sprach zu Mose, dass jeder Israelit sterben solle, der sein Kind opfert. Außerdem soll sich jeder an die 10 Gebote halten. **11–18** Gott verbietet den Israeliten, Kinder zu opfern, Abgötterei zu treiben und altes Familienrecht zu brechen. Er droht mit harten Strafen. **19–27** Regeln für innerverwandtschaftliches Verhalten: Sexuelle Beziehung verboten. Seid heilig, denn euer Gott ist heilig.

21 **1–8** Mehr Gebote: Kein Inzest, sich nicht unrein machen, keine langen Haare, keine Narben. Gottes Namen nicht entheiligen. **9–16** Bedenke deinen hohen Stand und bewahre ihn. **17–24** Mose sagt: Keiner mit Gen-Defekten oder Krankheiten soll das Heiligtum betreten und opfern, um jenes nicht zu entweihen. Aber vom Opfer essen, ok!

AM RUHE- UND VERSÖHNUNGSTAG NICHT ARBEITEN – SONST STRAFE

22 **1–10** Der Herr gab der Familie Aarons viele Reinheitsgebote. Sie dürfen die geheiligten Speisen nur essen, wenn sie dieses Gebot einhalten. **11–16** Sklaven von Priestern dürfen Opfergaben essen. Alle anderen nicht, tun sie es doch, müssen sie das Fünffache und das Opfer zahlen. **17–23** Gott zu Mose: Ich nehme nur männliche Opfertiere vom Feinsten. Kranke Tiere zu opfern, bringt nichts, die taugen nicht für ein Gelübde. **24–33** Ihr sollt keine Tiere missbrauchen, selbst zum Opfern nicht. Das macht euch nicht besser. Meine Gebote sind gut + helfen zu jeder Zeit.

23 **1–8** Gott setzt die Feste ein: Sabbat am 7. Tag der Woche: keine Arbeit; Passahfest am 14./15. Tag des 1. Monats: ungesäuertes Brot essen. **9–15** Gott sprach zu Mose: Sage deinem Volk: Für alles ist gesorgt. **16–22** Am Tag nach dem

7. Sabbat sollt ihr opfern, euch versammeln, nicht arbeiten; wenn ihr erntet, lasst was für Arme und Immigranten. **23–32** Gott befahl den Israeliten: 1. Tag des 7. Monats: Ruhetag. 10. Tag des 7. Monats: Versöhnungstag. An beiden Tagen nicht arbeiten – sonst Strafe! **33–38** 15.07. Laubhüttenfest für 7 Tage: 1 Tag = Versammlung, 7 Tage Feueropfer, 8. Tag heilige Versammlung. Keine Arbeit an der Festversammlung. **39–44** Gott gebietet den Israeliten, das Laubhüttenfest zu halten: 7 Tage feiern als Erntefest und Erinnerung an den Auszug aus Ägypten.

24 **1–7** Gebote, wie die Juden sich am Sabbat verhalten sollen. **8–15** Ein Ägypter lästert am Sabbat über Gott. Mose lässt ihn steinigen, weil er seine Schuld tragen soll. **16–23** Angemessene Strafen sind Auge um Auge, Zahn um Zahn. Das ist gerecht und gilt für alle. Wer aber Gott lästert, soll sterben.

GOTT @ MOSE

25 **1–7** Gott @ Mose auf Berg Sinai: Sag Israel, sie sollen Feiertag halten, jedes siebte Jahr Agrar-Pause als Sabbat-Jahr. **8–13** Im Erlassjahr wird jeder zu den Seinen kommen, wenn er die Posaune bläst. Jeder erhält zurück, was er verdient, wenn die Zeit da ist. **14–19** Fairer Handel soll betrieben werden. **20–27** Was sollen wir essen im 7. Jahr? Segen im 6., sähen im 8., essen vom Alten bis Neues kommt – das Land ist sein, also teile! **28–34** Eigentumszusprüche und -regelungen für Grundstücke und Behausungen. Sonderregelung für Leviten. **35–46A** Keine Zinsen, Aufschläge von Armen nehmen. Statt Sklaven zu sein, arbeiten sie bis zum Erlassjahr. Fremde als Sklaven nehmen. **46B–55** Jeder hat das Recht, frei zu sein; wenn er verschuldet ist, soll er allein oder mit Hilfe wieder frei werden und Gott allein gehören.

ICH MACH EUCH IRRE STARK

26 **1–7** Gott: Ich bin der Herr! Ihr sollt euch keine Götzen machen. **8–13** Ich mache euch irre stark, fruchtbar und sorge für euch. Denn ich bin euer Gott und habe euch in Ägypten aus der Sch... geholt. **14–22** Wir sollen Gott gehorchen, sonst gibt's Ärger! **23–33** Wenn ihr nicht gehorcht und euch nicht an den Bund haltet, werden euch richtig widerliche Strafen treffen. Das ist dann eure Schuld. Gehorcht mir! **34–41** Hättet ihr das Land ruhen lassen & nach mir gehandelt, wärt ihr nun nicht beim Feind & würdet nicht alle sterben als Strafe für eure Sünde. **42–46** Gott ist treu, was er Abraham, Isaak und Jakob versprochen hat, wird er auch gegenüber ihren Nachfahren einhalten. Das ist Gottes Bund.

27 **1–10** Mose bekommt Anweisungen, zu welchem Preis ein Gelübde abgelöst werden kann, also zurückgenommen, indem man einen festen Preis bezahlt. **11–19** Manche Opfer darf man oder soll man durch Geldspenden ersetzen: unreine Tiere, Häuser, Äcker. Die Höhe der Spende legt der Priester fest. **20–29** Was von euren Äckern und eurem Vieh Gott und seinem Bodenpersonal gehört, wie viel ihr davon abdrücken müsst, regelt ein Sonderparagraf. **30–34** Der Zehnte gehört Gott und ist ihm heilig. Das sind die Gebote, die der Herr dem Mose gebot für die Israeliten auf dem Berge Sinai.

Das vierte Buch Mose (Numeri)

⊘ **VIELE, VIELE NAMEN**

1 **1-16** Der Herr redet mit Mose. Mose soll alle Männer einer bestimmten Zielgruppe zählen. Viele, viele Namen … **17-25** Mose und Aaron nehmen eine von Gott angeordnete Stammeszählung vor (Männer > 20 J.). Stamm Ruben: 46 500, Stamm Simeon: 59 300, Stamm Gad: 45 650. **26-37** Fortsetzung Stammeszählung (Männer > 20 J.): Ergebnisse für Stämme Juda, Issachar, Sebulon; unter Josef: Ephraim, Manasse und Benjamin. **38-46** Fortsetzung Stammeszählung (Männer > 20 J.): Ergebnisse für Stämme Dan, Asser und Naftali. Gesamtsumme Israeliten nach Stämmen: 603 550. **47-54** Gott zu Mose: Der Stamm Levi soll sich um den Gesetzesschrein kümmern, auch auf der Wanderung. Die Leviten nahmen den Auftrag Moses an.

2 **1-19** Gottes vorgesehene Anordnung der Stämme um die Stiftshütte: im Osten Stamm Juda, im Süden Ruben, mittig Leviten und im Westen Ephraim. **20-34** Fortsetzung Anordnung Stämme: weitere Ephraims Stamm Zugehörige, nördlich der Stiftshütte Stamm Dan. Auszug erfolgt gemäß dieser Aufstellung.

4 **1-9** Gott ordnet Mose an, den Stamm Levi dem Priester Aaron zu unterstellen. Sie sollen verantwortlich sein für Gemeindedienst und Stiftshütte. **10-13** Aaron und seine Söhne sollen ihr Priesteramt achten und verteidigen. Statt aller Erstgeborenen sollen die Leviten Gott gehören und ihm dienen. **14-24** Gott ordnet auch Zählung des Stammes Levi an (Männer > 1 Monat) nach dessen Söhnen: Gerschon 7500. Anordnung: westlich hinter der Wohnung. **25-32** Sie sind verantwortlich für Decken, Vorhang, Umhänge. Die Kehatiter sollen sich um Lade, Leuchter, Altäre usw. kümmern. Chef ist Eleasar. **33-43** Merari (Machliter, Muschiter) 6200 Mann, Nordseite. Mose, Aaron, seine Söhne 22 000 Mann ostwärts. Alle Erstgeborenen 22 273 Mann.

44-51 Die Erstgeborenen der Israeliten werden durch die Leviten und ihr Vieh und eine Menge Silber aufgewogen und dadurch von Gott verschont.

(>) **WER DAS HEILIGE SIEHT, STIRBT!**

4 **1-10** Gott gibt an, wer sich um die Stiftshütte kümmern soll, die Söhne Levis und Kehats. Lade und Trankopfer sollen mit dem Heer aufbrechen. **11-16** Über dem Altar wird ein Baldachin angebracht aus einer blauen Decke und Dachsfellen; die Söhne Kehats sollen diesen tragen beim Weiterziehen. **17-26** Herr @ Mose: Kehatiter und Gerschoniter sollen an der Stiftshütte Priesterdienste verrichten. Nicht reingehen – wer das Heilige sieht, stirbt! **27-33** Nicht nur Gerschoniter, auch Söhne Merari sollen an der Stiftshütte als Priester arbeiten. Jeder kriegt seine genaue Aufgabe. Leitung: Itamar. **34-41** Es waren 2750 Kehatiter und 2630 Söhne Geschons, die Mose und Aaron nach dem Wort des Herrn zählten, um der Stiftshütte zu dienen. **42-49** Die arbeitsfähigen Söhne Merari waren 3200. Mose und Aaron zählten auch 8580 arbeitstaugliche Leviten.

UNTREUEVERDACHT? – EIFERSUCHTSOPFER VOR GOTT (<)

5 **1-10** Der Herr zu Mose: Schickt die Unreinen vor das Lager, sündigt ein Mensch gegen einen anderen, soll er die Schuld plus ein Fünftel erstatten. **11-18** Untreueverdacht? Dann soll der Mann ein Eifersuchtsopfer vor Gott bringen – der würde die Wahrheit (durch bitteres Wasser) ans Licht bringen. **18-26** Wenn eine Frau Unzucht treibt, soll sie vergiftet werden und ihr Körper verunstaltet werden. Der Priester soll sie verfluchen. **27-31** Unreine und untreue Frauen werden verflucht und sind schuldig. Männer nicht. Man nennt es Eifersuchtsgesetz.

6 **1-9** Gott zu Mose: Wer sich mir weiht, soll zurückhaltend leben, für die Zeit die Haare nicht schneiden und keine Toten besuchen. **10-17** Regeln: Wie opfere ich Turteltauben, ein Schaf, einen Widder, einen Korb Kuchen und Brot und was noch dazu gehört? **18-21** Der Geweihte muss seine Haare abschneiden und ins Feuer werfen, damit der Priester ihm Essen geben kann. **22-27** Gott segne dich + behüte dich; Gott lasse sein Angesicht leuchten über dir + sei dir gnädig; Gott hebe sein Angesicht über dich + gebe dir Frieden.

NETANEL OPFERT SO RICHTIG VIEL UND GANZ WERTVOLLES. EIN HELD

7 **1-11** Die Fürsten bringen Gaben zu Mose und er gibt sie den Leviten. Gott sagt: Jeder Fürst soll an einem Tag opfern, zur Einweihung des Altars. **12-17** Am ersten Tag opferte Nachschon seine Gabe. Sie bestand aus einer Menge wertvoller Sachen wie z.B. Gegenstände aus Silber, Mehl und Vieh. **18-23** Netanel opferte so richtig viel und ganz Wertvolles. Ein Held. **24-29** Am dritten Tage bringt Eliab, des Sohnes Helons, sein Opfer dar. **30-35** Elizurs bringt in sehr wertvollen Küchengeräten seine Zutaten für das Opfer dar. **36-41** Schelumiel gibt einen halben Staatshaushalt zum Opfer. **42-47** Eljasafs Gabe: Silber, Mehl & Öl als Speiseopfer, goldener Löffel mit Räucherwerk, Brand- und Dankopfer, Ziegenbock als Sündopfer. **48-53**

Elischama bringt Opfergaben für Speiseopfer, Sündopfer und Dankopfer. **54-59** Gamliël hat kräftig geopfert – alles ist kostbar und schwer. Wow. **60-65** Am neunten Tag bringt Fürst Abidan sein Opfer: zwei silberne Schalen mit Mehl, Öl und einem goldenen Löffel, dazu Tieropfer. **66-71** Ahieser bringt in sehr wertvollen Küchengeräten seine Zutaten für das Opfer dar. **72-77** Am elften Tag schenkte Pagiel, Ochrans Sohn, silberne Schalen mit feinem Mehl als Speiseopfer und Räucherwerk und Haustiere als Brandopfer. **78-85** Die Fürsten Israels schicken zur Einweihung des Altars Geschenke aus Gold und Silber und verschiedene Tiere als Opfergabe. **86-89** In der Stiftshütte hört Mose zur Zeit der Einweihung eine Stimme des Altars vom Gnadenthron.

8 **1-10** Gott zu Mose: Lass Aaron Lampen machen, nach meinem Willen. Nimm die Leviten und reinige sie und ihre Kleider, schere ihre Haare ganz ab. **11-19** Der Herr befiehlt Aaron, ihm jüdische Priester zu weihen, damit sie mit Opfern Sühne schaffen und keine Plagen über Israel kommen. **20-26** Die israelische Gemeinschaft tat mit den Leviten ihren Dienst und übte ihr Amt aus. Arbeitet mit den Leviten, so erfüllt ihr eure Arbeit.

 MOSE VERZWEIFELT: AUFGABEN WACHSEN IHM ÜBER DEN KOPF

9 1-8 Israel in der Wüste. Gott gebietet Passa. Wichtig: Ritus genau einhalten. Unreine dürfen nicht mitfeiern, fühlen sich deshalb diskriminiert. 9-14 Passa feiern ist wichtig und darf nicht ausfallen. Wer unrein geworden ist, soll es aufschieben. Auch Fremdlinge dürfen es feiern. 15-23 Dunkle Wolken zeigen nicht nur Schlechtwetter an, sie können dem Gläubigen auch Vertrauen geben, Schirm und Wegweiser sein.

10 1-10 Der Herr beauftragt Mose mit der Herstellung zweier Silbertrompeten, um Volk und Heer zusammenrufen zu können, und für Opfer. 11-24 Die Wolke führte die Israeliten von der Wüste Sinai nach Paran. Viele Hände zerlegten die Stiftshütte, bauten sie am neuen Ort wieder auf. 25-36 Die Israeliten brechen auf. Mose überredet Hobab,

mit ihnen zu ziehen. Der Herr zog mit ihnen mit der Lade des Bundes.

11 1-10 Das Volk klagt, der Herr schickt Feuer. Das Volk denkt an die Leckereien aus Ägypten, und Mose und der Herr werden sauer. 11-14 Mose ist verzweifelt. Seine Aufgabe wächst ihm über den Kopf. Er fleht Gott um Hilfe an. Gott steht ihm bei. 15-25 Der Herr gibt euch Fleisch zu essen einen Monat lang, weil ihr den Herrn verworfen habt. Mose zweifelt doch – dann kam der Herr hernieder. 26-35 Wer am wenigsten sammelt, hat hinterher am meisten.

12 1-11 Mirjam und Aaron redeten gegen Mose. Er hörte es und ließ sie seinen Zorn spüren. Dann baten sie um Vergebung. 12-16 Mirjam war krank. Mose betete für sie. Gott sagte, sie solle sieben Tage allein sein. So machten sie es, und danach zogen sie weiter.

WIE SIEHT ES DENN AUS, WENN DU DEIN EIGENES VOLK KILLST? ◉

13 1-16 Gott beauftragt Mose, von jedem Stamm Kund-

schafter ins Land Kanaan zu schicken. Hier erhält Hoschea den
Namen Josua. **17-24** Mose schickte
sie ins Südland, um Land und Leute
zu erkunden. Von dort brachten sie
große Weintrauben mit. **25-33** Das
verheißene Land wird ausgekund-
schaftet: riesige Früchte, wunderba-
res Land; der Haken: Es wohnen
Kanaaniter drin und andere Völker +
Riesen.

14 **1-10** Das ganze Volk will rebel-
lieren und nach Ägypten zu-
rück. Mose, Aaron, Josua, Kaleb sind
entsetzt. Und dann kam der Herr...
11-19 Gott ist sauer auf sein ungläu-
biges Volk, will alle vernichten. Aber
Mose sagt: Wie sieht das denn aus,
wenn Du Dein eigenes Volk killst?
20-30 Alle, die Gott versucht haben
und ihm nicht gehorchten, sowie die
Murrenden werden das gelobte
Land nicht sehen. Dies ist nur Kaleb
gestattet. **31-37** Die Israeliten müssen
vierzig Jahre in die Wüste für vierzig
Tage Schuld. **38-45** Josua ist der einzige Überlebende, die Israeliten trauern. Mose warnt sie vor den Feinden.
Sie hören nicht und werden getötet.

15 **1-12** Und der Herr sagte Mose
genau, welches Opfer jeder
geben soll, wenn das Land erreicht
ist, das der Herr seinem Volk geben
wird. **13-24** Alle Menschen sind vor
dem Gesetz Gottes gleich, ein Fehlen
gegenüber seinen Geboten kann
durch ein Brandofer wieder ausge-
glichen werden. **25-31** Der Priester
soll für alle opfern und so Vergebung
für sie einholen. Ob In- oder Ausländer, alle werden gleich behandelt.
32-36 Gott war auch fies. Als ein
Mann am Sonntag arbeitete, sagte
Gott den Leuten, sie sollten den
Mann steinigen. Das machten die
dann auch. **37-41** Die Kleiderordnung mit Quasten an den Klei-
derzipfeln und blauen Schnüren
daran soll das Volk Israel IMMER an
Gott, ihren Herrn erinnern.

16 **1-9** Aufstand gegen Mose und
Aaron. Vorwurf: Ihr glaubt
wohl, ihr seid was Besseres? Mose
gibt die Angelegenheit in Gottes
Hand. Er soll urteilen. **10-19** Mose
und Aaron haben die Macht, Clan
Korach will sie haben – putscht
gegen sie. Mose: Rebellion gegen

Gott! Mose sauer, macht Deal mit Gott. Guck weg, wenn sie opfern. Mose zu Korach: Du und dein Clan – macht ein Räucheropfer. Mal sehen, was passiert. **20–27** Die Fürbitte Moses und Aarons bewirkt Umdenken bei Gott: keine Kollektivstrafe des Clans Korach für die Verfehlung eines Einzelnen. **28–35** Gemäß Moses Ankündigung verschlang die Erde alle Männer, die Räucherwerk opferten. Das war das Zeichen, das Mose vom Herrn gesandt war.

17 **1–5** Mose soll von Eleasar die Pfannen der Sünder holen. Dies tat er und der Altar wurde erneuert, als Zeichen für die Israeliter. **6–15** Die Gemeinde dachte, dass Mose und Aaron Gottes Volk töteten. Da versah Gott sie mit einer Plage. Doch Aaron und Mose retten das Volk. **16–21** Sagt Mose, er soll jedem Fürsten einen Stab wegnehmen. Gott wird einen erwählen, dessen Stab grünt. Das soll das Volk beruhigen. **22–28** Mose holte nach einer Nacht die Stäbe grünend aus dem Zelt. Nur den Stab Aarons sollte er wieder zurücklegen. Die Israeliten fürchteten Tod.

18 **1–7** Die Nachfahren Aarons sollen für den Dienst als Priester im Tempel zuständig sein und die Nachfahren Levis sollen ihnen assistieren. **8–15** Herr @ Aaron: Du & Nachkommen kriegen ewig Anteil an allen Opfergaben, aber nur wer männlich und rein ist. **16–23** Erstgeburten sollen ausgelöst werden, Opfergaben gehören Gott, Salzbund; Aaron soll kein Erbgut besitzen, Leviten erhalten Amt an Stiftshütte. **24–32** Jeder soll 10% von seinem Einkommen abgeben. Davon sollen dann die Priester leben.

19 **1–8** Eine ganz tolle Kuh soll dem Herrn geopfert werden und verbrannt werden. Der Priester ist erst nach dem Waschen am Abend wieder rein. **9–16** Wer einen Leichnam berührt oder eine Wohnung betritt, in der ein Toter ist, soll sieben Tage unrein sein. **17–22** Ein Reiner soll Ysop am 3. und 7. Tag mit geweihtem Wasser besprengen. Am 7. Tag ist man dann frei von Sünde. Wer unrein ist und sich nicht entsündigen will, stirbt.

20 **1-8** Die Israeliten sind verzweifelt: Not, Wüste, Tod. Da erscheint Gott vor Mose und Aaron. Er sagt: Der Felsen dort wird Wasser geben. Rettung! **9-13** Mose schlägt mit Stab 2× an Felsen. Wasser kommt heraus. Gott: Weil ihr nicht geglaubt habt, kommt ihr nicht ins Heilige Land! **14-21** Mose beteuert 2×, Israel zieht friedlich durch das Land der Edomiter. König der Edomiter verhindert es mit Waffen→Israel Umweg. **22-29** Gott befiehlt Mose, Aaron auf dem Berg Hor sterben zu lassen und seinem Sohn Eleasar seine Kleider zu geben. 30 Tage Trauer um Aaron.

⊙ ISRAELITEN HUNGRIG, DURSTIG, SAUER

21 **1-3** König von Arad zieht in Kampf gegen Israel & nimmt Kriegsgefangene. Israel verhandelt mit Gott. Der lässt sie gegen die Kanaaniter gewinnen. **4-9** Israeliten hungrig, durstig, sauer. Tote durch Schlangenbisse. Volk bereut, Mose betet, baut Eisenschlange. Blick auf Schlange rettet Leben. **10-22** Der Weg ist weit ins gelobte Land! Die Israeliten wandern durch viele Gebiete,

manchmal brauchen sie Transitgenehmigungen. **23-28** Sihon, der König der Amoriter, will die Israeliten nicht durch sein Gebiet ziehen lassen, aber sie besiegen ihn und nehmen seine Städte ein. **29-35** Kemosch: gegen Israel verloren. Nun geht es gegen Og, König von Baschan. Auch hier verspricht Gott Mose: Israel wird gewinnen.

22 **1-6** Einmal lagerten die Moabiter vor Israel. Sie hatten Angst und baten Gott um Hilfe. Denn Gott ist mit dem, der mit ihm ist.

BILEAM SCHLÄGT ESEL AUS WUT ⊙

7-12 Moabiters Älteste gingen mit Midianiters Älteste zu Bileam. Gott bittet Bileam, diese Völker nicht zu verfluchen und nicht mit ihnen zu gehen. **13-19** Bileam soll auf Weisung Gottes Israel nicht verfluchen. Er schickt die Boten Balaks wieder heim, die dies wünschten. **20-27** Gott zu Bileam: Geh nicht mit Fürsten. Doch Bileam zieht mit Esel. Gottes Zorn: Engel zwingt Esel in die Knie, Bileam schlägt Esel aus Wut. **28-34** Bileam und die sprechende Eselin: Sie hat den Engel Gottes gesehen, Bileam erkennt ihn erst später. Der Engel bewegt Bileam zur Umkehr. **35-41** Und am Morgen nahm Balak den Bileam und führte ihn hinauf.

23 **1-10** Bileam lässt Balak Altäre bauen. Beide opfern Gott. Bileam prahlt damit vor Gott. Der Herr spricht durch ihn: Keiner soll Israel verfluchen. **11-18** Fluche und verleumde nicht, auch wenn es dir gesagt wird. Suche immer das Gute und höre nie auf, Gutes zu reden, auch wenn andere dagegen sind. **19-30** Bileam: Was Gott sagt, tut er, deshalb bewahrt er Israel und verflucht es nicht. Balak opfert auf Bileams Geheiß auf dem Berg Peor.

⊙ ISRAEL LAGERT UND HURT MIT MOABITERN

24 **1-9** Der Wahrsager Bileam prophezeit Heil für die Stämme Israels. **10-16** Balak ist sauer auf Bileam, weil der seine Feinde gesegnet, statt verflucht hat. Bileam: Nicht ich entscheide, sondern der HERR! Höre nun: **17-25** Ein Stern wird aus Israel aufgehen und ein Zepter aus Israel hervorgehen. Die Feinde werden niedergemacht werden.

25 **1-9** Israel lagert und hurt mit Moabitern, Gott wird sauer, alle die, die es tun sollen, sterben ... insgesamt 24 000. **10-18** Gott sprach zu Mose: Friede und ewiges Priestertum für Pinhas Sippe, da er um mich eiferte. Bestraft die an der Plage schuldigen Midianiter.

26 **1-5** Mose bekam den Auftrag von Gott, alle Menschen über 18 Jahre aufzunehmen, aus den ganzen Gemeinden der Israeliten – und es geschah. **6-18** Die Nachfahren einiger Söhne Jakobs und zugleich ein Ausblick in künftige Ereignisse. **19-29** Völkergeschichte als Familiengeschichte; so viele Völker, aber doch alle aus einem Stammbaum. **30-39** Die Geschlechtsregister Gileads, Manasses, Ephraims, Josefs und Benjamins. **40-51** Aufzählung der Söhne und Anzahl der jeweiligen Geschlechter. **52-58** Gott @ Mose: Verteile das Land unter den Leuten. Damit es gerecht zugeht: Verlose, wer was bekommt. **59-65** Beim Auszug aus Ägypten lebten noch Mose, Aaron und Mirjam. Nach der Wüstenwanderung Josua, Sohn Nuns, und Kaleb, Sohn Jefunnes.

27 **1-11** Erbrecht nach Mose: Sohn erbt. Kein Sohn: Tochter erbt. K.T.: Bruder. K.B.: Onkel. K.O.: Jegliche andere erben. **12-23** Mose: Einmal das ersehnte Land sehen – und dann sterben. Josua: In große Fußstapfen treten und das Volk weiterführen.

28 **1-9** Mose soll den Israeliten die genaue Anzahl und den Zeitpunkt der Speis- und Trankopfer verkünden. **10-15** Anleitung zur Opfergabe: Brandofer, Feueropfer und Trankopfer. **16-24** Termin für Passa: 14. Tag des ersten Monats im Jahr. Dauer: 7 Tage. Essen: ungesäuertes Brot. **25-31** Am siebten Tage sollst du ruhen, und auch an den Tagen, an denen genau nach der Anweisung des Herrn Opfer gebracht werden sollen.

29 **1-6** Am ersten Tag des siebten Monats ist Feiertag. Bringt Opfer für den Herrn. **7-16** Am zehnten Tag des siebten Monats wird gefastet. Am 15. Tag ist heilige Versammlung. Es soll Brandopfer geben. **17-28** Opfervorschriften, was man vom 2.–5. Tag zu opfern hat. Zum Beispiel Stiere, Widder, Schafe etc. **29-39** Am 6. und 7. Tag bitte jede Menge Opfertiere! Am 8. Tag macht ihr Festversammlung und arbeitet nicht – aber trotzdem leckere Tiere opfern.

30 **1-8** Ein Versprechen vor Gott darf nie gebrochen werden. Nur ein Vater oder Ehemann kann das Versprechen gegenüber einer Frau direkt nach diesem aufheben. **9-17** Verspricht eine Frau etwas, ihr Mann hört's, spricht dagegen – so gilt's nicht. Sagt er nichts, gilt's. Sagt er später was, gilt's für ihn.

31 **1-7** Gott lässt Mose alles Männliche unter den Midianitern abmurksen, einfach so, aus Rache. **8-13** Könige wurden auch getötet. Israeliten klauten Frauen, Kinder, Tiere, Güter etc. + brachten es Mose + den Priestern ins Lager (bei Jericho). **14-21** Mose ist zornig über Soldaten. Befiehlt Gefangene zu töten + sich dann zu entsündigen. Israel soll rein bleiben. **22-31** Jeder Mensch, der rein ist, soll Gott und den Menschen für den Dienst danken, sich selbst dabei aber nicht vergessen. **32-46** Unmengen an Vieh und Jungfrauen wurden erbeutet, die unter die Krieger – 1/1000 davon bekam Gott – und die Gemeinde aufgeteilt wurden. **47-54** Mose verteilt Vieh und Menschen an die Leviten. Hauptleute bedanken sich mit Gold, das Mose Gott darbringt, damit dieser Israel gedenkt.

32 **1-10** Rubens und Gads Söhne wollten nicht über Jordan ziehen, sondern Vieh weiden. Mose: Ihr verführt das Volk. Der Herr wurde zornig.

⊙ VERSACKEN IN WÜSTE

11-19 1. Generation Flüchtlinge aus Ägypten werden nicht ankommen. Versacken in Wüste. Neue Generation = New Hope. Kinder sind Hoffnung für Israel. **20-29** Landnahme: Frauen, Kinder + Vieh bleiben auf der einen Jordanseite zurück, während die Männer auf der anderen Flussseite kämpfen. **30-42** Gad u. Ruben: Wie der Herr uns sagt, so wollen wir tun! Mose gab ihnen Sihon u. Ogs. Machirs Söhne vertrieben die Amoriter. Aufbau der Städte.

33 **1-4** Mose muss eine Doku führen über die Orte und Zeiten der Wüstenwanderung. **5-17** Sie zogen durch die Wüste von Dorf zu Dorf, von Oase zu Oase. Doch eine Oase führte kein Wasser mehr und so zogen sie weiter. **18-37** Und sie zogen von Ort zu Ort + lagerten an verschiedenen Stellen. **38-40** Mit 120 starb Aaron. Dann kamen die Israeliten. **41-49** Sie ziehen ständig von Ort zu Ort am Ende der Wüste. Aber dann bauen sie die Lager im Jordantal gegenüber von Jericho auf ... **50-56** Und Gott lässt Mose Kanaaniten vertreiben, Götzenbilder vernichten, Land einnehmen, unter Stämmen auslosen.

EIN EINZIGER ZEUGE REICHT
NICHT BEI KAPITALVERBRECHEN

34 **1-12** Gott @ Mose: Beschreibung der Grenzen des Landes, das Israel gehören soll. **13-29** Mose verteilt das Land an die Stämme. 9 ½ Stämme auf der einen Seite des Jordans, die anderen 2 ½ Stämme auf der anderen Flussseite.

35 **1-5** Gott spricht zu Mose: Die Israeliten sollen von ihrem

Erbe den Leviten genügend Land zum Leben abgeben. **6-15** Gott @ Mose: Unter den Städten, die die Priester zugeteilt bekommen, wähle sechs aus. Dort gibt's Asyl für Leute, die unfreiwillig getötet haben. **16-25** Jemand erschlägt einen. Dann soll der Mörder sterben. Jemand erschlägt ihn und wird so selbst zum Mörder. So geht es immer weiter. **26-34** Wer ohne Absicht getötet hat, kann in eine Freistadt fliehen, dort nur ist er sicher. Ein einziger Zeuge reicht nicht bei Kapitalverbrechen.

36 **1-5** Die Sippen Gileads, Machirs, Manasses und Josefs klären mit den Sippen Israels Erbschaftsangelegenheiten. Mose billigt die Vorschläge. **6-13** Zelofhads Töchter dürfen heiraten, wen sie wollen, aber nur jemanden vom Stamme ihres Vaters, damit jeder das Erbe seiner Väter behalte.

Das fünfte Buch Mose
(Deuteronomium)

(›) **WEISE MÄNNER ALS KONFLIKTLOTSEN**

1 **1-4** Das redete Mose zum Volk, als sie jenseits des Jordans in der Wüste waren (11 Tagesreisen vom Horeb weg). Vorher hatten sie noch zwei Könige besiegt. **5-12** Mose sprach: Der Herr hat uns das Heilige Land versprochen. Aber wie kann ich allein eure Last und euren Streit tragen, da ihr so viele seid? **13-19** Ich habe euch weise Männer als Konfliktlotsen gegeben. Und weise Richter. Vor dem Gesetz ist jeder gleich! **20-28** Ihr seid an das Gebirge der Amoriter gekommen, das uns der Herr geben wird. Nehmt es ein, keine Angst! > Volk kein Vertrauen & ungehorsam. **29-38** Mose: Der Herr hat euch die ganze Zeit getragen und ihr glaubt ihm nicht! Gott: Kein Böser soll das gute Land sehen, nur die, die treu gefolgt sind. **39-46** Mose: Ihr habt gekämpft, obwohl Gott euch gewarnt hat. Nach der Niederlange musstet ihr dafür lange in Kadesch bleiben.

2 **1-7** Wir folgten dem Willen des Herrn und wanderten durch die Wüste Richtung Norden. Wir überquerten das Land der Söhne Esaus. **8-13** Es gab nur Durchmarsch, keine Kriegshandlungen, da wir verwandtschaftlich mit den Völkern verbunden sind. **14-23** Als alle Krieger aus dem Volk gestorben waren, sagte Gott zu mir: friedlich vorwärts!, und vernichtet selbst die starken Samsummiter – und übergab Land.

SONST VERBRENNT IHR EUCH! (‹)

24-29 Mose sprach weiter: Strategieplanung war: Sihon, König der Amoriter, in unserer Hand. Zunächst baten wir jedoch friedlich um Durchzugsrechte. **30-37** König Sihon wollte uns nicht durchlassen. Wir haben gegen ihn gekämpft, gewonnen & Land erobert, wie es Gott gesagt hatte.

3 **1-5** Dann: Kampf bei Edrei. Gott versprach den Untergang des Og von Baschen – und so kam es. **6–11** Nach dem Sieg wurde der Bann vollstreckt. D.h.: Alle wurden getötet in den Städten, das Vieh aber raubten wir für uns. **12–17** Viele Stämme und Völker, und welches Land uns zugedacht worden war … **18–22** Ich empfahl weiter: Nehmt noch den Rest des Landes ein, bis dahin lasst eure Frauen (und auch eure Tiere) in den sicheren Städten. **23–29** Und ich bat den Herrn, mich über den Jordan ziehen zu lassen. Aber stattdessen sollte Josua mit dem Volk über den Jordan ziehen.

(>) **IMMER SEINEN NAMEN EHREN –
SONST SETZT'S WAS**

4 **1–7** Weiterhin Mose: Hört auf Gottes Wort und verändert es nicht. Gott vernichtet die, die nicht auf ihn hören. Hört auf Gott, egal wo ihr seid. **8–14** Haltet Gottes Gebote, bitte prägt sie euch ein. Nehmt sie ernst. Sie sind genau so wahr wie das, was ihr mit Gott erlebt habt. Amen! **15–24** Keine Götzen anbeten, Gott ist unsichtbar, ähnlich dem Feuer. Haltet euch an den Bund mit ihm. Sonst verbrennt ihr euch (bildlich gesprochen). **25–34** Wenn du den falschen Götterbildern nachläufst, verrennst

du dich in der Angst. Da suche Gott. Denn er verlässt den Bund mit dir nicht. **35–40** Die Kinder Israels sollen sich erinnern, was Gott für sie getan hat, damit sie die Gebote halten und gut leben im Land, das er gegeben hat. **41–43** Mose bestimmt drei Städte (Bezer für die Rubeniter, Ramot für die Gaditer und Golan für die Manassiter) für die des Todschlags Schuldigen. **44–49** Mose legte den Israeliten das Gesetz vor. Nach dem Auszug aus Ägypten sollte es im gesamten gelobten Land gelten.

5 **1–5** Mose, der Vermittler des Bundes Israels mit Gott, forderte die Israeliten auf, die 10 Gebote des Herrn zu lernen und danach zu handeln. **6–15** Keine anderen Götter, keine Bilder – und immer meinen Namen ehren! Sonst setzt's was. Und nach 6 Arbeitstagen ein Feiertag, der gehört mir.

WEIL ER DICH LIEBT (<)

16–25 Gott gibt den Menschen auf zwei Tafeln Anweisungen zum Leben miteinander. Die Furcht vor der Herrlichkeit Gottes und dem Tod ist groß. **26–33** Mose fragt: Welcher

Mensch kann Gottes Stimme aus dem Feuer hören? Du höre das Gesetz! Lehre es, damit es euch gut geht in dem Land, das ich euch gebe!

6 **1-9** Es gibt nur eine Welt und nur einen Gott für alle Menschen. Wer dazugehören will, muss Gottes Willen tun, Gott lieben. **10-19** Wenn dich Gott ins verheißene Land gebracht hat – dann vergiss nicht, wem du es verdankst und halte dich an seine Gebote. **20-25** Wenn die Jungen nach dem Sinn der Regeln fragen, antworte: Als Gott uns aus Ägypten in die Freiheit führte, haben seine Gebote uns geleitet.

7 **1-8** Verbinde dich nicht mit dem Unglauben, werde nicht abtrünnig. Gott hat dich erwählt, weil er dich liebt. **9-17** Gott ist barmherzig und hält seine Versprechen über 1000 Generationen. WOW. **18-26** Keine Angst: Gott hat schon in Ägypten Zeichen und Wunder getan, warum sollten wir uns heute fürchten? Die Gegner haben keine Chance.

8 **1-9** Halte dich an meine Gebote, denn ich habe dich erzo-

gen. Dann wirst du in das Paradies kommen, wo alles vorhanden ist. **10-20** Vergiss deinen Gott nie, lobe und ehre ihn und befolge seine Gesetze. Denn wenn du ihn vergisst oder anderen Göttern folgst, wirst du sterben.

KÜMMERT EUCH UM ARME UND FREMDE

9 **1-7** Mose: Höre, Israel, du wirst über den Jordan gehen. Gott geht vor dir her, ein verzehrendes Feuer! Sei nicht übermütig, du selbst bist ungehorsam! **8-16** Ich war 40 Tage lang auf Berg > empfing die 10 Gebote > ihr versündigt euch > der Herr aber will Sünder vernichten und stärkeres Volk erschaffen. **17-23** Dann warf ich die Tafeln fort, bat für mich und Aaron und fastete. Das Kalb zermalmt ich, obwohl das Volk ungehorsam war, hörte Gott mein Gebet. **24-29** Ich sprach zu euch: ihr Ungehorsamen! 40 Tage & 40 Nächte habe ich vor Gott für euch gesprochen. Obwohl er viel für euch tut und ihr sein Volk seid, sündigt ihr.

10 **1-9** Gott machte 2 neue Tafeln mit seinen 10 Geboten und gab sie mir für euch. Später starb Aaron. Der Stamm Levi wurde zu Dienern des Herrn. **10–15** Ich sprach für Israel und Gott verschonte es. Ich sollte es führen. Er verlangte, dass ich seine Gebote befolge, denn er hat nur mich erwählt. **16–22** Seid verständig, denn Gott ist der höchste Gott und unbestechlich: Kümmert euch um Arme und Fremde, denn ihr wart auch fremd in Ägypten.

> GOTT WIRD EUCH BESCHÜTZEN

11 **1–7** Mose: Liebe Gott, halte seine Gebote, erkenne Gottes Erziehung und Herrlichkeit und seine Macht unter den Ägyptern. **8–17** Gott sprach zu mir: Haltet die Gebote ein, dann führ' ich euch ins Land, wo Milch und Honig fließt. Tut ihr's nicht, mach ich kurzen Prozess mit euch. **18–25** Behaltet und lehrt diese Worte, durch die Gebote ehrt ihr Gott, alles Land soll euer sein. Gott wird euch beschützen. **26–32** Segen und Fluch werden dem Bewahren oder Nichtbewahren der Gebote folgen. Segnet das Land, das Gott euch gibt, so wird es euch gehören.

12 **1–9** Dies sind Gottes Gebote: Zerstört alle heidnischen Symbole, spendet und opfert, denn euch steht noch der Lohn zu. **10–16** Seid fröhlich vor Gott, eurem Herrn, ihr und eure Söhne und Töchter und alle, die mit euch wohnen. **17–22** Iss nie vom zehnten Teil oder Opfern, außer vor dem Herrn. Und ist dir nach Fleisch, dann iss Fleisch, egal wo und wann. **23–31** Achtung: Kein Blut verzehren (auch keine Blutwurst!) – denn das Blut ist ein Zeichen des Lebens, das heilig ist.

13 **1–6** Dem Herrn, eurem Gott, sollt ihr folgen und ihn fürchten und seine Gebote halten und seiner Stimme gehorchen und ihm dienen und ihm anhangen. **7–13** Will dich jemand abbringen vom rechten Glauben und stehe er dir noch so nahe, dann zögere nicht und steinige ihn, um andere zu warnen. **14–19** Wer anderen Göttern dient, soll getötet werden, ihre Städte geplündert und Habe verbrannt werden. All das sieht Gott als richtig an.

14 **1–9** Hier die Gesetze: Bei Totenklage nicht ritzen noch scheren! Nur Paarhufer, Wiederkäuer und geschuppte Fische essen! Andere Tiere und Aas sind unrein. **10-21** Essensgebote über reine und unreine Tiere – esst nur das reine, meidet das unreine Tier. **22-29** Alle drei Jahre solltest du mit deinem Ertrag etwas Gutes für dich und deine Mitmenschen tun.

15 **1-6** Alle sieben Jahre sollen deinen Nächsten und Brüdern die Schulden erlassen werden. Andere müssen zahlen. **7-11** Achte auf deine Mitmenschen und hilf, wo du kannst. Hilf den Bedürftigen und du wirst gesegnet sein. **12-18** Hat einer dir sechs Jahre gedient, sollst du ihn reich belohnen und freilassen. Will er nicht frei sein, so sei er für immer dein Knecht. **19-23** Jährlich sollst du alle fehlerlosen Erstgeburten der Viehzucht Gott opfern und mit Familie beim Tempel essen. Fehlerhafte zuhause. Kein Blut!

◉ BESTECHUNG VERBOTEN

16 **1-8** Mose: Zum Andenken an die Flucht aus Ägypten sollst du Passa feiern und sieben Tage nur ungesäuertes Brot essen. **9-16** Folgende Feste sollst du feiern: das Fest der ungesäuerten Brote, das Wochenfest während der Ernte und das Laubhüttenfest. **17-22** Vor Gericht soll das Ansehen der Person keine Rolle spielen. Bestechung ist verboten. Minderwertige Tiere dürfen nicht geopfert werden.

17 **1-7** Andersgläubige sind durch Steinigung zu töten. Mindestens zwei Zeugen müssen die Anschuldigung äußern, damit das Todesurteil gültig ist. **8-13** Wenn ein Gericht keine Entscheidung treffen kann, sollen die levitischen Priester entscheiden. Wer ihrem Urteil widerspricht, muss sterben. **14-20** Gehe in Gottes Land und lebe mit einem deiner Brüder als König, der wie jeder andere lebt, denn alle Menschen sind gleich viel wert.

18 **1-8** Gott ist das Erbe der levitischen Priester, er hat sie erwählt und entsendet, um ihm zu dienen. **9-15** Hellseherei und Zauberei sind Gräuel. Völker, die so etwas tun, werden von Gott vertrieben. Ihr Land könnt ihr erobern. **16-22** Propheten anderer Götter sollen sterben. Falsche Propheten erkennt man daran, dass ihre Voraussagen nicht eintreffen.

19 1-7 Mose: Gott wird fremde Völker ausrotten, dir ihr Land geben. Dort sollst du an drei Orten Totschlägern Amnestie und Schutz vor Verfolgung gewähren. 8-14 Gewähre noch in drei weiteren Städten Amnestie für Totschläger. Mörder jedoch übergebe dem Lynchmob. 15-21 Man braucht mindestens zwei Zeugen für eine gültige Aussage. Ein falscher Zeuge bekommt die Strafe, die er dem Angeklagten anhängen wollte.

20 1-7 Fürchtet keinen Krieg gegen stärkere Feinde, Gott ist mit euch. Zieht nicht in den Krieg, wenn ihr eure Verlobte noch nicht geheiratet habt. 8-16 Biete deinen Feinden zunächst an, sie friedlich zu unterwerfen. Lehnen sie ab, töte alle Männer und unterwerfe Frauen, Kinder und das Vieh. 17-20 Die Städte der Andersgläubigen (Hetiter, Amoriter, Kanaaniter, Perisiter, Hiwiter und Jebusiter) müssen ausgerottet werden.

21 1-7 Mose: Für Ermordete ist die nächstgelegene Stadt zuständig. Die Stadtältesten sollen eine junge Kuh schlachten und ihre Hände darin waschen. 8-14 In Kriegsgefangenschaft genommene Frauen dürfen vergewaltigt und geheiratet, jedoch nicht versklavt oder verkauft werden. 15-21 Polygamie ist in Ordnung. Der erstgeborene Sohn bekommt immer den größeren Erbteil. Widerspenstige Söhne sollen gesteinigt werden. 22-23 Wenn einer gesündigt hat und wird an ein Holz gehängt, so soll man ihn am selben Tag begraben – denn ein Aufgehängter ist verflucht bei Gott.

22 1-5 Achte auf verlorenen Besitz deiner Mitmenschen und gib alles zurück. Und denk außerdem dran: Transvestiten sind Gott echt zuwider. 6-12 Man soll stets im Sinne der Nachhaltigkeit handeln, bescheiden sein und sich nicht in Völlerei üben. 13-21 War eine Frau zum Zeitpunkt ihrer Hochzeit keine Jungfrau, so soll sie zu Tode gesteinigt werden. 22-29 Schläft ein Mann mit einer verheirateten Frau, müssen beide sterben. Vergewaltigt ein Mann eine Jungfrau, muss er sie heiraten.

23 1–9 Mose: Bis auf die Edomiter und Ägypter, sind alle Fremden in der Gemeinde unerwünscht und außerdem darfst du nicht mit der Frau deines Vaters schlafen. 10–15 Reinheitsgebote sollen auch im Kriegsfall gelten. Das Lager sei koscher zu halten. Gott ist im Lager mit euch. Nur der Reine darf ihm nahen. 16–26 Du sollst andere nicht verraten und deinen Bruder nicht ausnutzen. Du sollst das halten, was du Gott versprochen hast, dann belohnt er dich.

(>) FLITTERWOCHEN FÜR SOLDATEN

24 1–5 Gott regelt den Alltag des Volkes Israel: die Ehescheidung und das Recht auf ein Jahr Flitterwochen für Soldaten. 6–13 Nimm nie das Leben als Pfand, Entführer sollen getötet werden. Pfand gegen Leihe nur bei Reichen, gib sie den Armen nach Tagesfrist zurück. 14–22 Sorge für Tagelöhner und Ausländer, Witwen und Waisen, denn du warst selbst einmal Knecht in Ägypten, von wo dich Gott erlöst hat.

25 1–4 Man soll immer dem Schuldigen die Schuld geben und dem Gerechten Recht sprechen, dem Schuldigen nicht mehr als 40 Schläge geben. 5–10 Wohnen zwei Brüder beieinander und stirbt einer ohne Söhne, so soll der Überlebende seine Schwägerin zur Frau nehmen und schwängern. 11–16 Kneift eine Frau dem Widersacher ihres Mannes in die Eier, soll man ihre Hand abhauen. Niemals zweierlei Gewicht und zweierlei Maß anlegen. 17–19 Denke an die Übeltaten der Amalekiter gegen dich. Wenn Gott dir das versprochene Land gegeben hat, sollst du das alles aber vergessen.

EIN LAND VOLL MILCH UND HONIG (<)

26 1–9 Mose: Gott sah unsre Not und führte uns in ein Land voll Milch und Honig. 10–15 Opfere Gott die ersten Früchte eines Landes. Alle drei Jahre den zehnten Teil. Darauf soll Gott das Volk Israel segnen und schützen. 16–19 Gott gebietet dir, seine Gebote von ganzem Herzen zu befolgen. Du sollst sein Volk sein und du sollst gepriesen und geehrt werden.

27 **1–8** Mose befahl den Israelis, alle Gebote einzuhalten, sie auf Tafeln zu schreiben, diese auf einem Berg aufzustellen und Gott zu danken. **9–16** Die Priester auf dem Berg Garizim segnen die Gebotserfüllung, die auf dem Berg Ebal verfluchen die Gebotsübertretung, für alle zehn Gebote.

> **DER HERR WIRD DICH VOLL KAPUTT MACHEN**

17–26 Mose: Verflucht, wer seinen Nächsten bedrängt, irreführt, umbringt, wer Blutschande auf sich lädt, sich bestechen lässt und das Gesetz nicht hält.

28 **1–8** Gott segnet den, der seiner Stimme gehorcht, nichts Böses soll ihm widerfahren. **9–14** Das Volk Israel wird reich belohnt und erhoben werden, wenn es nach den Geboten und Gesetzen Gottes lebt und nur ihn ehrt. **15–25** Wenn du nicht gehorchst, wird Gott dich verfluchen, verfolgen und leiden lassen bis zum Tod. **26–34** Der Herr wird dich voll kaputt machen. Alles was du dir vornimmst, wird scheitern. Alles was du hast, nimmt er dir weg.

Und du guckst zu. **35–44** So ergeht es, wen der Zorn Gottes trifft: Geschwüre, Besatzung, Missernte, Schädlinge, Kinder werden deportiert, immer tiefer wird er sinken. **45–52** Du kriegst richtige Probleme – bis du erledigt bist, weil du nicht auf Gott gehört und seine Weisungen missachtet hast. Keine Sicherheit im Land. **53–59** Falls ihr Menschen die Gesetze Gottes nicht einhaltet, so wird auch den Reichen und Verwöhnten von euch schreckliches Unglück widerfahren. **60–66** Weil du Gott nicht gehorcht hast, wird es dir schlimm ergehen. Du wirst anderen Göttern dienen und doch nicht zur Ruhe kommen. **67–69** Morgens wünschst du dir Abend. Abends wünschst du dir Morgen. Schweres Leben. Wieder zurück nach Ägypten. Versklavung. So sagt's der Bund.

> **DU MUSST JETZT STERBEN – IST ABER NICHT SCHLIMM** ◉

29 **1–12A** Mose an Israel: Gott hat viel für euch getan und geholfen, euch das verheißene Land zu geben, also haltet euch an den Bund. **12B–21** Der Bund besteht mit allen und deren Nachkommen, die in

Ägypten waren, niemand soll sich abwenden, denn Gott wird darüber böse werden. **22–28** Warum hat der Herr in seinem Grimm und Zorn alles zerstört? Weil der Bund des Herrn missachtet wurde! Was er uns offenbart, gilt uns ewig.

lerdings wird den Bund mit mir brechen und ich will mich verbergen. **19–23** Gott befiehlt Mose, ein Lied über die wunderbaren Erlebnisse mit ihm aufzuschreiben, damit sich das Volk im Unglück daran erinnern kann.

30 **1–9A** Wenn du Gottes Weisungen befolgst, wirst du gesegnet sein. Und wenn du schuldig wurdest: Umkehr beendet die Strafe. Es geht dir wieder gut. **9B–16** Wer Recht und Gebote Gottes achtet, über den freut er sich. Sein Wort ist nicht fern, wer danach handelt, den wird er segnen und beschützen. **17–20** Zweifelt nicht und liebt Gott, damit ist euch das Himmelreich eröffnet. So schützt Gott auch eure Nachkommen.

DER TAG DES UNGLÜCKS WIRD KOMMEN

24–26 Nachdem Mose die Gebote Gottes aufgeschrieben hatte, sollten die Leviten die Schrift zu der Bundeslade packen – als »Beleg« für Gott. **27–30** Mose ermahnte die gesamte Gemeinde Israels: Ich kenne euch und weiß, wie ihr nach meinem Tod sündigen werdet und das Unheil euch trifft!!

31 **1–8** Mose, 120-jährig, zu Josua: Josua, mach du mal weiter. Das Land nimmst du ein, die Feinde besiegst du. Und vor allem: Gott ist mit dabei. Hab keine Angst! **9–13** Mose gab das Gesetz den Priestern und Ältesten: Alle 7 Jahre sollt ihr es vor allem Volk ausrufen, damit es den Herrn, euren Gott, fürchte. **14–18** Herr >Mose: Du musst jetzt sterben, ist aber nicht schlimm. Dein Volk al-

32 **1–12** Ich will ihn preisen, so dass alle es mitkriegen. Er ist perfekt! Er behütet dich. Das böse Geschlecht sind nicht seine Kinder. **13–18** Jeschurun wurde von Gott alles zum Leben gegeben, doch im Wohlstand vergaß dieser seine Wurzeln und den Gott, der ihn gemacht hat. **19–27** Weil sein Volk andere anbetet, will der zornige Gott Krieg und Leid zu ihnen bringen, aber wegen des

Hochmuts der Gegner nicht vernichten. **28-35** Israel ist unvernünftig geworden und sieht nicht, dass der Herr sie der Hand ihrer Feinde überlassen hat. Doch der Tag des Unglücks kommt. **36-42** Recht für das Volk des Herrn. Alle Macht über Leben und Tod liegt in Gottes Händen und er wird nicht zögern, die Macht zu gebrauchen. **43-46** Mose kündigt den Heiden die Rache des Herrn an, für diejenigen, die sein Volk quälen und töten und seine Gesetze missachten. **47-52** Gott an Mose: Steig auf den Berg Nebo, du darfst ins Land Kanaan gucken. Aber du darfst nicht hinein, du wirst sterben wie Aaron auf dem Berg Hor starb, Volk soll kommen.

33 **1-10** Mose: Segen, heilvolle Kraft für das 12-Stämme-Volk und durch sie für uns und alle Völker, damit wir zum Segen werden: ein Ganzopfer für Gott. **11-20** Herr, segne seine Macht! Und er sprach Segen über Benjamin, Josef, Ephraim, Manasse, Sebulon, Issachar und Gad. **21-29** Israel sei das auserwählte Land, dessen Volk das Heil des Herrn empfängt, weil Gott in diesem Land zu Hause ist.

34 **1-6** Mose schaut ins Gelobte Land und als er es gesehen hatte, stirbt er und wird dort begraben. **7-12** Als Mose starb, weinten die Israeliten. Josua war sein Nachfolger und die Israeliten nahmen ihn an.

Das Buch Josua

⊙ **RAHAB HAT ANGST**

1 **1-8** Gott verspricht, sein Volk nie zu verlassen – wohin es auch zieht. Mit den 10 Geboten ist es mutig und gestärkt auf dem rechten Wege. **9-13** Josua lässt dem Volk ausrichten, es solle Vorräte anlegen. In drei Tagen gehe es über den Jordan ins gelobte Land. **14-18** Führt die Ungläubigen zum Glauben und achtet die Ordnung. So ist Gott mit euch.

2 **1-9** Josua schickt Kundschafter nach Jericho. Der König sucht nach ihnen, aber Rahab versteckt sie vor ihm in ihrem Haus. **10-16** Rahab hat Angst vor den Israeliten, denn sie hat von Gottes Taten gehört. Sie hilft ihnen zu fliehen und erhält die Zusage der Verschonung. **17-24** Alle, die sich im Haus mit der Markierung befinden werden, sollen verschont werden. Nach der Rückkehr aus dem Gebirge wird Josua berichtet.

3 **1-8** Josua + die Israeliten kamen an Jordan. Nach 3 Tagen folgten sie Amtleuten mit Bundeslade des Herrn, der sprach: Ich mache dich groß wie Mose. **9-17** Josua kündigt an, dass der Jordan durchquert werden kann. Gott macht es möglich. Die Priester mit der Bundeslade gehen voran. So geschah es.

TÜRMT ERINNERUNG AUF ⊙

4 **1-9** Israeliten über Jordan mit 12 Steinen, wie Herr zu Josua sprach. Und sie türmten Erinnerung auf. Stein auf Stein. Auch für die Kinder. **10-14** Kampf im Jordantal vor Jericho: 40 000 gerüstete Männer stehen bereit. Der Herr macht an diesem Tag Josua zum Nachfolger von Mose. **15-24** Die Priester sollen aus dem Jordan steigen. Das Wasser fließt wieder. Die 12 Steine werden in Gilgal zum Gedenken aufgerichtet.

5 **1-5** Angst geht um. Gott zu Josua: Beschneide die Israeliten. Er tat es. Grund: In der Wüste waren Unbeschnittene gestorben, Beschnittene nicht. **6–8** Denn die Israeliten liefen 40 Jahre durch Wüste, weil sie nicht auf Gott gehört haben. Josua ließ alle Söhne beschneiden. Kurze Pause und Lageraufschlagen. **9–15** Die Israeliten sollen mit dem Sauerteig ihre Sorgen in Ägypten lassen und sich auf Gottes Verheißung verlassen. Der Fürst ist Jesus.

6 **1–8** So fallen die Mauern von Jericho: 7 × 6 Tage lang sollen die Soldaten herumgehen; 7 Priester blasen in 7 Posaunen; alle schreien. **9–14** Kriegsleute gingen vor Priestern, die bliesen Posaunen, Volk folgte. Machten Kriegsgeschrei. Zogen um die Stadt. Insgesamt 7 Tage lang. **15–21** Sieben Runden um Jericho und der Lärm der Posaunen lassen die Mauern einstürzen. Im Blutrausch wird die Stadt gestürmt.

⊙ VERBOTENE DINGE

22–27 Rahab wird gerettet und Jericho heruntergebrannt. Josua verflucht den Bauherrn, der Jericho wieder aufbauen würde.

7 **1–6** Achan tut verbotene Dinge, Josua bekämpft ihn in Ai und unterliegt aufgrund einer List. Er ist unglücklich und wirft sich vor Gott. **7–13** Josua: Ach Herr, hast du uns hierher geführt, um uns umzubringen? Gott: Ihr habt gesündigt; bringt erst das Verbotene weg und heiligt euch! **14–19** Der HERR wählte aus den Israeliten den Mann, den der Bann treffen sollte und es war Achan, der Sohn Karmis aus Juda. **20–26** Achan beichtete Josua, dass er Gott Beute gestohlen hatte und er wurde gesteinigt an dem Ort, der heute Tal Achor heißt.

8 **1–7** Der Herr sprach zu Josua: Zieh mit deinen Kriegern zu Ai. Dann locke sie dadurch, dass ihr flieht in den Hinterhalt. **8–15** Josua ist geschickt worden, mit seinem Volk zu kämpfen, um Ai zu erobern. Das war von Gott befohlen. Nach dem Hinterhalt stellte sich Josua mit ganz Israel und flieht. **16–21** Gottes Plan, Josua die Stadt Ai zu übergeben, wird durch einen Hinterhalt der Israeliten erfolgreich ausgeführt. **22–29** Die Männer von Ai werden erschlagen, insgesamt 12 000, der König von Ai gefangen genommen und erhängt. Das Vieh und Beute wurden geteilt. **30-35** Josua baute einen Altar, wie Mose es wollte. Die Gesetze wurden feierlich abgeschrieben und dem Volke verkündet.

9 **1-10** Alle jenseits des Jordans vereinigten sich, um gegen Israel zu kämpfen. Die Bürger Gibeons wollen sich mit Israel durch eine List verbünden. **11-18** Mit Proviant im Gepäck sollen sie auf andere Menschen zugehen, dass sie in deren Mitte aufgenommen werden. **19-27** Ein Gespräch in der Gemeinde, in der es um Vermeidung des Zorn Gottes geht. Jedoch kam ihnen die Erkenntnis, dass dies nicht nötig sei.

10 **1-6** 5 Könige verbünden sich, um die große Stadt Gibeon zu erobern. Diese bitten Josua um Hilfe, er soll ihnen beistehen in ihrer Bedrohung. **7-15** Gott an Josua: Fürchte dich nicht vor den Amoritern, ich helfe euch! Israel besiegt sie. Josua betet um Zeichen an Sonne und es geschieht. **16-25** Fünf Könige verstecken sich in einer Höhle; Josua befiehlt, sie zu verschließen; nach der Schlacht werden die Könige unterworfen – Trost für Israel. **26-29** Wie in Jericho ist Josua auch in Makkeda militärisch erfolgreich. Und die Israeliten setzen ihren Feldzug weiter fort. **30-37** Städte werden belagert und geschlagen, Gott gibt sie zu Israel. Horam und sein Heer werden besiegt. Niemand wird übergelassen ... **38-43** Josua tat, wie ihm geheißen. Er tötete Könige und Gefolge. Kaum war die Aufgabe erfüllt, kehrte er heim.

ES GIBT NOCH VIEL ZU TUN – ABER GOTT MACHT DAS SCHON

11 **1-7** Jabin, der König von Hazor, versammelt die anderen Völker, soviel wie Sand am Meer, um mit Israel zu kämpfen. Gott versichert Josua, sie zu schlagen. **8-15** Israel verfolgte sie bis Sidon und erschlug sie. Josua lähmte die Rosse, verbrannte die Wagen, eroberte alle Städte und teilte die Beute. **16-23** Josua nahm alles Land ein und nahm deren Herrscher in Gefangenschaft.

12 **1-6** Die Israeliten besiegten einige Könige des Landes jenseits des Jordans. **7-24** Josua und die

Israeliten schlugen 31 Könige. Josua verteilte das eroberte Land unter den Stämmen Israels.

13 1-6 Gott redet zum alt gewordenen Josua: Es gibt noch viel zu tun, aber ich mach das schon. Verlose das Land unter Israel. 7-14 Josua soll das Land unter den Stämmen Israels verteilen. 2½ Stämme waren schon mit Land versorgt; die Leviten als Gottesdiener benötigten keins. Die übrigen 8½ Stämme bekamen Land im Westen. 15-21 Der Stamm Juda hatte 29 Städte mit ihren Gehöften. Mose betreibt Flurbereinigung. 22-33 Das Volk Israel nimmt das Land mit Gewalt ein und teilt es auf. Nur der Stamm Levi kriegt nichts, weil er von Gott leben soll.

14 1-4 Die Israeliten erhalten verschiedene Ländereien als Erbteil. Die Leviten erhalten Städte. 5-9 Wie Gott wollte, wurde das Land verteilt. Kaleb erinnert an die Versprechung des Landes, das er erkundet hatte, für sich und seine Erben. 10-15 Trotz seines hohen Alters traute Kaleb es sich zu, die Bewohner Hebrons zu vertreiben. Er überzeugte Josua und bekam das Land als Erbteil.

15 1-9 Die Grenzen des Stammes Juda im Süden, Osten und Norden wurde durch Los bestimmt und lassen sich geographisch genauestens beschreiben. 10-20 Die Westgrenze Judäas bildet das Mittelmeer. Die Mitgift Kalebs' Tochter (obere & unteren Quellen) sind das Erbteil des Stammes Juda. 21-32 Zu dem Stamm Juda gehörten 29 Städte und ihre Gehöfte. 33-47 Im Hügelland gab es 39 Städte mit Gehöften + 3 Städte mit Ortschaften + Gehöften bis zum Meer entlang des Flusses. 48-63 In Jerusalems Umland waren zahlreiche Städte. Dennoch gelang es Juda nicht, die Jebusiter aus Jerusalem zu vertreiben.

16 1-10 Manasse und Ephraim erben jeweils die Hälfte des Stammes Josef. Kanaaniter durften bleiben, wurden fronpflichtig.

17 1-5 Das war in der Menschheitsgeschichte noch nie einfach: Gebietsaufteilungen! Versucht wird es immer wieder – ob es klappt? 6-11 In einer Gliedfamilie des Stammes Manasse dürfen ausnahmsweise auch die Töchter Land erben, damit es in der Familie bleibt. **12-18** Das Land ist unter den 12 Stämmen verteilt worden, aber der Platz reicht für den Stamm Josefs nicht aus. Er bekommt zusätzlich Land zugeteilt.

⊘ LAND DURCH LOS

18 **1-4** Aufforderung an die Israeliten, die Ländereien einzufordern, die Gott ihnen zugedacht hat. **5-9** Josua: Teilt das Land in 7 Teile und sagt es mir, so will ich per Los die Gebiete zuordnen. So taten die Männer, dann kehrten sie zurück. **10-18** Josua teilte das Land in Stämme ein. Benjamin bekam durch ein Los den Platz zwischen Juda & Josef. **19-28** Hier werden die Städte & der Erbteil des Stammes Benjamins aufgezählt mit seinen ganzen Geschlechtern.

19 **1-8** Der Stamm Simeon bekommt durch das zweite Los sehr viel Land mit Gehöften und Städten zugesprochen. **9-15** Das dritte Los, das Erbteil des Stammes Sebulon für seine Geschlechter, umfasst 12 Städte mit ihren Gehöften. **16-22** Das war Sebulons Erbe. Dann das vom Stamm Issaschar: 16 Städte inklusive Ländereien werden gelost, bis zum Berg Tabor und zum Fluss Jordan. **23-30** Nach Issachars Erbteil fällt das fünfte Los auf den Stamm Asser, der 22 Städte mit Gehöften erhält. **31-38** Der Stamm Asser und der Stamm Naftali bekommen Land durch das Los. Das Land Naftalis ist groß und hat 19 Städte mit ihren Gehöften. **39-47** Der Stamm Dan hat sein Land verloren, erobert aber Leschem und benennt es nach seinem Vater. **48-51** Josua erhält die Stadt Timnat-Serach von den Israeliten und baut sie auf. So wurde die Verteilung des Landes vollendet.

20 **1-4** Gott sagt Josua, er soll einen Ort bestimmen, wo Verbrecher ihre Tat, wenn sie ein Versehen war, klären können. **5-9** Mördern keine Waffe geben – wegen der Versuchung. Man ist solange unschuldig, bis Unschuld bewiesen. Notwehr ist anders zu bewerten.

21 **1-5** Die Leviten sagen zu Eleasar & Josua, dass Gott ihnen durch Mose Land versprochen habe. Diese Bitte befolgten sie – die Städte werden durch Lose zugeteilt. **6-12** Der Herr lässt verschiedene Städte von verschiedenen Stämmen den Leviten durch das Los zuteilen. **13-25** Die Söhne Aarons bekamen die Freistadt für die Totschläger. Diese Stadt ist aus Städten anderer Stämme aufgebaut worden. **26-37** Gott redete mit Josua und befahl ihm, jedem der Leviten einen Weideplatz zu geben, so dass sie leben konnten. **38-45** Da gaben die Israeliten den Leviten, den Söhnen Kehat, Gerschon und Merari aus ihrem Erbe 48 Städte, jede mit ihren Weideplätzen für das Vieh.

22 **1-4** Josua sagte: Ihr habt meine, Moses und Gottes Gebote gehalten. Gott brachte eure Brüder zur Ruhe. So zieht nun weg ins Land eures Erbes. **5-10** Man soll nach dem Gebot Gottes leben. Josua verteilt das Erbe an die Manasse und ihre Brüder, daraus wird Altar gebaut. **11-19** Ein Teil der Juden baute einen unerlaubten Altar. Die anderen zogen zu ihnen, um sie davon abzubringen und zu bestrafen.

⊘ GRUNDLAGE FÜR FRIEDEN

20-27 Streit zwischen den Stämmen. Ruben und Gad gegen Israel: Wir wollen unseren eigenen Altar! Er soll Zeuge sein unserer Verbundenheit mit Gott. **28-34** Ab jetzt gilt: Keine Altaropfer mehr! Der Altar dient nur als Zeichen der Verbindung zu Gott! Damit ist die Grundlage für Frieden gegeben.

23 **1-10** Nach langer Zeit, als der Herr Israel Ruhe gab und Josua alt und weise war, berief Josua Israel zusammen und sprach: Gott hat viel getan. So haltet euch ans Gesetzbuch Mose. **11-16** Tipp: Nicht von Gott abwenden! Wenn ihr euch auf andere Götter oder Götzen einlasst, wird es euch schlecht ergehen.

24 **1-9** Gott spricht zu ganz Israel, wie er Abraham sandte, ihr Volk entstand, er sie durch Mose befreite und ins gelobte Land führte. **10-17** Ich habe euch errettet. Ihr genießt alles aus meiner Hand. Dient mir in Schlichtheit und Treue wie Josua und seine Familie! **18-28** Josua sagte dem Volk, es solle den fremden Göttern abschwören & sich nicht vom Herrn abwenden. Das Volk versicherte ihm dies zu tun. **29-33** Josua & Eleasar sterben und werden in ihrem Erbteil beigesetzt. Josefs Gebeine auch. Israel diente und dient weiter dem Herrn.

Das Buch der Richter

⊙ TOD IN JERUSALEM

1 1-11 Juda schlägt mit Simeon bei Besek 10000 Männer. Adoni-Besek flieht, sie hauen ihm die Daumen & großen Zehen ab. Tod in Jerusalem. 12-19 Kaleb gibt Otniel seine Tochter zur Braut, da er für ihn einen Krieg gewinnt. Danach noch mehr Krieg. Die Gottesfürchtigen siegen. 20-29 Der eine Stamm vertreibt die Einwohner seines Erbteils, der andere (kann) nicht. Stamm Josef verschont aus Dank ein Geschlecht. 30-36 Die Stämme Israels bezahlten einander oft Geld und Naturalien, um in Frieden zu leben.

2 1-5 Der Engel zu den Israeliten: Die Bewohner von Bochim haben genauso ein Recht, hier zu sein wie ihr. Das sahen die Israeliten ein. 6-15 Nach dem Tod Josuas und seiner Generation kam ein anderes Geschlecht an die Macht, das den Baal anbetete und hart bedrängt wurde. 16-23 Auch Richter halten den Menschen nur für eine bestimmte Zeit bei Gott. Gott erzürnt und verweigert Israel seinen Schutz und vertreibt Josuas übrig gebliebene Völker nicht.

3 1-5 Fünf Völker ließ Gott Israel im gelobten Land als beständige Kriegsgegner übrig – zur Erinnerung und zum Training. 6-13 Gott gibt Israel an Mesopotamien für acht Jahre, dann befreit er es. Sie handeln zu seinem Missfallen und er gibt sie an die Ammoniter. 14-21 Gott schickt Ehud, der wird zum Retter der unterdrückten Israeliten und beseitigt den fetten Gegner mit seinem zweischneidigen Dolch. 22-31 Ehud tötet den König, entkommt und bläst die Posaune auf dem Gebirge Ephraim. Die Israeliten töten die Moabiter. 80 Jahre Frieden.

4 1-9 Debora und Barak: ein ungleiches Gespann! Sie starten dennoch einen gemeinsamen Kriegszug und Sisera, der Feldhauptmann, muss mitspielen. 10-18 Krieg Barak gegen Sisera, Sisera unterliegt, 10 000 sterben. Sisera flieht zu Fuß und kommt bei Jaël unter. **19-24** Sie tötet ihn im Schlaf und zeigt Barak die Leiche. Die Israelten vernichten Jabin, König von Kanaan.

(>) UND GOTT SANDTE EINEN ENGEL

5 **1-10** Ein Lied gesungen von Debora und Barak über den Auszug des Herrn von Ägypten nach Israel und der mutigen Debora. **11-22** Deboras Kampflied: Schau, wie so viele mit sich selbst beschäftigt sind. Nur wenige kamen und kämpften, doch sie riskierten alles! **23-31** Jaël übertraf andere in Mut und Hilfe, sie erschlug Sisera grausam. So sollen alle Feinde Gottes erschlagen werden!

6 **1-11A** Da sich die Israeliten von fremden Göttern verleiten ließen, strafte Gott sie durch die Midianiter. Sie klagten und Gott sandte einen Engel. **11B-19** Gideon wird von Gott angewiesen, die Midianiter zu schlagen. Gideon möchte zuerst einen Beweis, dass wirklich Gott zu ihm spricht. **20-27** Nachdem der Beweis erbracht wurde, reißt Gideon mit 10 Männern nachts den Altar

Baals nieder und baut einen neuen für Gott. **28-35** Gideon wird nun Jerubaal genannt, weil er den Altar des Baal zerstört hat. Man fordert seinen Tod. Der Geist Gottes erhellt ihn und er wird zum Scout. **36-40** Gideon war Gott treu, aber zweifelte an seiner Macht. Er bat um zwei Wunder, damit er sicher sein könne, dass Israel gerettet würde. Gott tat sie.

7 **1-6** Gott rettet den Menschen und nicht der Mensch sich selbst. **7-13** Gott sprach zu Gideon: Horche die Midianiter und Amalekiter aus! Und Gideon belauscht die Feinde. Danach ist er sich sicher: Wir siegen! **14-18** Gideon zieht gegen die Midianter mit einem Heer mit Fackeln und Posaunen – nach einer Auslegung eines Traumes. **19-25** Gideon – der große Kriegsheld! Dreihundert Mann schlagen ein ganzes Heer in die Flucht, die Midianiter sind geschlagen, ihre Fürsten getötet!

8 **1-6** Männer von Ephraim: Warum hast du uns nicht informiert? Streit! Was hätte ich denn tun sollen?, erwidert Gideon, bittet Sukkot um Unterstützung und

Rast. **7-13** Gideon: Wenn ich Sebach und Zalmunna fasse, geht's euch an den Kragen. Gideon schlug das Heerlager, nahm Sebach und Zalmunna gefangen, kehrte zurück. **14-20** 27 Älteste werden mit Dornen gequält, die Menschen ermordet als Rache für die Toten am Tabor. Gideons Erstgeborener, von Gideon aufgefordert zu töten, tut es nicht – aus Furcht. **21-26** Gideon tötet Sebach + Zalmunna. Israel: Herrsche über uns! Gideon: Der HERR soll euer Herrscher sein. Israel gibt ihm stattdessen die Beute. **27-35** Dank Gideon lebte Israel vier Jahrzehnte in Frieden. Als er starb, wandte sich das Volk wieder Baal-Göttern zu und vergaß Gott, den Retter.

(>) **GRAUSAMER ABIMELECH**

9 **1-5** Abimelech geht zu seinen Onkels und fragt: Was ist besser, wenn meine 70 Brüder Chef von euch sind oder ich allein? Er will König werden. **6-12** Die Onkels wollen ihn. Abimelech lässt seine Brüder töten. Jotam, der Jüngste, rettet sich. Abimelech kriegt Krone bei der Sichem-Eiche. Jotam erzählt Märchen von Bäumen, die König wählen

wollten. Keiner hatte Bock, nur der Dornbusch. **13-20** Jotam liest Männern von Sichem die Leviten wegen Massenmord an 70 Brüdern. Wenn das ok, sollen sie cool nach Hause gehen. Wenn nicht, macht großes Feuer Asche aus ihnen. Jotam verschwindet, hat Bammel vor Rache von Bruder Abimelech. **21-27** Grausamer Abimelech: Er tötet und tötet und tötet ... siebzig Brüder! Das hat Folgen: Die Männer von Sichem wenden sich von ihm ab! **28-36** Gaal gegen Abimelech: Einer will den anderen aus Sichem vertreiben. Abimelech kommt aus dem Hinterhalt und täuscht Gaal vor dem Stadttor. **37-45** Abimelech besiegt Gaal und die Stadt. **46-50** Die Männer Sichems verschanzen sich im Tempel Baals. Abimelech steckt diesen mit seinen Kriegern in Brand. Abimelech zieht weiter und erobert Tebez. **51-57** Flucht zur Burg. Abimelech will sie verbrennen. Frau wirft Stein auf seinen Kopf. Er lässt sich töten. Alle gehen heim. Vergeltung Gottes.

10 **1-4** Nach Abimelech kam Tola. Nach Tola kam Jair. **5-10** Nach Jairs Tod dienten die Israeliten erneut allerlei Göttern. Der Herr, zornig, verkaufte sie an die Ammoniter. Da jammerte Israel sehr. **11–18** Der Herr sprach: Ihr habt mich verlassen, darum will ich euch nicht mehr erretten. Die Israeliten bereuten und Gott jammerte es.

> **DANN WIRST DU CHEF**

11 **1–10** Jeftahs Halbbrüder stoßen ihn, den Sohn einer Hure, aus. Er wird Bandenführer. Später soll er ihnen helfen. Sie versprechen: Dann wirst du Chef. **11–19** Israel blieb in Kadesch, weil sie nirgendwo anders hin konnten ... deshalb sollen sie nun nicht von dort vertrieben werden ... **20–26** Gott sorgte dafür, dass Israel die Amoriter besiegte. Und du solltest nun nicht Israel bekriegen, sondern die, die dich vertrieben haben! **27–31** Der König der Ammoniter griff Jeftah an. Da bat Jeftah um Gottes Hilfe und bot ihm an zu opfern, wer ihm zu Hause als Erster entgegenkäme. **32–40** Jeftah bekämpfte die Ammoniter, zu Hause kam ihm seine Tochter als erste entgegen und er musste sie opfern, wie er es Gott versprochen hatte.

12 **1–7** Ephraimiter wollen Jeftah für den Alleingang abstrafen. Der sieht es nicht ein und schlägt sie. Allen, die lispeln: Kopf ab! Ende Story Jeftah. **8–15** Israel Ibzar hatte 30 Söhne und tauschte seine 30 Töchter gegen andere. Dieser starb nach 7 Jahren und sein Sohn starb ebenfalls.

> **ENGEL SPIELT PRÄNATALE SUPERNANNY**

13 **1–6** Die Israeliten vierzig Jahre in der Hand der Philister! Aber der Retter ist in Sicht: ein Kind! Er, der Geweihte Gottes, wird sie retten. **7–15** Schwangerschaftstipps an Manoach & seine Frau: Nix Starkes trinken und Heftiges essen. Sohn ist was Besonderes, ein Gottesgeweihter. Engel spielt pränatale Supernanny. **16–25** Engel sprach, Manoach soll 1 Opfer bringen. Feuer kam auf Engel. Manoachs Frau bekam ein Kind namens Simson.

14 **1–8** Simson, der Löwentöter, verguckt sich ausgerechnet in ein Mädel jener Philister, die über Israel herrschen. Da steckt Gott dahinter. **9–16** Simson feiert Hochzeit

& gibt 30 Gesellen ein Rätsel auf. Sie kommen nicht auf die Lösung und bedrängen Simsons Frau. Simson aber verrät nix. **17-20** Weil Delila petzt, erfahren die Männer der Stadt die Lösung des Rätsels. Simson wird daraufhin so wütend, dass er dreißig Leute umbringt.

 EWIG RACHE-PING-PONG?

15 **1-7** Simson verliert seine Frau und rächt sich an den Philistern! Prompt rächen sie sich an ihm und verbrennen seine Frau mit ihrer Familie. **8-14** Die Philister belagern Juda und fordern Simsons Herausgabe. Er wird gefesselt und zu ihnen gebracht, doch seine Fesseln schmelzen einfach. Ewig Rache-Ping-Pong? Judäer wollen Simson ausliefern, damit endlich Ruhe ist. Er stimmt zu. bei Übergabe wird er zum Entfesselungskünstler. **15-20** Simson erschlägt 1000 Mann mit einer Eselskinnbacke. Dann hat er großen Durst. Doch ein Gebet genügt und aus dem Kinnbacken sprudelt Wasser.

16 **1-3** Simson soll in Gaza des Nachts erschlagen werden. Er aber geht um Mitternacht mitsamt dem Stadttor und trägt es auf den Hügel vor Hebron.

DELILA MACHT SIMSON SCHWACH

4-9 Simson verliebte sich in Delila, Fürsten der Philister erpressten Delila, indem sie herausfinden musste, wie man ihn überwältigen kann. **10-16** Simson täuscht Delila dreimal, allein auf ihre Worte und Anklagen hin wird er sterbensmatt. **17-21** Simson und Delila: Er gibt sich ihr hin, sie macht ihn schwach – er verrät Geheimnis, dass er Geweihter Gottes, weil sein Haar nie abgeschnitten. Delila verrät ihn. Die Philister können ihn in Ketten legen, ins Gefängnis bringen und Haar abschneiden. **22-26** Simsons Haar wächst. Philister: Dagon hat uns Simson überantwortet, damit er seine Späße vor uns macht. Simson will sich an Säulen lehnen. **27-31** Full House: Simson = Entertainer. Zuschauer auch auf Dächern. Simson betet um Kraft. Kriegt er und bringt Haus zum Einsturz. Alle tot inklusive Simson.

17 **1–6** Ein Mann auf dem Gebirge Ephraim, Micha, gesteht seiner Mutter, dass er ihr Geld genommen hat – und gibt es ihr wieder zurück. Sie segnet ihren Sohn und lässt aus dem Geld einen Hausgötzen machen! **7–13** Micha bietet einem Leviten an, bei ihm zu leben, um sein Vater und Priester zu sein. Dieser sagt zu, Micha weiß nun, dass Gott ihm wohl tun wird, da er einen Leviten zum Priester hat.

18 **1–8** Der Stamm Dan hatte kein Land abbekommen. Daniter kommen in Michas Haus. Dessen Priester macht Mut bei der Landsuche. In Lajisch fanden sie eine Top Location zum Leben. Musste aber erst eingenommen werden. **9–16** Daher schickten die Daniter einen Eroberungstrupp hin. Und nahmen gleich noch Michas Priester mit und den Hausgötzen. **17–24** Der Priester ist erst nicht begeistert. Aber es ist ja ein Karrieresprung. Aber Micha protestiert. Nützt nix. **25–31** Priester und Hausgötze weg. Damit können Daniter Lajisch erobern. Sie nennen es Dan. Sie stellen Michas Hausgötzen auf.

19 **1–8** Kein König: Chaos. Zum Beispiel so: Frau will nicht Nebenfrau sein, flieht zu ihrem Vater. Schwiegersohn kommt und wird von Vater abgefüllt. **9–15** Fünf Tage später zieht der Mann mit Frau, Knecht und Eseln los. In Ur-Jerusalem wohnten Fremde, so übernachten sie lieber im Gebiet Benjamin. **16–23** Ein alter Mann, auch zugezogen, nimmt die Reisenden gastfreundlich auf. Aber die einheimischen Männer kommen an und wollen Sex. **24–30** Die Einheimischen vergewaltigen und töten die Nebenfrau, die ihr Mann ihnen überlässt. Der Mann teilt die Tote in 12 Stücke, eins pro Stamm.

20 **1–10A** Das alarmiert alle Stämme Israels, sie kommen geschockt zusammen. Der Ehemann benennt die Schandtat in dieser Stadt. Alle beschließen Rache. **10B–19** Das Gebiet Benjamin, wo ein Menschenleben nichts zählt, gehört auch zu Israel. Israel geht kriegerisch gegen die eigenen Leute vor. **20–28** Die Benjaminiter scheinen den Rest

Israels zu schlagen. Israeliten befragen Gott: Sollen wir weiterkämpfen gegen unsere Brüder? Gott sagt: ja. **29-35** Durch taktischen Hinterhalt werden Benjaminiter besiegt. Die übrigen Stämme Israels sind sicher: Hier hat Gott gewirkt. **36-41** Zusätzlich zur kriegerischen Niederlage müssen die abgestraften Benjaminiter mit ansehen, wie ihre Stadt in Flammen aufgeht. **42-48** Auch als die Männer Benjamins fliehen, hören die übrigen Stämme Israels nicht mit ihrer zerstörerischen Strafaktion auf.

21 **1-7** Die Stämme Israels bringen ihren Schmerz vor Gott: Wir haben einen Stamm, Benjamin, zerstören müssen. Wie können wir Aufbauhilfe leisten? **8-17** Die Stämme Israels beschließen, Familien zu stiften, um dem zerstörten Stamm Benjamin wieder wachsen zu lassen. **18-25** Israelitische Frauen gehen nicht. Lösung: Anstiftung der Benjaminiter zum Frauenraub an Tänzerinnen in Silo. Klappt. Alle kehren zurück.

Das Buch Rut

> DREI FRAUEN OHNE MANN –
> GEHT GAR NICHT

1 **1-5** Hungersnot zur Zeit der Richter. Elimelech mit Frau Noomi und Söhnen aus Bethlehems Moabiterland. Söhne heiraten moabitische Frauen, Orpa und Rut. Elimelech und Söhne tot – Noomi überlebt sie. **6-13** Noomi zurück in Heimat. Dort soll Herr Brot geben. Unterwegs sagt sie zu ihren Schwiegertöchtern: Geht zurück. Drei Freuen ohne Mann – geht gar nicht. Sie weinen, wollen nicht. **14-22** Orpa geht, aber Rut besteht darauf, bei ihr zu bleiben. In Bethlehem = Zeit der Gerstenernte, als sie ankommen.

2 **1-23** Die Fremde, Rut, versorgt ihre rechtlose Schwiegermutter Noomi in deren eigener Heimat. Rut riskiert Haut und Haar. Feldbesitzer Boas schützt und beköstigt sie.

3 **1-10** Noomi, die Heiratsvermittlerin, sagt Rut, wie sie sich an Boas heranmachen kann. Rut tut, wie ihr geheißen – legt sich nachts frisch gebadet in sein Zimmer – und der Plan geht auf. **11-18** Boas will abchecken, ob er Rut heiraten kann. Derweilen versorgt er sie mit Essen. Das bringt sie Noomi.

4 **1-9A** Boas bietet dem nächsten Verwandten von Noomi ihr Anteil am Feld von Elimelech an. Als er hört, dass er Feld nur kriegt, wenn er Rut heiratet, winkt er ab. Wenn er Fremde nimmt, schädigt er sein Erbe. **9B-17** Gut für Boas, er kauft von Noomi, was Elimelech und den Söhnen gehörte. Nimmt Rut zur Frau. Diese bekommt Sohn Obed. Der wird Großvater von König David. Noomi passt auf ihn auf.

Das erste Buch Samuel

⊙ **ZICKENTERROR**

1 **1-8** Zickenterror im Hause El-kana: Frau 1, Peninna, pie-sackt Frau 2, Hanna, weil die keine Kinder kriegen kann. **9-18** Hanna geht in den Tempel. So inständig betet sie um einen Sohn (Versorger), dass der Priester Eli denkt, sie wäre betrunken. Er muntert sie auf. **19-28** Hanna ist schwanger, als sie heim-kehrt und bekommt den Sohn Sa-muel. Sie gehen mit ihm zu Eli, der Gott für dieses Kind dankt.

2 **1-11** So preist eine, die unver-hofft Mutter geworden ist, Gottes Macht: Gott erhebt den Armen aus der Trauerasche und die Starken erniedrigt er.

⊙ **MISTKERLE VERLETZEN TEMPELORDNUNG**

12-20 Die Söhne des Priesters Eli waren Mistkerle, die die Tempelord-nung verletzten. Eli widmet sich Sa-muel. **21-29** Die Taten der Söhne Elis bleiben nicht ohne Folgen: Es hagelt Beschwerden. **30-36** Ein Beschwerde-führer knallt Eli vor: Die Linie deiner priesterlichen Familie geht hier zu Ende. Gott wird eine beständigere Linie finden.

DAS VOLK SCHREIT ⊙

3 **1-10** Samuel diente am Tem-pel unter Eli. Selten sprach Gott zu Menschen. Nachts rief Gott Samuel 3×. Er erkannte Gott, ant-wortete: Rede, ich höre! **11-21** Gott offenbart Samuel, dass er Elis Fami-lie fertig machen wird. Samuel wird das Sprachrohr Gottes.

4 **1-6** Dann führten die Philister Krieg gegen Israel. Idee: Der Kasten mit den Gesetzestafeln (Gott selbst) muss aus dem Tempel ins Krieglager. **7-13** Philister besiegen Hebräer – angestachelt durch Furcht vor Gott und Sklaverei. Elis Söhne sterben und die Lade geht verloren. Das Volk schreit.

14-22 Als Eli das Unglück hörte, fiel er vom Stuhl und brach sich das Genick. Seine schwangere Schwiegertochter starb bei einer Sturzgeburt.

5 **1-5** Die Philister bringen den Kasten mit den Gesetzestafeln in den Tempel ihres Gottes. In der Gegenwart Gottes fällt ihr Götterbild ständig um. **6-12** Die Philister merken: Wohin wir die Lade mit den Gesetzestafeln auch bringen, da wird der Gott Israels mächtig.

6 **1-6** Die Philister beschließen, die Lade mit den Gesetzestafeln zurückzugeben, die so selbstwirksam wie Gott selbst Schrecken verbreitet. **7-14** In einem rituellen Sühneakt bringen die Philister die Lade mit den Gesetzestafeln zurück. **15-21** Israel nimmt sein Heiligtum entgegen. In die Freude mischt sich Schrecken: Wer kann bestehen vor diesem heiligen Gott?

7 **1-8** Samuel rät den Leuten in Israel: Weg mit den Götzen. Wendet eure Herzen Gott zu. So besteht ihr alle Anfeindungen. **9-17** Samuel bittet Gott um Kraft für Israel. Und die Philister konnten geschlagen werden. Samuel wird Ratgeber für ganz Israel. Zeit der Ruhe.

8 **1-10** Samuels Söhne wurden ungerechte Richter. Das Volk wollte daher einen neuen Heiden-Herrscher. Gott warnt davor, aber lässt es zu. **11-22** Samuel: Wer einen König will, muss einem König Untertan sein. Israel: Egal, wir wollen sein wie alle Heiden. Gott stimmt zu.

GESUCHT: AUSGEBÜXTE   ⊙
ESELINNEN

9 **1-6** Saul (jung, schön und einen Kopf größer als alle) muss ausgebüxte Eselinnen suchen. Erfolglos. Ob der weise Mann da helfen kann? **7-13** Mit nur einem Geldstück geht Saul in die Stadt, wo auf der Höhe der Prophet Samuel das Opfer des Opferfestes vor dem Essen segnen wird. **14-20** Gott hat Samuel schon Sauls Kommen offenbart – und dass er der König werden soll. Samuel sagt: Iss mit mir, Saul, den Eselinnen geht es gut. **21-27** Zusammen essen?, fragt Saul. Aber ich bin aus Benjamin – das Ostfriesland

Israels. Aber Samuel hat noch andere Überraschungen für Saul.

SAUL IN EXTASE

10 **1-7** Samuel salbt Saul zum König. Allerdings muss Saul noch einen Weg zurücklegen, an dessen Ende eine Verwandlung mit ihm vorgehen wird. **8-15** Saul geht den Weg und gerät am Ende in Ekstase. Kaum wiederzuerkennen, sagen die Leute. **16-20** Über seine Begegnung mit Samuel sagt Saul nichts. Samuel lässt alle Stämme Israels zur Königswahl kommen, lost den Stamm Benjamin aus. **21-27** Aus dem Stamm Benjamin fällt das Los auf Saul. Der hatte sich versteckt. Als er sich zeigt, jubeln alle. Alle? Einige haben Zweifel.

11 **1-7** Saul kommt vom Pflügen. Die Leute sagen: Wir werden angegriffen. Auf wilde Weise versammelt Saul die Männer zum Kampf. **8-15** Saul schafft es, Israel zum Sieg zu führen. Alle wundern sich, dass je einer Zweifel darüber hatte: Saul muss König sein.

12 **1-7** Samuel geht in Rente und legt vor der Gemeinde Zeugnis ab. **8-15** Samuel fasst die Geschichte Israel bis dato zusammen: Eigentlich führt euch Gott, aber bitte, ihr wollt ja einen König. Macht was draus! **16-25** Samuel bittet um Gewitter, das kommt sofort. Das Volk sieht Schuld ein und will Gott in Zukunft treu dienen unter Gebet des Propheten.

13 **1-7** Israel provoziert die Philister. Die Befeindeten rüsten auf. Israel scheint chancenlos. Alle schlottern vor Angst. **8-15** Weil ihm die Leute weglaufen, wird König Saul unsicher im Umgang mit Gott. Samuel kritisiert ihn: Dein Königtum wird keinen Bestand haben. **16-23** Die Philister hatten ein Monopol auf Eisenverarbeitung. Kein Mann in Israel, außer König Saul und sein Sohn, hatte ein Schwert.

14 **1-6** Jonatan, der Sohn König Sauls, schleicht sich heimlich zu den Philistern und hofft auf eine göttliche Fügung in diesem Krieg. **7-14** Jonatan und sein Waffenträger zeigen sich den Feinden. Was auch passiert, wollen sie als Gottes Lenkung betrachten. Die Feinde fallen um. **15-22** Saul sieht, dass unter den Philistern Chaos ausbrach: Gottesschrecken. Die Feinde fliehen, Israel hinterher. **23-29** Für den Sieg gegen die Philister ruft König Saul allgemeines Fasten aus. Sohn Jonatan hat nichts mitbekommen und isst. Kann das schaden? **30-36** Israel besiegt die Philister. Vor Entbehrung machen sich die Männer über das Vieh her. Sie missachten die Speisegebote. Das verlangt Sühne. **37-44** Saul fragt Gott – keine Antwort. Einer muss Schuld auf sich geladen haben, denkt Saul. Da kommt raus: Jonatan war's. Saul könnte ihn töten. **45-52** Das Volk steht zu Jonatan. Er bleibt leben. Saul schont die Philister. Sie bleiben aber die Hauptfeinde Israels in seiner Regentschaft.

⊙ SAUL IST ZERKNIRSCHT

15 **1-7** Samuel an König Saul: Achtung, neue Feinde! Saul schlägt die Amalekiter und verschont andere, die beim Auszug aus Ägypten freundlich waren. **8-15** König Saul sollte auch das Vieh der Amalekiter töten, aber er lässt es leben. Gott zweifelt an Sauls König-

tum. Samuel sagt es ihm. **16-24A** Saul hat auf dem Feldzug Beute gemacht, weil seine Leute das wollten. Samuel kritisiert: Ein guter König hört auf Gottes Wort. **24B-35** Saul ist zerknirscht. Gott will das Königtum von ihm nehmen. Auch Samuel, der ihn gesalbt hat, wendet sich von ihm ab. Das tut ihm leid.

16 **1-6** Gott beauftragt Samuel, einen anderen König zu salben. Saul wird wütend sein. Samuel geht trotzdem nach Bethlehem und beginnt die Aufgabe. **7-12** Samuel sucht den von Gott auserwählten König David. **13-18** David wurde gesalbt als Zeichen, dass er König werden würde. König Saul ließ ihn suchen, weil Davids Harfenspiel seine Seele trösten konnte. **19-23** Saul ahnt nichts: Der neue Musiker David, der ihn mit Musik aufheitert und ein guter Kämpfer ist, soll nächster König werden.

17 **1-5** Wieder mal ein Kampf gegen die Philister. Die haben einen Super-Trumpf: den riesenhaften Goliath. Furcht erregend! **6-11** Der riesenhafte Goliath sieht nicht nur Furcht erregend aus, er redet auch noch so, dass sich alle im Heer Israels gruseln.

(>) DAVID IST DER SUPERSTAR

12-22 Dum-di-dum-di-dum, David bringt seinen Brüdern im Heer Sauls was zu essen und gute Grüße vom Vater. **23-30** Goliath tritt auf, alle fürchten sich vor ihm. David fragt, was man denn im Kampf gegen ihn verdienen könne – vorausgesetzt, man gewinnt. **31-40A** König Saul warnt: Du bist zu klein, zu jung und überhaupt. David: Wieso – hab ich doch schon Löwen und Bären erschlagen! Saul: Na gut ... **40B-49A** Goliath räsoniert ganz fürchterlich, aber David ist sich sicher: Den Großprotz krieg ich mit Gottes Hilfe klein. Der Riese kommt näher ... **49B-58** Mit einer Schleuder und mit einem Kieselstein bringt David Goliath zur Strecke. David trumpft bei Saul auf.

18 **1-11** David und Sauls Sohn Jonatan sind Herzensfreunde. Die Spatzen pfeifen es von den Dächern: David ist der Superstar in Israel. Saul tobt. **12-21** Saul fürchtet sich vor David, dem alles gelingt.

Saul spinnt Intrigen, in die er seine Töchter hineinzieht. Er will Davids Tod. **22-30** Saul zu David: Du kannst meine Tochter heiraten, wenn du die Philister besiegst und 100 Vorhäute als Beweis bringst. David bringt 200.

19 **1-6** Jonatan will seinem Freund David das Leben retten. Er berichtet ihm von der Gefahr, die von Saul ausgeht, und beschwichtigt seinen Vater. **7-16** David diente Saul wie früher. Wegen Bosheit versuchte Saul, David zu töten. Michal, Davids Frau, half ihrem Mann zu fliehen. **17-24** Saul stellt David nach. Er scheitert an der überspringenden Ekstase der Propheten: Daran kommt keiner vorbei. Saul lässt sich anstecken.

20 **1-8** David und Jonatan klären ihre Beziehung und beschließen, Saul auf den Zahn zu fühlen. David flieht vor König, trifft Jonatan. Dieser sagt, der König (sein Papa) sei böse und wolle David töten. **9-15** Jonatan versichert: Meine Treue gehört dir, David, mein Vater ist unberechenbar, aber ich stehe zu dir. **16-24** Jonatan heckt einen Plan aus, wie er dem flüchtigen David sagen kann, was zu Hause los ist und ob er weiterhin in Gefahr schwebt. **25-32** König Saul riecht den Braten: Jonatans Zuneigung zum unüberwindlichen David schmälert die Chancen seines Sohnes auf den Thron. **33-42** Jonatan lässt David wissen, wie groß die Gefahr für ihn immer noch ist. Sie betrauern ihre Lage.

ZUR SICHERHEIT STELLT SICH DAVID WAHNSINNIG

21 **1-5** David flieht weiterhin, jetzt zum Priester Ahimelech. David bekommt von Ahimelech Brot, das eigentlich rituellen Zwecken dient. **6-9** David hatte lange keine Frau. Er sehnte sich nach Sex und fragte den Priester nach einem Schwert. **10-16** David bekommt das Schwert Goliaths, das zufällig vor Ort gelagert wird, und zieht weiter. Zur Sicherheit stellt er sich wahnsinnig.

22 **1-4** David flüchtete. Er bat den König von Moab, dass seine Eltern bei ihm wohnen dürfen, bis er, David, wisse, was Gott mit ihm vorhabe. **5-10** Saul gibt nicht auf. David muss weg, er gefährdet Thron und Thronfolge – und die Seilschaften Sauls. Die tragen ihm Davids Fluchtweg zu. **11-16** Saul ließ Priester Ahimelech und sein Haus rufen: Du hast David gegen mich aufgehetzt! Der bestritt, er musste trotzdem sterben. **17-23** Saul lässt Menschen töten, die David auf der Flucht halfen. David hört davon.

ZUFÄLLE GIBT'S!

23 **1-8** David hat kampffähige Männer um sich geschart, sie vertreiben in einer Stadt die Philister. Da sind sie in der Falle, freut sich Saul. **9-17** David und seine Männer entkommen der Falle, bevor Saul das Tor zuknallt. Jonatan bestärkt David: Er soll König sein, Jonatan die Nr. 2. **18-22** David + Jonatan haben einen Deal. Die Sifiter wollen David verraten, aber Saul lässt ihn lieber stasimäßig überwachen, er ist neugieriger. **23-28** Saul jagt David, der flüchtet vor Saul in die Wüste. Saul findet ihn. Aber er erhält eine Nachricht und jagt nun die Philister.

24 **1-7** Zufälle gibt's! Saul ruht sich in einer Höhle aus, in der David sich grade versteckt hält. David schneidet einen Zipfel von Sauls

Mantel ab. **8-15** David sagt zu Saul: Höre nicht auf die Leute. Ich hätte dich töten können, tat's aber nicht. Gott will das nicht und ich bin nicht böse. **16-23** David sprach zu Saul: Der Herr sei der Richter und Saul soll Recht haben. Du hättest mich töten können und hast es nicht getan!

⊙ NABAL TRIFFT DER SCHLAG

25 **1-7** Als der Prophet Samuel gestorben war, versucht David den superreichen Nabal auf seine Seite zu bekommen. **8-15** Wer ist schon David?, fragt Nabal. Wieso soll ich den unterstützen? Nabals Frau Abigajil fragt nach der Zusammenarbeit mit David. **16-22** Abigajil verköstigt die Schutztruppe Davids, der schon vorhat, Nabal und seinen Besitz platt zu machen. **23-30** Abigajil erkennt die politische Notwendigkeit, warnt David vor Blutschuld und unterwirft sich ihm. **31-38** Abigajil berichtet Nabal von ihrer Polittour mit David. Nabal trifft der Schlag. Zehn Tage später ist er tot. **39-44** David heiratet die reiche Abigajil vom Fleck weg. Sie findet das sehr in Ordnung. Aber David ist auch mit Ahinoam und Michal verheiratet.

26 **1-9** Immer noch jagt Saul David. Dieser schleicht sich mit seinen Männern in Sauls Lager: Alle schlafen. Wieder schont David Sauls Leben. **10-16** Vom Berg gegenüber brüllt David Sauls Männer wach, warum sie den König nicht geschützt hätten. Dessen Spieß und Krug hält David in der Hand. **17-25** Saul ist ein weiteres Mal gedemütigt. David verlangt, dass er wert geachtet wird, so wie er Saul wert geachtet hat.

27 **1-6** David traut Saul nicht und flieht zum König der Philister ins Nachbarland. Politiker unter sich: Der König beherbergt Familie David. **7-12** Im Ausland macht David sich sympathisch, indem er blutrünstig gegen unbeliebte Volksgruppen vorgeht, die auch im Gebiet Israels siedeln.

28 **1-8** Der König der Philister denkt: David ist abhängig, soll er mit mir gegen Israel kämpfen. Saul fürchtet sich und befragt eine Frau, die Tote beschwören kann. **9-17** Die Frau holt Samuel für Saul aus dem Totenreich. Samuel bestätigt: Gott steht nicht mehr hinter Saul als

König. David wird's. **18–25** Noch schlimmer: Samuel verkündet Saul, dass er den Philistern mit David unterliegen und er mit seinen Söhnen im Kampf umkommen wird.

29 **1–5** Davids Truppe kämpft mit den Philistern gegen Israel. Die Philister trauen ihrer Loyalität nicht. Wer einmal überläuft, tut's auch zweimal. **6–11** Der König der Philister schickt Davids Truppe weg und zieht ohne sie gegen Israel.

30 **1–7** Zurück im Gebiet der Philister sieht David: Eine der von ihm bekämpften Volksgruppen war eingefallen. Alles war verbrannt, geraubt, entführt. **8–15** David jagt den Plünderern nach und findet jemanden von ihnen, der ihm den Weg zeigt, nachdem David ihn umsorgt hat. **16–23** David erobert alles zurück, auch die Gefangenen, die gemacht wurden und verteilt die Beute auch an die, die nicht mehr kämpfen konnten. **24–31** David schickt von der Beute einen Teil in seine Heimat Israel. Mit Speck fängt man Mäuse.

31 **1–5** Die Philister kämpften gegen Israel. Jonatan wird erschlagen, Sauls Sohn und Davids Freund. Saul tötet sich in Bedrängnis selbst. **6–13** Die Philister besetzen israelisches Gebiet und schänden Sauls Leiche. Entwendet durch seine Leute, wird sie gesalbt begraben.

EIN ZÄRTLICHES LIED

1 **1-8** David bekommt Besuch von einem Mann aus Sauls Heer. Dieser teilt David mit, dass Saul und Jonatan gestorben sind und das Volk geflohen ist. **9-19** Als David vom Tode Sauls und Jonatans hört, stimmt er laute Klage an. Alle müssen einstimmen. **20-27** David singt seinem toten Freund Jonatan ein zärtliches Lied.

2 **1-11** Gott schickt David nach Hebron. Er wird für über sieben Jahre zum König über das Haus Juda und segnet die Männer Judas. **12-19** Versuche, Sauls Thronfolgelinie stark zu machen, werden von David und seinen Truppen zerschlagen. **20-26** Auch dem Heerführer Sauls, der die Strippen gegen David zieht, geht es an den Kragen. **27-32** Der Heerführer Sauls kann durch geschicktes Verhandeln weiteres Blutvergießen verhindern.

JOAB ERSTICHT ABNER

3 **1-5** David wird mächtig und seine Familie wächst: 6 Söhne von 6 Frauen. **6-12** Sauls Sohn Isch-Boschet zweifelt am Heerführer Sauls: Will der sich an sein Erbe ranmachen? Der Heerführer knüpft aber heimlich Kontakte zu David. **13-19** David schließt Bund mit Abner. David will dafür Michal, Sauls Tochter – die ist aber schon mit Paltiël verheiratet. Abner zu Israel: Macht David zum König! **20-27** David redet mit Abner und lässt ihn dann in Frieden ziehen. Joab aber will Rache wegen seines Bruders und ersticht Abner. **28-33** David trauerte mit dem ganzen Volk um ihn und fragt: Musste Abner wie ein Gottloser sterben? **34-39** Volk möchte David trösten, er soll essen, aber er will fasten, stark sein, denn er erkennt: Er ist zwar König – aber schwächer als die Feinde.

4 **1-5** 2 Männer, Baana und Rechab, sind unterwegs zum Hause Isch-Boschet. Jonatans Sohn

Mefi-Boschet ist lahm. **6-12** Anhänger Davids töten hinterlistig Isch-Boschet, den Sohn Sauls, und bringen den Kopf zu David. Dieser ist nicht erfreut und lässt sie töten.

> BIG PARTY MIT TANZ UND MUSIK

5 **1-7** Das Volk Israel machte David zum König. Er regierte 30 Jahre und eroberte die Burg Zion und es war seine Stadt. **8-15** David gibt Anweisungen und stellt Anforderungen zum Leben auf der Burg »Davidstadt«. Seine Macht nimmt zu und er wird König von Israel. **16-25** David wurde zum König über Israel gesalbt, darauf griffen ihn die Philister an, aber David besiegte sie zwei Mal mit Gottes Hilfe.

6 **1-6** David sammelt 30 000 Mann, um aus Baala die Lade zu holen. Laden die Lade auf neuen Wagen. Big Party mit Tanz und Musik. **7-15** Gott schlägt Usa zum Tode. David bringt darauf die Lade ins Haus Obed-Edoms. Lade nach Jerusalem. David tanzt vor der Lade – fast nackt. **16-23** David tanzt und dankt dem Herrn. Michal unterstellt ihm, er habe sich vor den Mägden

entblößt. Sie bekommt kein Kind bis zum Tod.

7 **1-9** David will Haus für Gott bauen. Nathan: Gute Idee. Nachts Gott zu Nathan: Falsch, will kein Haus, da immer unterwegs mit meinem Volk. **10-20A** Nathan sagt: Der Herr beschützt das Haus Davids und gibt dem Volk Israels eine neue Heimat. Er bestätigt die Nachkommen Davids als Könige. **20B-29** David weiter: Gott hat Israel gesegnet. Nun bittet David Gott um Segen für Davids Haus ewiglich.

8 **1-8** David besiegte die Moabiter, die Aramäer. Sie wurden ihm Untertan. Er nahm sich Gold, Pferde, Gespanne, Gefolge und Wertgegenstände von allen. **9-18** David kämpfte und gewann alle Schlachten, da Gott an seiner Seite war. Er wurde König über Israel, schuf Recht, Gerechtigkeit und Ämter.

DAVID SCHLEPPT <
VIEL BEUTE DAVON

9 **1-6** David möchte Barmherzigkeit an Sauls Nachfahren tun. Mefi-Boschet fiel vor David nieder und huldigte ihm. **7–13** David sprach zu Mefi-Boschet: Ich will dir den ganzen Besitz deines Vaters Jonatan geben und du musst jeden Tag an meinem Tischen essen.

10 **1–5** Hanun wurde König der Ammoniter. David wollte Freundschaft, aber Hanun schändet dessen Gesandte. Daher befahl David ihnen, in Jericho zu warten. **6–11** Die Ammoniter greifen zusammen mit den Aramäern Israel an. David und Joab stellen je ein Heer auf und versprechen sich gegenseitig Hilfe. **12–19** Joab besiegt Aramäer, diese fliehen, woraufhin die Ammoniter vor Abischai fliehen. Aramäer gehen über den Jordan. David vernichtet sie dort.

11 **1–9** David nimmt sich Batseba, die Frau Urias. Sie wird schwanger! Dann plagt ihn das schlechte Gewissen: Er beschenkt Uria, der nichts ahnt. **10–19A** Uria verzichtet auf Heimaturlaub, will Kameraden nicht im Stich lassen. David ordert ihn an die Front, damit er dort im Kampf umkommt. **19B–27** Bote berichtet David Kriegstote, auch Urias Tod. David erleichtert,

nimmt sich dessen Witwe zur Frau; diese gebiert Sohn. Gott missfällt es.

12 **1–6** Gott schickt Nathan zu David: Geschichte vom Reichen, der dem armen Nachbarn sein einziges Schaf klaut. David zornig, fordert Todesstrafe. **7–14** Nathan zu König David: Nur um seine Frau zu haben, ließest du Uria sterben. Gott vergibt dir und lässt dir dein Leben – aber dein Kind stirbt. **15–19** Alles Fasten und Beten Davids für seinen Sohn nutzt nichts: Das Kind stirbt. David bemerkt das Flüstern der Männer und erfährt vom Tod. **20–25** Als Davids Sohn starb, zog er sich um und aß, denn es würde ja nichts ändern, noch weiter zu fasten. Später bekam er noch einen Sohn: Salomo. **26–31** Joab eroberte Rabba & schickt einen Reiter zu David, damit er die Stadt für seinen Ruhm erobere. David schleppte viel Beute davon.

50 BODYGUARDS ⊙

13 **1–8** Absalom war in Tamar verliebt. Er stellt sich krank, damit David sie als Pflegerin an sein Bett schickt. Sie backt Kuchen. **9–18**

Amnon lockt seine Schwester Tamar in seine Kammer und vergewaltigt sie. Danach hasst er sie und verstößt sie. **19-24** Tamar ist verzweifelt und einsam. Absalom hasst Amnon, David tut nichts. Zur Schafschur lädt Absalom alle ein. **25-31** Absalom lässt Amnon töten, die Brüder fliehen vor Angst. Gerücht erreicht David, Absalom tötete alle seine Söhne, David verzweifelt. **32-39** Absalom tötet Amnon. Anschließend floh er aus Angst vor der Strafe. David, sein Vater, war nicht mehr wütend, drei Jahre nachdem Ammon starb.

14 **1-9** Joab hat eine Idee, wie David seinen geliebten Sohn Absalom wieder annehmen kann, obwohl dieser den Bruder tötete: Namensauslöschung verhindern. **10-17** Er schickt eine Witwe zu ihm. Ein Sohn von ihr hat den anderen Sohn erschlagen, jetzt soll sie den Mördersohn ausliefern. Aber wenn die Sippe ihn zur Strafe tötet, stirbt die Familie aus. **18-25** David fand heraus, dass Joab hinter der Bitte steckte und gab sein ok: Der schöne Absalom durfte heimkehren, den König aber nicht sehen. **26-33** Als Absalom endlich den König sehen darf, fällt er vor ihm nieder. Der König indes küsst Absalom.

15 **1-5** Absalom besorgt sich 50 Bodyguards und startet eine Kampagne, um Unterstützer auf seinem Weg ganz nach oben zu gewinnen. **6-11** Absalom schickte Boten nach Israel, um zu sagen, dass er beim Posaunenklang König geworden ist. 200 Mann aber zogen mit, ohne etwas zu wissen.

AUFRUF ZUR FLUCHT

12-19 David ruft zur Flucht auf. Alle ziehen weg, nur 10 Nebenfrauen bleiben zurück. Nur warum ziehen auch die Gatiter mit? **20-27** Ittai entschließt sich, mit David in den Krieg zu ziehen. Der schickt Zadok mit der Bundeslade in die Stadt zurück. **28-37** David schenkt Ziba den Besitz, weil der König werden wollte.

16 **1-6** David begegnet Ziba, dem Knecht Mefi-Boschets, mit vielen Kostbarkeiten. David wird in Bahurim von Schimi mit Steinen beworfen. **7-13** Schimi und Abischai streiten sich und beschimpfen sich, sie streiten darüber, wer König ist und dass der neue König nicht gut ist. **14-23** Wenn damals Ahitofel einen Rat gab, so war es, als wenn man Gott um etwas befragt hätte; so viel galten die Ratschläge Ahitofels.

17 **1-10A** Ahitofel sprach: Ich will 12 000 Mann auswählen und mich aufmachen und David nachjagen in dieser Nacht und will ihn überfallen. **10B-18A** Ganz Israel soll versammelt werden für den Überfall. Botschaft an David: Geh, um dich und dein Haus zu schützen! **18A-25** Ahimaaz und Jonatan gelingt die Flucht. Sie können David und das ganze Volk warnen. Sie ziehen über den Jordan. Die Macht über das Heer geht an Amasa. **26-29** Israel und Absolom in Gilead. Als David in Mahanjam war, brachten Schobi und Machir Betten, Geschirr und Essen, um David und das Volk zu versorgen.

⊘ SCHIMI SOLL NICHT STERBEN

18 **1-4** König David teilte das Heer und sagte, er wolle auch mitgehen. Doch das Volk wollte sein über allen stehendes Leben nicht gefährden. **5-12** David: Schont Absalom. Der flieht, bleibt im Baum hängen. Joab erfährt es und sagt dem Boten: Töte ihn. Der sagt: David hat es verboten. **13-17** Joab stößt Absalom Stäbe ins Herz, worauf Joabs Knappen Absalom totschlagen. Dann zieht Joab die Truppen zurück und begräbt Absalom im Wald. **18-24** Absalom hatte, als er noch lebte, eigenes Grabmahl errichtet. Unstimmigkeit, wie David die Todesnachricht des Sohnes und gleichzeitig die Siegesbotschaft zusagen. **25-32** Zwei einzelne Boten kommen zu David. Der muss erfahren, dass sein Sohn Absalom gestorben ist.

19 **1-4** Der König weint um seinen gefallenen Sohn Absalom. Statt Siegesfeier Trauer unter dem ganzen Kriegsvolk, welches sich schämt, geflohen zu sein. **5-9** Der König trauert um seinen verstorbenen Sohn und nichts kann ihn trösten – nur einer seiner Diener spricht ihm ins Gewissen. **10-15** Der König hat uns errettet aus der Hand unserer Feinde und uns erlöst aus der Hand der Philister – und hat jetzt aus dem Lande fliehen müssen. **16-23** David will nicht zum Mörder werden, weder an Schimi noch Zibi noch sonst einem Menschen. Denn

David ist König über Israel. 24-30 Schimi soll nicht sterben. Mefi-Boschet, Sauls Enkel, findet ebenfalls Gnade vor Davids Augen – der spricht ihm und Ziba Sauls Besitz zu. 31-35 Mefi-Boschet meinte zum König, er nehme Besitz auch ganz, nachdem der König wohlbehalten heimgekommen sei. Barsillai geleitete ihn über den Jordan. 36-40 Barsillai lehnt ab mitzugehen, denn er hat sein Leben gelebt. Der König segnet seinen treuen Diener und Barsillai geht nach Jerusalem. 41-44 Israeliten beschwerten sich, dass ihnen ihr König gestohlen wurde und wollten ihn zurück. Männer Judas sagten aber, er stünde ihnen näher.

⊙ DAVID VERPEILT

20 1-6 Scheba, ein unbedachter Mann, war fies – lockte Ex-David Anhänger. David verpeilt (lässt sogar 10 Frauen sitzen), versucht Krieger zurück zu gewinnen aus Angst → Scheba. 7-13 Joab und seine Männer folgen Abischai. Joab tötet Amasa heimtückisch; einer seiner Leute schafft dann den Leichnam weg. 14-21 Joab belagert Abel-Bet-Maacha. Eine kluge Städterin verhandelt mit ihm und verspricht den Kopf Schebas. Dafür will Joab die Stadt verschonen. 22-26 Die Frau überredet das Volk, Scheba zu töten und seinen Kopf zu übergeben. Daraufhin zieht Joab sein Heer ab und löst es auf.

RETTUNG IN LETZTER SEKUNDE ⊙

21 1-7 Grausam. Drei Jahre Hungersnot, weil eine Blutschuld einzulösen ist. Die Gibeoniter fordern und bekommen den Tod von sieben Männern. 8-13 Und so kommt es: 7 von Sauls Söhnen werden von den Gibeonitern gehängt. Wenigstens sammelt David die sterblichen Überreste auf. 14-17 Saul und Jonatan beerdigt, Gott wieder gnädig. Nach Rettung in letzter Sekunde keine Kämpfe mehr für David, die Leuchte Israels soll brennen. 18-22 Wieder Kriege gegen die Philister. Viele Tote. Philister fühlen sich überlegen. Aber: David gegen Goliat. Hochmut kommt vor dem Fall.

22 1-7 Und David dankte Gott, dass er ihn errettet hatte aus der Hand seiner Feinde und vor Saul, denn er rief Gott an und wurde erhört. **8–16** Ein Erdbeben erschüttert die Erde. Alles ist unheimlich. Plötzlich sieht man das Bett des Meeres und hört das Schnauben seines Zornes. **17–28** Eine große Verheißung wird hier ausgesprochen, sie gilt Samuel. **29–38** Gott gibt uns Kraft, er ist das Licht in der Finsternis. Er ist vollkommen, lehrt uns und wir vertrauen ihm. **39–51** Er will seine Feinde töten. Er vertraut dabei dem Herrn und dankt ihm, dass er das Haupt der Heiden wurde.

23 **1–7** Davids letzte Worte: Wer gerecht herrscht, der ist wie das Licht des Morgens, wenn die Sonne aufgeht. **8–16** Die drei Helden Davids Jischbaal, Eleasar & Schamma schöpften mit David am Brunnen von Bethlehem Wasser.

Das Wasser ist für den Herrn. **17–22** Wir haben 60 Jahre lang Frieden. Und wer das Schwert nimmt, wird durch das Schwert umkommen. So sind unsere nötigen Polizisten Märtyrer. **23–39** Es sind siebenunddreißig Menschen, welche alle namentlich erwähnt werden.

24 **1–9** David ruft im Auftrag Gottes das Heer zusammen: 800 000 Männer sind es in Israel, 500 000 in Juda. Die Generäle wissen noch nicht, warum. **10–16** David: Ich habe schwer gesündigt, dass ich das getan habe. Und nun, Herr, nimm weg die Schuld deines Knechts; denn ich war sehr töricht. **17–25** David errichtet einen Altar und bringt Brandopfer und Dankopfer dar. So weicht die Plage vom Volk Israel.

Das erste Buch der Könige

GESCHREI & GETÜMMEL

1 **1-9** David ist alt und friert. Seine Leute besorgen ihm eine junge Frau, die ihn wärmt. Adonija, Sohn Davids, kämpft schon um die Thronfolge. **10-19** David wurde daran erinnert, dass er bei Gott versprochen hatte, dessen Sohn Salomo zum König zu machen, jedoch wurde Adonija König. **20-30A** Nathan berichtet David, dass Adonija sich zum König erklärt hat und mit den Söhnen Davids, Priestern und Hauptleuten opfert und feiert. **30B-39** König David regelt seine Nachfolge. Salomo soll König sein. Priester Zadok salbt Salomo, das Volk feiert den neuen König. **40-47** Wenn Gottes Volk sich freut, dann richtig: lautstark mit Flöten & Posaunen, so dass Adonija sich wundert, was dieses Geschrei & Getümmel soll. **48-53** König David: Gott sei Dank, mein Sohn ist König! Adonija hat Angst vor Verfolgung, doch neuer König Salomo sagt ihm: Alles ok, geh heim!

HAUSARREST FÜR SCHIMI

2 **1-5** Als David sterben musste, sagte er zu Sohn Salomo: Folge Gott, deinem Herrn, so wird er dich segnen und deine Söhne, wenn sie ihm folgen. **6-11** Du sollst Gott, den weisen Mann, machen lassen, was er für richtig hält. **12-22A** Salomo, König von Gottes Gnade, verwehrt dem ursprünglichen Thronerben, seinem Bruder Adonija, den Wunsch, Abischag von Schunem zu ehelichen. **22B-30A** Salomo lässt seinen Bruder Adonija töten und verstößt dessen Unterstützer Priester Abjatar. Joab sucht Asyl am Altar. König: Komm raus! **30B-38** Salomo lässt Joab vom Altar wegstoßen & töten, weil er Abner und Amasa getötet hat. Benaja wird Heerführer, Zadok Priester. Schimi: Hausarrest. **39-46** Drei Jahre später missachtete Schimi das Verbot des Königs, sich aus Jerusalem zu entfernen, und wurde getötet. So erstarkte das Königtum.

3 1-6 Salomo, der Sohn Davids, opfert wie das gesamte Volk noch auf Berghöhen, weil es noch keinen Tempel gibt. Salomo ist Gott sehr dankbar. 7-14 Salomo bittet Gott um die Weisheit, das Volk gut zu regieren. Gott ist erfreut über die Selbstlosigkeit der Bitte und gibt ihm Erfolg. 15-20 Salomo hatte das nur geträumt. Er opfert und hält ein Festmahl. Zwei Huren streiten um ein Kind – und fragen ihn um Rat. 21-28 Zwei Huren behaupten, Mutter eines Kindes zu sein. Als Salomo es zerteilen will, verzichtet eine Frau. Er erkennt in ihr die wahre Mutter.

4 1-10 Salomo wird König; Aufstellung seiner direkten Untergebenen und Amtleute, die ihm dienten und ihn versorgten. 11-20 Das ist eine große Sippe: Juda und Israel waren zahlreich wie Sand am Meer. Da lässt sich gut essen, trinken und fröhlich sein.

5 1-6 Salomo ist Friedensfürst im verheißenen Land mit dem Segen Gottes. Das zeigen die vielen Geschenke für ihn und viel Essen für den Hofstaat. 7-13 König Salomo ließ sich gut versorgen und hatte so Zeit zum Dichten: 3000 Sprüche und 1005 Lieder sind von ihm. 14-22A Salomo lässt Hiram berichten, dass er ein Haus Gottes bauen wird, wie Gott es David, seinem Vater gesagt hatte. Hiram lobt Gott dafür. 22B-32 Hiram tauscht mit Salomo Holz gegen Weizen und Öl. Mit dem Holz und Steinen aus dem Gebirge baute Salomo das Haus Gottes.

6 1-9 Im vierten Jahr seiner Herrschaft über Israel lässt König Salomo den Tempel in Jerusalem bauen und vollenden. 10-18 Wenn Salomo Gottes Gebote befolgt, dann wird der Herr treu zu ihm und seinem Volk Israel stehen. Auf dieses Wort baut Salomo sein Haus. 19-28 Bauplan des Tempels. Salomo überzieht die Wände mit viel Gold, außerdem viele Engelsfiguren an den Wänden und Ecken. 29-38 An den Wänden Schnitzereien. Boden,

Türflügel und Pfosten (Edelholz) mit Schnitzwerk und Gold verziert. Nach sieben Jahren Fertigstellung.

7 1–11 Salomo baut für sich und seine Familie Palastanlagen, die Schmuckstücke der Baukunst und des Kunsthandwerks sind. 12–18 Salomo holte Hiram von Tyro, einen Kupferschmied, welcher alle Werke in König Salomos Sitz baute: Säulen, Knäufe, Reifen wie Ketten. 19–26 So schön und gewaltig ist der Tempel. Mit Säulen wie Lilien, mit einem Meer, zehn Ellen weit und fünf Ellen hoch, stehend auf 12 Rindern. 27–33 Er baute eine aus Kupfer bestehende Skulptur für Opfergabe. 34–45 Ein gewaltiger Tempel. Hiram hilft König Salomo beim Bau, mit Gestellen, Griffen, Leisten, Kränzen, Töpfen, Schaufeln, Becken, Gitterwerken. 46–51 Salomo lässt Geräte am unteren Jordan gießen, viel Kupfer. Gerät aus Gold für Tempel hergestellt. Salomo bringt alles ins Haus des HERRN.

8 1–5 König Salomo versammelt sich mit Priestern und den Ältesten Israels und sie opfern sehr viele Schafe und Rinder vor der Lade.

6–11 Die Lade mit den zwei Gebotstafeln des Mose findet ihren Platz im Allerheiligsten des Tempels. 12–16 Salomo baute Gott einen Tempel; ein Segen für die ganze Gemeinde. Jerusalem ist erwählt als Gottes Stätte.

VERGIB DEM, DER BEREUT

17–21 David wollte Gott ein Haus bauen. Doch dieser wollte lieber eines vom Sohn Davids. Und so wurde eben dieser zum Bauherrn. 22–27 Salomo lobt Gott: Du hältst Deine Versprechen. Und fordert: Halte dein Wort jetzt! Fragt: Kann Gott auf Erden sein, in all seiner Größe? 28–35 Herr, erhöre unser Flehen. Schaffe Gerechtigkeit. Und vergibt dem, der bereut. Sei gnädig denen, die Dich ehren. 36–43 Erhöre Gott, denjenigen, der aufrichtig bittet. Du kennst des Menschen Gedanken. Hilf auch Nicht-Glaubenden, wenn sie Dich anrufen. 44–51 Bitte an den Herrn: Bitte erhöre die Gebete Deines Volkes Israel. Und vergib ihnen, wenn sie gesündigt haben und Dich um Erbarmen bitten. 52–61 Salomo segnet die Gemeinde Israels: Gelobet sei der Herr. Alle Völker mögen erkennen, dass der Herr Gott ist und sonst keiner. **62–66** Salomo und das Volk weihen den Tempel mit Dankopfern und feiern vierzehn Tage lang.

9 **1–8** Salomo hatte den prächtigen Tempel fertiggestellt. Da erschien ihm der Herr zum 2. Mal: Halte mir die Treue, dann segne ich dich; sonst nicht. **9–18** Salomo ist fertig mit dem Bau des Tempels und des Königs Haus. Hiram hat ihm geholfen, bekommt dafür 20 Städte. Aber sie gefallen ihm nicht. **19–28** Salomo festigt sein Reich. Die, die nicht zu den Israeliten gehören, werden Fronleute. Die Israeliten werden Räte, Oberste und Hauptleute.

⊘ SALOMO WAR EIN WOMANIZER

10 **1–6** Königin von Saba erfährt vom schlauen Salomo. Will ihn prüfen. Ist begeistert von seiner Weisheit & Reichtum. Auch davon, dass er Gott opfert. **7–12** Salomo wird als großer König gepriesen. Mehr Weisheit, mehr Güter hat er, als die Kunde sagt. Der Herr hat Israel lieb. **13–20** Salomo gab der Königin von Saba alles, was ihr gefiel und dazu

noch eine Unmenge Gold. **21–29** Beschreibung des Reichtums König Salomos. Viele internationale Geschenke.

11 **1–5** Salomo war ein Womanizer. Er hatte 1000 Frauen, die ihn zu anderen Göttern führten. Sein Herz war nicht bei Gott wie das Davids. **6–12** Salomo sündigte. Er baute Altäre für fremde Götter. Gott wurde zornig darüber und strafte Salomo. Er entriss dessen Sohn das Königreich. **13–19** Der Edomiter Hadad steht gegen Salomo auf. Hadad fand große Gnade vor dem Pharao und heiratet dessen Schwägerin. **20–26** Hadad, der Israel hasst, kehrt nach Edom zurück. Auch erweckte Gott dem Salomo noch einen Widersacher, Reson, den Sohn Eljadas. **27–34** Die Mauer Jerusalems wird vollendet. Prophet Ahija trifft Jerobeam und kündigt die Teilung Israels als Folge des Götzendienstes an.

ISRAEL SPALTET SICH AB ⊙

35–43 Jerobeam soll König werden über 10 Stämme. Er flieht zunächst vor Salomo. Salomo stirbt; Nachfolger: Sohn Rehabeam.

12 **1-7** Rehabeam sprach zur Gemeinde Israel: Ich werde euch einen Dienst tun und zu Willen sein, so seid ihr mir untertan ein Leben lang. **8-15** Rehabeam hört nicht auf den Rat der Alten, sondern auf den der Jungen und knechtet das Volk hart. Damit tritt ein, was Ahija gesagt hat. **16-24** Israel spaltet sich ab, nur Juda bleibt dem Haus David treu. Schemaja richtet Rehabeam (Judas König) von Gott aus, dass er nicht kämpfen soll. **25-33** Jerobeam befürchtet, dass das Volk zum Tempel zieht. Daher baut er zwei goldene Götzenkälber und beruft Priester, um sein Reich zu sichern.

13 **1-7** Ein Prophet aus Juda sagt die Zerstörung des Götzenaltars und der Priester voraus; der König bekommt es am eigenen Leib zu spüren. **8-17** Der Mann Gottes kam nach Bethel und wollte kein Wasser trinken und kein Brot essen und nicht den Weg zurückgehen gemäß Gottes Wort. **18-25** Strafe für einen Ungehorsamen: Weil er gegen das Gebot des Herrn gehandelt hat, wird er getötet und sein Leichnam nicht begraben. **26-34** Der Prophet begräbt den Leichnam des Ungehorsamen im eigenen Grab. Aber Jerobeam bleibt böse, also wird sein Haus vernichtet.

POLITISCHE KRISEN UND DEKADENTER LEBENSSTIL

14 **1-5** Als der Sohn des Königs Jerobeam schwer krank wird, schickt der König seine Frau inkognito zum Propheten Ahija nach Silo. **6-12** Harte Kunde für Jerobeams Frau: Ihr Mann kriegt schwer Ärger, weil er sich nicht an Gottes Gebote gehalten hat. Seine Sippe wird vernichtet. **13-19** Israeliten werden vertrieben werden und fruchtbar sein in den Ländern, dahin sie getrieben und Ideen und Segen bringen. **20-25** Jerobeam regierte 22 Jahre. Dann häuften sich politische Krisen und dekadenter Lebensstil. Und Ägypten erklärte König Rehabeam den Krieg. **26-31** Alles, was der König Rehabeam tat, steht in der Chronik der Könige von Juda geschrieben. Nach seinem Tod wurde sein Sohn Abija König.

15 **1-7** Abija löste seinen Vater Jerobeam nach dessen 18-jähriger Herrschaft ab und wurde von Gott gesegnet, aus Zuneigung zu

David. **8-16** Nach dem Tode Abija herrschte sein Sohn 41 Jahre über Juda und beendete die Götzenverehrung. Sein Herz blieb sein Leben lang beim Herrn.

⊘ JEHU PROPHEZEIT DEN UNTERGANG DER FAMILIE BASCHAS

17-23 Bascha baut Rama so aus, dass Juda blockiert ist. Asa (König von Juda) schmiedet ein Bündnis mit Ben-Hadad (König von Aram). Bascha rückt ab. **24-31** Königsmord. Bascha tötet sündigen König Nadab von Israel, wird König und rottet das gesamte Haus Jerobeam aus. **32-34** Zwischen Asa & Bascha war Krieg. Bascha gewann und wurde für 24 Jahre König von Israel. Er regierte jedoch nicht in Gottes Sinn.

16 **1-6** Gott sprach zu Jehu: Ich habe dich zum Fürsten gemacht, aber du hast das Volk Israel sündigen lassen. Darum ernenne ich Ela zum neuen König. **7-13** Jehu prophezeit den Untergang der Familie Baschas. Tatsächlich: General Simri setzt Baschas Sohn Ela ab und killt die Familie. **14-19** Als das Volk davon hört, machen sie Heeresführer Omri zum König, der Simri belagert. Daraufhin bringt Simri sich um. **20-27** Volk Israels teilte sich. Omri wurde König, kaufte den Berg Samari für 2 Zentner Silber. Omri tat, was dem Herrn missfiel. **28-34** Ahab, der Sohn Omris, ward König über Israel und tat vieles, was den Gott Israels erzürnte, mehr als alle Könige vor ihm.

ELIA VERZWEIFELT: BRINGT DOCH ALLES NIX ⊘

17 **1-7** Elia zu Ahab: Im Namen Gottes: Kein Regen, bis ich's sage. Und Gott versteckt Elia per Raben versorgend am Kritbach. Der vertrocknet. **8-15** Gott schickt Elia nach Zarpat, dort wird er von einer Witwe versorgt, indem Gott deren Vorräte Tag für Tag vermehrt. **16-24** Der Sohn von Elias Hauswirtin stirbt – sie ist böse auf den »Mann Gottes«. Elia bittet Gott, das Kind zu retten; es wird wieder lebendig.

18 **1-10** Hungersnot in Samaria. Ahab und Obadja suchen nach Wasser. Obadja ist gottesfürchtig und trifft Elia, den der Herr gesandt hat zu Ahab. **11-19** Elia steht unter Gottes Schutz. Darum fürchtet er sich nicht davor, seinem Gegner entgegenzutreten und ihm Gottes Wahrheit zu verkünden. **20-27** Elia stellt die Propheten des Baal auf die Probe. Sie legten zwei Stiere auf Holz: Welcher Gott mit Feuer antwortet, ist der Wahre. **28-37** Die anderen ritzten sich blutig, ohne Antwort. Elia aber goss 3-mal Wasser über das Holz und rief dann Gott an für das Speiseopfer. **38-46** Gott wirkt mächtig und die Menschen erkennen ihn. Elia lässt Baals Propheten töten. Elia verkündet daraufhin in der Trockenzeit Regen.

19 **1-14A** Aus Angst vor Rache flieht Elia in die Wüste, um zu sterben. Doch durch einen Engel kann er auf dem Berg Gottes mit Gott reden. **14B-17** Elia verzweifelt: Bringt doch alles nix. Gott zeigt sich ihm – nicht im Sturm oder Erdbeben, sondern als sanftes Sausen & erneuert Auftrag. **18-21** Ich, der Herr, werde euch leben lassen, die ihr euch nicht von mir abgewendet habt.

BEN-HADAD BETTELT UM GNADE

20 **1-6** Ben-Hadad, König Arams, sammelt sein Heer und fordert von Ahab, dem König Israels, Silber, Gold, Frauen und Söhne. Der willigt zunächst ein. **7-13** Als Ben-Hadad zu viel fordert, weigert Ahab sich. Ben-Hadad will angreifen, aber ein Prophet verkündigt Ahab, dass er gewinnen wird. **14-22** Mit Gottes Strategie schlägt Ahab die Armee des Königs von Aram, Ben-Hadad (der entkommt). Ein Prophet sagt, dass er wieder angreifen wird. **23-29** Da zogen die scheinbar Unterlegenen in den Kampf. Es schien, als hätten sie keine Chance, doch aufgrund ihres Vertrauens schaffen sie es. **30-35** Ben-Hadad zieht mit seinen Obersten zu Ahab und bettelt um Gnade. Der ist gegen den Willen Gottes gnädig und gibt ihm Städte zurück. **36-43** Ein Löwe tötet den Ungehorsamen. Der Prophet lässt sich dann zusammenschlagen und provoziert under cover den König. Der ist zornig.

21 **1-7** Einige Zeit später will Ahab seinem Nachbarn Nabot einen Weinberg abschwatzen. Dieser weigert sich, weil der Weinberg ein Familienerbe ist. **8-13** Isebel fälschte Briefe unter Ahabs Namen und strickte damit ein Komplott, in dessen Folge Nabot angeklagt und gesteinigt wurde. **14-20** Ahab nahm den Weinberg des toten Nabots in Besitz. Doch Gott sprach zu ihm, er sei dagegen, da er sich verkauft und Unrecht getan hat. **21-29** Wegen Ahabs Ungehorsam prophezeit Gott seinen totalen Untergang. Daraufhin demütigt Ahab sich und fastet – und Gott verschiebt die Strafe.

⊙ DIE PROPHETEN QUATSCHEN
   ALLE VOM SIEG

22 **1-9** Joschafat und Ahab wollen gegen die Aramäer in den Krieg ziehen. Die Propheten finden es gut, aber Joschafat will lieber noch Micha befragen. **10-17** Die Propheten quatschen alle vom Sieg. Micha will erst mit einstimmen, besinnt sich aber dann doch und prophezeit die Zerstreuung Israels. **18-27** Micha erklärt, dass der Kampf eine Falle ist und dass die Propheten alle lügen. Ahab glaubt ihm nicht und wirft ihn in den Knast. **28-33** Micha steht trotzdem zur Prophezeiung. Israel und Juda ziehen in den Krieg. Der aramäische König befiehlt: Tötet Ahab, aber schont den Rest. **34-39** König Ahab wird in der Schlacht verwundet, stirbt und wird in Samaria begraben. **40-50** Als Ahab starb, wurde sein Sohn Jaschafat König. Der tat, was dem Herrn gefiel, schaffte Götzendienst ab. Schifffahrt-Projekte erfolglos. **51-54** Joschafat, König von Juda ist tot. Sein Sohn Joram wird zum Nachfolger. Er führte ein Leben, das Gott nicht gefiel, genau wie seine Eltern.

Das zweite Buch der Könige

ELIA FÄHRT IM FEURIGEN WAGEN GEN HIMMEL

1 **1–6** Die Moabiter trennen sich nach Ahabs Tod von Israel. Ein König muss sterben, weil er den faschen Gott um Hilfe bittet. **7–13** Wer in Gott lebt, kann von weltlicher Macht nicht bezwungen werden. Gott steht ihm bei. Wer dies erkennt, bittet um die Gnade Gottes. **14–18** Auf Weisung eines Engels sagte Elia den Tod von König Ahasja voraus, da er Baal-Sebub hatte befragen lassen. Er starb – und Joram wurde König.

2 **1–9** Der Herr will Elia zu sich holen. Trotz mehrfacher Nachfrage bleibt Elisa bis zum Schluss an seiner Seite. Elia will ihn dafür belohnen. **10–17** Elia fährt im feurigen Wagen gen Himmel. Elisa übernimmt seinen Mantel und seine Jünger, da selbst 50 Männer Elia nicht finden können. **18–25** Elisa reinigte das Wasser mit Salz. Dann verspotteten ihn Kinder und die Kinder wurden von Bären zerfetzt.

DIE MOABITER WERDEN AUSGETRICKST

3 **1–10** Joram wird König und ist nicht gottgefällig, er entfernt das Steinmal Baals, welches sein Vater schuf. Als er in den Krieg zieht: Untergang. **11–19** Joschafat schickt einen Boten zu Elisa, um den Herrn zu befragen. Elisa gibt Anweisungen und prophezeit einen Sieg über die Moabiter. **20–27** Die Moabiter werden ausgetrickst und von Israel besiegt, die ihr Land verwüsten. Daraufhin opfert der König von Moab seinen Sohn ...

4 **1–6** Elisa hilft einer Prophetenwitwe, die von Gläubigern bedrängt wird. Durch wundersame Ölvermehrung kann sie die Schulden abzahlen. **7–17** Elisa bekommt ein ständiges Quartier bei einer reichen Frau und revanchiert sich mit der Zusage, dass sie einen Sohn bekommt. **18–28** Als das Kind älter wird, stirbt es. Verzweifelt sucht die Mutter nach Elisa und berichtet ihm vom Tod des Kindes. Elisa ist überrascht. **29-36** Elisa schickt erst Gehasi, der kann den Sohn nicht wieder auferwecken. Elisa geht selbst – und der Sohn lebt wieder.

(❯) GEHASI WIRD AUSSÄTZIG
WIE SCHNEE

37-44 Hungersnot: Gehasi kocht einen giftigen Eintopf für die Prophetenjünger. Wunder: Elisa bindet das Gift mit Mehl und vermehrt Brot fürs Volk.

5 **1-7** Feldherr Naaman war aussätzig, Sklavin rät, nach Samaria zum Propheten zu gehen wegen Heilung. König von Aram gibt Schreiben an König von Israel. **8-14** Der reiche Naaman wird gesund, als er nicht mehr auf teure und spektakuläre Methoden setzt, sondern dem Wort des Gottesmannes Elisa traut. **15-20** Elisa will sich von Naaman nicht belohnen lassen, um Gott nicht ungehorsam zu sein. Hinter seinem Rücken tut sein Diener Gehasi es trotzdem. **21-27** Gehasi erlügt sich Silber und Kleider, sein Herr merkt es, und er wird aussätzig wie Schnee.

6 **1-7** Da wo sie lebten, hatten die Jünger zu wenig Platz. Sie wollten am Jordan was bauen, einem fiel sein geliehenes Eisen ins Wasser. **8-14** König von Aram führte Krieg mit Israel, tagte mit den Obersten. Wer Kontakt zu König von Israel? Wer Spion? Elisa. Er ließ Elisa zu sich holen.

VOR HUNGER ZU KANNIBALEN (❮)

15-22 Vermeintlich in aussichtsloser Lage, geschützt und herausgeführt, gestärkt mit Liebe und Weisheit führt Elisa die Aramäer nach Samaria. **23-28** Nach einem großen Essen bleiben die Aramäer Israel fern. Der König von Samaria belagert Samaria, bis sie da vor Hunger zu Kannibalen werden. **29-33** Sie aßen den Sohn einer Frau. Sie wollten auch den Sohn einer anderen Frau essen: Elisa. Doch Elisa versteckte sich und blieb am Leben. Was hat er vom Herrn zu erwarten?

7 **1-7** Elisa prophezeit das Ende der Hungersnot, der Ritter zweifelt. Aber vier Aussätzige entdecken tatsächlich, dass die Aramäer geflohen sind. **8-13** Aussätzige berichten, dass niemand mehr im Lager ist. Der König sendet fünf Rosse aus, um die Nachricht zu überprüfen. **14–20** Als die Aramäer geflüchtet waren, kam das Volk zum Plündern. Und Elisa hatte durch Worte des HERRN prophezeit, dass jeder sterben würde, der nicht glauben will.

8 **1–5** Nach der Hungersnot trat die Frau mit ihrem Sohn, den Elisa lebendig machte, vor den König und bestätigte damit, was Gehasi über Elisa erzählte. **6–9** Frau erzählt: König: Hol Eigentum zurück. Hilfe. **10–14** Elisa: Sag ihm, er wird gesund. Er kriegt Angst, weil er weiß, was ihm blüht. (Plünderung, Vergewaltigung). Er erzählt dem Chef nur, dass er gesundet.

⊙ ABGÖTTEREI UND VERRÄTEREI

15–23 Joram war König Judas sowie Israels. Er regierte nicht nach Gottes Willen, wurde wegen David verschont. Er schlug die Etrusker. **24–29** Es geht um zwei Freunde, die beide König werden und dann gehen die beiden zusammen in den Krieg gegen ein verfeindetes Volk.

9 **1–5** Elisa zu einem Prophetenjünger: Geh' zu Jehu und gieße dies Öl auf seinen Kopf, damit er der König Israels sei und dann verschwinde schnell. **6–12** Jehu wurde zum König gesalbt und er soll das Haus Ahab besiegen, um die Knechte des Herrn zu rächen, er soll werden wie Jerobeam. **13–18** Auf Grund des geführten Kriegs will sich König Jehu gegen Joram verschwören. Er wird von einem Boten nach Friede gefragt. Jehu?! **19–27A** Konfrontation von Joram (Kg. v. Israel), Ahasja (Kg. v. Juda) und Jehu: Vorwürfe: Abgötterei und Verräterei. Auf den Totschlag Vergeltung. **27B–37** Jehu tötet den König. Isebel beleidigt Jehu; er lässt sie ermorden. Isebel wird Hundefutter (Vorhersage Gottes).

10 **1–8** Die Obersten wurden aufgefordert, den besten seiner 70 Söhne auf Ahabs Thron zu setzen. Sie wagten es nicht, so köpften sie alle Söhne. **9–16** Vernichtung des Hauses Ahab kein Befehl des Herrn. Jehu metzelt die Brüder Ahasjas, will seinen Eifer für den Herrn Jonadab beweisen.

17-24 Jehu zum Volk: Ruft alle Baalspropheten her, denn ich will Baal opfern. Allerdings ist das eine List. Er will sie töten lassen. **25-28** Nach dem Brandopfer befahl Jehu, alle zu ermorden. Nach dem Massaker zerstörten seine Schergen alles, was in Israel an Baal erinnerte. **29-36** Jehus Religionspolitik hat Auswirkung auf die Außenpolitik. Gott straft den Götzendienst durch feindliche Übergriffe an den Grenzen Israels.

11 **1-6** Tante rettet Enkel vor Amok laufender Oma. Amok-Oma wird Königin. Tante versteckt Enkel sechs Jahre lang. Bündnispolitische Verwicklungen. **7-13** Eine doppelte Schicht Bodyguards, ausgerüstet mit den Waffen Davids, bewacht die Krönung des neuen Königs. **14-20** Bei einem Fest schwören König und Volk Baal ab und geloben dem Herrn Treue. Sie töten Ataia, die sich dagegen auflehnt, mit dem Schwert.

12 **1-9** Priester sollen Geld einsammeln und davon den Tempel ausbessern, dies tun sie nicht. Vertragsbruch. Sie dürfen kein Geld mehr sammeln. **10-16** Jojada baute sich eine Spendendose und gab die Erlöse für die Restaurierung einer Kirche (Haus Gottes/Tempel). **17-22** Die Aramäer wollen Jerusalem angreifen. Joasch schenkt alle Gott geweihten Gaben her. Seine Obersten töten ihn, sein Sohn Amazja wird König.

13 **1-8** Joahas regierte und tat, was dem Herrn missfiel. Dieser gab sie in die Hand Hasaels und ließ sie wieder frei, denn dieser tötete fast alle. **9-17** Joasch, König von Israel, erhält vom Propheten Elisa die Prophezeiung, einen Sieg im Kampf gegen die Aramäer zu erringen. **18-25** Wegen seines mangelnden Glaubens kann Joasch die Aramäer nur dreimal besiegen. Trotzdem ist der Herr gnädig.

14 **1-6** Das Gebot verlangt die Strafe nur gemäß der Tat, der Sünde, nicht der Abstammung. So tötet König Amazja also nur die Mörder seines Vaters.

⊙ **KAMPF MIT GEWALT UND GELD UM MACHT**

7-13 Amazja, König Judas, will Joasch treffen. Der warnt ihn. Amazja kommt trotzdem. Joasch nimmt ihn gefangen und zerstört die Mauer Jerusalems. **14-21** Joasch stirbt, Amazja wird ebenfalls durch Verschwörung getötet. Danach wurden ihre Söhne Jerobeam und Asarja Könige von Israel und Juda. **22-29** Jerobeam war Gott ungehorsam, Gott rettete Israel trotzdem, weil er treu war. Nach Jerobeams Tod wurde sein Sohn Secharja König.

15 **1-6** Asarja war Gott insgesamt gehorsam, schaffte aber den Götzendienst nicht ab. Wegen Asarjas Aussatzes machte sein Sohn Jotam den Königsjob. **7-13** Danach wurde Jotam König von Juda. In Israel wurde Secharja König und ist Gott genauso ungehorsam. Schallum tötet ihn und wird selbst König. **14-21** Menahem schlägt Schallum tot, kämpft mit Gewalt und Geld um Macht. Gott gefällt das nicht wirk-

lich. **22-30** Könige bauen Mist und werden umgebracht. Die neuen bauen wieder Mist. Ein Teufelskreis. **31-38** Im 2. Jahr Pekachs (Remaljas Sohn) wurde Jotam König. Hat guten Job gemacht. Gott hat sich gefreut. Jotams Sohn Ahas wurde Nachfolger.

KÖNIG AHAS KREMPELT DEN ALTAR & DEN TEMPEL UM ⊙

16 **1-6** Mit zwanzig Jahren wurde Ahas, Sohn Jotams, König von Israel und er handelte gegen Gottes Gebote und Feinde belagerten Jerusalem. **7-13** Ahas bat Pileser um Hilfe. Er schickte Geschenke mit. Als er sie erhielt, zog er in den Krieg. Ahas baute daraufhin einen Altar und opferte. **14-20** König Ahas krempelte den Altar & den Tempel nach Priester Uria um. Schließlich starb er bei seinen Vätern.

17 **1-5** Hoscheas Bündnispolitik geht nicht auf. Der König von Assyrien zieht gegen Israel und belagert Samaria drei Jahre lang. **6-14** Israel nach Assyrien. Danach taten sie Böses, das dem Herrn nicht gefiel. Gott will, dass die Menschen nach seinen Gesetzen leben. **15–22** Volk Israel betet Götzen an und setzt auf Zauberei. Gott ist zornig und wendet sich von seinem Volk ab, selbst vom Stamm Juda. **23–29** Gott straft Israel: Assur siedelt es um. Fremde bewohnen Samarien, Löwen töten sie. Assurs König schickt Priester, die Gottesfurcht lehren. **30–41** Babylonier wurden in Samarien angesiedelt. Sie dienten ihren eigenen Göttern und gleichzeitig auch dem HERRN. Genauso auch ihre Nachkommen.

⊘ **ZERSTÖRUNG UND NATUR-
KATASTROPHEN – WUT UND
ÜBERMUT?**

18 **1–7** Hiskia wurde mit 25 König, regierte 29 Jahre. Er war Gott wohlgefällig, entfernte fremde Kultstätten, löste sich vom Assyrer-König los. **8–11** Hiskia besiegt die Philister. Im sechsten Jahr der Herrschaft Hiskias wird Samaria eingenommen, Israel wird nach Assyrien weggeführt. **12–18** König von Assyrien nimmt viele Städte ein. Hiskia bringt Gold und Silber zum König, dafür zerstörten sie viele teure Dinge. **19–26** Der König der Assyrer droht Juda, dass er es unterwerfen werde und weder die Ägypter noch Gott Juda retten könne. **27–33** Rabschake aus Assyrien redet zu den Israeliten: Hört nicht auf Hiskia, sondern verbündet euch mit mir, dann werdet ihr leben. **34–37** Wo ist ein Gott, der sein Land aus der Hand des Gottes Israels erretten könnte? Das Volk schwieg.

19 **1–7** Hiskia bittet Jesaja, für ihn zu beten. Jesaja sagt: Fürchte dich nicht, die Feinde werden durch ein Schwert im eigenen Land gerichtet. **8–14** Assyriens König kämpften mit Libna. Boten sagten zu Judas König: Vertrauensgott, Jerusalem kriegt er nicht. Frühere Könige haben viel angerichtet. **15–21** Hiskia: Herr, Du allein bist König über die ganze Erde. Jesaja zu Hiskia: Gott hat dein Gebet erhört und wendet sich gegen Sanherib. **22–29** Hohn und Geläster bekommt dir schlecht. Zerstörung und Naturkatastrophen waren die Folge. Wut und Übermut? Ich werde dir wieder Demut lehren. **30–37** Das Haus Juda wird erstarken. Sanherib soll zurückgehen, so sagt es Gott. 15 000 sterben und seine Söhne bringen ihn um.

20 **1-4** Hiskia hört vom Propheten, dass er sterben soll. Wer will das schon? Er betet. Das muss Gott doch berücksichtigen. **5-10** Jesaja geht zu Hiskia auf Gottes Geheiß und heilt ihn. Hiskia will ein Zeichen von Gott. Jesaja: Soll die Sonnenuhr nach- oder vorgehen? **11-15** Gott dreht die Zeit zurück. König Hisikia bekommt Besuch und Geschenke vom Königssohn Babels. Der König zeigt ihm alle Schätze, die er hat. **16-21** Jesaja kündigt Hiskia die Deportation nach Babylon an. Hiskia denkt: Ach, das kommt nach meiner Zeit! Hiskia stirbt und Manasse wird König.

21 **1-8** Manasse macht alles rückgängig, was sein Vater Hiskia getan hatte. Er stellt sogar Götzenbilder im Tempel in Jerusalem auf. **9-17** Manasse verführte das Volk zu Götzendienst etc. Gerichtsansage Gottes gegen Jerusalem & Juda. Manasse vergießt auch Blut. **18-26** 22-jährig wird Amon König in Jerusalem für zwei Jahre. Er wurde umgebracht (Verschwörung). Die Verschwörer ebenso. Nachfolger wird Josia.

22 **1-6** Josia war ein sehr braver König und gottesfürchtig. Als Jugendlicher ließ er sogar den Tempel renovieren. Allerdings aus Spendengeldern. **7-13** Hilkija findet das Gesetzbuch im Tempel. Der Schreiber liest es erst selbst und dann dem König vor. Der bereut die Missetaten der Vorfahren. **14-20** Hulda, die Prophetin aus Jerusalem, spricht zum Priester Hilkija, dass der Zorn Gottes groß ist, aber größer seine Liebe zu Israel.

23 **1-6** Der König und das Volk schließen einen Bund mit Gott und vertreiben alle anderen Götzen und Götzendiener. Allen Israeliten (Jung & Alt) wird der Bund vorgelesen, König erneuert für alle den Bund. **7-13** Bund erneuert. Das große (Un)Reinemachen im Tempel geht weiter. Alles Götzenhafte wird vernichtet. **14-21** Josia räumt die Götzenbilder weg, entfernt alle Höhenheiligtümer und lässt alle Priester umbringen. Danach zum Volk: Feiert das Passafest! **22-29** Kein König vor ihm hielt so das Passa wie Josia und keiner danach. Doch dies beeindruckte Gott nicht und sein Groll dauerte an. **30-34** 23-jährig wird Joahas für 3 Monate König in Jerusalem. Vom Pharao wird er nach Ägypten verbannt, wo er stirbt. Sein Nachfolger heißt Jojakim.

⊙ JOJAKIM WIRD ABTRÜNNIG

35-37 Durch geschickte Bündnispolitik mit Ägypten statt Gottvertrauen will Jojakim das Bestehen seines Volkes sichern. Doch das missfällt Gott.

24 **1-6** Babylon gegen Ägyten (+ Juda) – 1:0. Jojakim wird Untertan, aber dann abtrünnig. Nebukadnezar ist sauer und schickt Truppen. Propheten wussten es. **7-13** Jojakim wird mit 18 Jahren König von Jerusalem und regiert nur 3 Monate. Er handelt gegen Gott. Nebukadnezar belagert Jerusalem und plündert. **14-16** Der König von Babel führt die wichtigsten Leute, Handwerker, Jojakim und die Königsmutter in die Gefangenschaft zu sich nach Babel. **17-20** Zedekia wurde neuer König von Jerusalem und tat, was dem König missfiel. Somit wurde Zedekia dem König von Babel abtrünnig.

25 **1-6** Die Geschichte von Nebukadnezar: Seine Männer erobern Jerusalem nach jahrelanger Belagerung, nehmen den König gefangen und verurteilen ihn. **7-13** Zedekia kam nach Babel. Nebukadnezar zerstörte Jerusalems Häuser & den Tempel. Das Volk kam weg & das Kupfer vom Tempel nach Babel. **14-21** Juda wird alles weggenommen: Haushaltsgegenstände, Männer, das Leben der Männer. Schließlich muss Juda sein Land verlassen. **22-25** Nebukadnezar setzt Gedalja als Statthalter von Juda ein. Der empfiehlt den Leuten, sich den Babyloniern zu unterwerfen. Er wird umgebracht. **26-30** Aus Furcht vor den Chaldäern zieht das Volk nach Ägypten. Jojakim wird aus dem Kerker geholt und lebt von nun an beim König.

Das erste Buch der Chronik

UND ALLE HABEN VIELE SÖHNE

GROSSE UND VERZWEIGTE FAMILIE

1 **1–16** Adam und viele Männer. Welche Frauen haben sie geboren? **17–34** Stammbäume in der Bibel: von Sem über Abraham zu Isaak und seinen Söhnen: Esau und Jakob. **35–42** Und alle haben viele Söhne. **43–54** Könige und Fürsten, Geschlechter und Städte kommen und vergehen.

2 **1–12** Die 12 Söhne Israels werden aufgezählt. In der weiteren Linie (von Juda) geht es über Perez, Hezron, Ram ... bis Isai (Vater von David). **13–19** Isai hatte Söhne & Töchter. Die wiederum hatten auch ein paar Kinder. Und weiter geht's mit Kaleb (Sohn des Hezron) + Efrata = Hur. **20–31** Die Nachfahren von Hur. **32–41** Söhne Jadas: Jeter, Jonatan. Jonatans Söhne: Pelet, Sasa (Söhne Jerachmeels). Register von Scheschan bis Elischama. **42–55** Und wenn sie nicht gestorben sind, dann zeugen sie noch heute!

3 **1–9** David wurden in Hebron (7½ Jahre) 6 Söhne geboren. In Jerusalem (33 Jahre) 4 Söhne von Batseba, 9 Söhne + 1 Tochter von anderen Frauen. **10–24** Salomos Sohn hieß Rehabeam und dessen Sohn Abija usw. Salomos Nachkommen sind eine sehr große und verzweigte Familie.

4 **1–10** Kurzer Abriss über die Nachkommen Judas. Einer hieß Jabez und erhält die Gunst Gottes. **11–22** Über viele Generationen wurde ein großes Volk mit vielen Familien gezeugt. **23–31** Die Söhne Simeons waren Töpfer & wohnten beim König. In der 7. Generation gab es weniger Kinder als bei den Söhnen Judas. **32–43** Aufzählung von Fürsten und ihren Geschlechtern. Sie vertrieben und töteten andere und wohnten an ihrer statt dort.

5 **1–9** Die Nachfahren Rubens, des Erstgeborenen von Israels und die Nachfahren von Joel. **10–16** Während Sauls Regierungszeit werden Kriege gegen die Hagariter geführt, gewonnen & ihre Zelte eingenommen. Gegenüber wohnen die Söhne Gad. **17–25** Männer zogen in einen Kampf. Ihnen wurde geholfen, sie schrien zu Gott und er ließ sich erbitten, da sie vertrauten. Der Krieg war von Gott. **26–41** Assurs König führte Ruben, Gad, halb Manasse fort. Leviten sind u.a. Aaron, Mose, Mirjam. Später lebte Jozadak. Babels König exilierte ihn.

7 **1–8** Der Stammbaum Issachars und Benjamins – Kinder und Kindeskinder werden aufgezählt und insgesamt geht's in die Tausende. **9–19** Die Nachfahren Jediaels, Naftalis und Manasses. **20–28** Und seine Schwester Molechet gebar Ischhod, Abiëser und Machla. Und Schemida hatte diese Söhne: Achjan, Sichem, Likhi und Aniam. **29–40** Viele, viele Söhne: Sie alle werden als Soldaten verzeichnet. Es sind ganze 26 000 junge Männer für den Krieg vorgesehen.

⊘ AUFTEILUNG DES LANDES

6 **1–15** Levi hatte drei Söhne, und die Sippen der Leviten sind nach ihnen benannt: Gerschon, Kehat, und Merari. Samuel gehörte zu Kehats Sippe. **16–23** David bestellt Sänger, um Gott zu singen. **24–38** Die Leviten waren für den Tempeldienst zuständig und Aaron und seine Söhne für die Brand- und Sühneopfer Israels. **39–50** Aufteilung des Landes: Wohnsitze für die Stämme Israels und die Geschlechter der Stämme. **51–66** 10 Stämme teilen Städte, Gebiete und Weideland untereinander auf.

ERFASST IN EINEM GESCHLECHTSREGISTER ⊘

8 **1–12** Benjamins Ältester hieß Bela, es folgten vier weitere Söhne. Und die hatten wiederum Kinder – eine große Familie, vom Schicksal gebeutelt. **13–28** Sippenchefs von Ajalon waren Beria und Schema. Dazu kamen diverse Kinder, Enkel. Aber auch Sippenchefs aus Jerusalem werden aufgelistet. **29–40** Jëiël/Maacha 10 Kinder, 3 Enkel 4 Urenkel, weiter 30 Nachkommen bis zu Ulam, dieser weitere 150 Nachkommen, alles waren Nachkommen Benjamins.

9 **1-11** Ganz Israel wird in einem Geschlechtsregister erfasst. Weil die Leute aus Juda Gott untreu waren, kommen sie in Babylon in die Gefangenschaft. **12-22** Tüchtige Leviten und Söhne des Meran lebten für Gott als Torhüter. 212 Korachiter bewachten die Stiftshütte nach Tradition. **23-33** Vorgaben für die Stiftshütte: Torhüter aufgestellt nach den 4 Himmelsrichtungen Tag & Nacht; andere verantwortlich für die heiligen Geräte. **34-44** Die Stammesväter der Leviten waren alle in Israel beheimatet und aus deren Linie ging Azel hervor, der selbst wiederum sechs Söhne hatte.

SAUL TÖTET SICH SELBST

10 **1-6** Im Kampf gegen die Philister, die seine Söhne, seine Familie umbrachten, tötete Saul sich selbst, bevor er in Gefangenschaft geraten konnte. **7-14** König Saul und seine Söhne tot! Philister schänden ihre Leichen. Saul wurde zum Verhängnis, dass er Gott nicht vertraute, ihm untreu wurde.

11 **1-8** Israel macht David zum König, David erobert Zion, Joab schlägt die Jebusiter und wird dadurch Hauptmann. **9-17** David wurde immer mächtiger. Gott war auf seiner Seite. Auf 30 Helden und speziell drei von ihnen konnte er sich voll verlassen. **18-25** Drei stibitzten Wasser aus dem Lager der Philister. Sie gaben es David, der es Gott opferte. An Mut sind die drei Männer kaum zu toppen. **26-47** Eine Reihe von erfolgreichen Kriegern. Sie stammen aus Orten Israels. Zum Teil wird ihr Stamm und ihr militärischer Job genannt.

DAVID UND ISRAEL TANZEN

12 **1-16** Diese Männer kamen nach Ziklag zu David, als der sich vor Saul fernhalten musste: ein riesiges Heer. **17-22** Wer es ehrlich meint und mir helfen will, der helfe mir, sagte David. Und da halfen ihm ziemlich viele Männer im Kampf gegen Saul. **23-31** Davids Heer wuchs und wuchs. Männer, die einst zu Saul hielten, kamen nach Hebron und unterstützten nun David. **32-41** Tausende Soldaten kommen nach Hebron, um David zu helfen. Sie brachten auch Nahrung, Freude war in Israel.

13 **1-7** David will Gottes Lade zurückholen. Das Volk ist dafür – und sie machen sich auf den Weg. Auf einem neuen Wagen wird sie transportiert. **8-14** David und Israel tanzen; Usa, der seine Hand nach der Lade ausstreckte, stirbt an Gottes Zorn und voll Ehrfurcht bringt man sie zu Obed-Edom.

14 **1-7** Als David König von Israel wurde, legte er sich noch mehr Geliebte zu. Die bekamen ganz viele Töchter und auch 13 Söhne. **8-17** Die Philister haben was dagegen, dass David König wurde und ziehen los; David schlägt sie mit der Hilfe Gottes und alle Völker fürchten ihn.

15 **1-13** David baut eine Stätte für die Lade des Herrn und erteilt den Leviten das Recht, die Lade zu tragen. Die Leviten werden mit Namen genannt. **14-21** Die Leviten trugen die Lade Gottes und bestellten die Sänger in großer Zahl zum Saitenspielen und singen. **22-29** König David begleitet mit seinem Volk die Bundeslade. Er tanzt und spielt so ausgelassen, dass die Prinzessin Michal über ihn die Nase rümpft.

ALLES, WAS IN DEINEM HERZEN IST, TU

16 **1-5** Nach dem Brand- und Dankopfer verteilt David Brot, Fleisch und Kuschen, die Leviten dankten dem Herrn vor der Lade. **6-19** David: Danket dem Herrn, sucht sein Angesicht, gedenkt seiner Wunder und seines Bundes, den er verheißen hat Abraham, Isaak und Jakob. **20-35** Hilf uns, Gott, unser Heiland, und sammle uns und errette uns von den Heiden, dass wir Deinen heiligen Namen preisen und Dir Lob sagen! **36-43** David organisiert den Gottesdienst mit Priestern, Opfergaben und Musik zur Ehre Gottes.

17 **1-8** David zu Nathan: Ich wohn in einem edlen Zedernhaus. Nathan zu David: Alles, was in deinem Herzen ist, das tu; denn Gott ist mit dir. **9-17** Und ich will meinem Volk Israel eine Stätte geben und alle Feinde demütigen. David: Wer bin ich, Herr, und was ist mein Haus? **18-27** Was kann David noch mehr zu Dir sagen, da Du Deinen Knecht so herrlich machst? Du kennst deinen Knecht. Herr, keiner ist dir gleich.

18 **1-8** Danach schlug David die Philister, Moabiter und König von Zoba. David nahm sehr viel Kupfer. Davon machte Salomo das kupferne Meer. **9-17** Als aber Toi hörte, dass David den ganzen Streit mit geschlichtet hatte, sandte er seinen Sohn zu König David. David regierte über Israel.

(>) **DAS SCHWERT DES ENGELS**

19 **1-6** Der König der Ammoniter ist tot. David lässt kondolieren, aber seine Gesandte werden erniedrigt. Kriegsgefahr! Die Ammoniter rüsten auf. **7-13** Als Joab sah, dass er eingekesselt war, wählte er einen Teil des Heeres und stellte sich gegen die Aramäer; Bruder und Rest gegen die Ammoniter. **14-19** Joab kämpft erfolgreich gegen Aramäer und Ammoniter. Showdown in Jerusalem: Davids Herr zieht auf, Aramäer ohne Chance und schließen Frieden.

20 **1-2** Joab verwüstete mit Heeresmacht das Land der Ammoniter + zerstörte Rabba. David aber bekam die Krone des Königs + viel Beute. **3-8** David regierte in Jeru-

salem und führte mit diversen Völkern Krieg. Die furchterregendsten Gegner waren Riesen. Alle wurden besiegt.

21 **1-7** David ließ eine Volkszählung machen – obwohl ihn Joab davor warnte –, aber Gott gefiel das nicht und er schlug Israel. **8-15** David hat gesündigt. Er bereut bei Gott. Zur Sühne schickt Gott die Pest nach Israel durch einen Engel. 70 000 Menschen tot! Jetzt reut es Gott. **16-23** David wird wegen einer nicht erlaubten Volkszählung bestraft und kauft von Arauna ein Feld, um darauf einen Altar für Gott zu bauen. **24-30** David, erschrocken vor dem Schwert des Engels, opfert dem Herrn und erwirbt sich dessen Gnade. Herr an Engel: Steck Schwert weg!

MENSCHEN PFLANZEN (<)
SICH FORT – SÖHNE
GRÜNDEN STÄMME

22 **1-6** David schafft viel Vorrat vor seinem Tod und will, dass sein Sohn das Haus Gottes bauen soll. **7-13** David will Gott einen Tempel bauen, aber Gott möchte dies nicht. Er schenkt David seinen Sohn

Salomo, der sehr mächtig sein wird.
14-19 Für das Haus des Herrn nur das
Beste: Gold, Edelhölzer usw. – die
besten Handwerker. Davids Forderung: Unterstützt auch meinen
Sohn Salomo!

23 **1-9** Der lebenssatte David
macht seinen Sohn Salomo
zum König. Ihm stehen 38 000 Leviten zur Verfügung, die am Tempel
arbeiten und Workshop machen.
10-21 Die Menschen pflanzen sich
fort, die Söhne gründen Stämme.
Auch Rehabja, der Enkelsohn von
Mose, bekommt viele Kinder, die
sich fortpflanzen. **22-32** Die Söhne
Levi sind für den Dienst im Haus
Gottes auserwählt. Sie sollen den
Söhnen Aarons beim Dienst an der
Stiftshütte zur Seite stehen.

24 **1-15** Über die Söhne Aaron
(Aleasar und Itamar), die
Priester wurden und deren Söhne,
die durch Los in Sippen geteilt wurden. **16-31** Die Söhne Aarons tun
Dienst im Hause des Herrn nach der
Vorschrift, die Aaron vom Gott Israels geoffenbart wurde.

25 **1-8** David setzt Musikanten
ein, die im Tempel unter der
Leitung ihrer Väter Gott mit ihren
Instrumenten loben sollen, insgesamt: 288. **9-20** Die Lose fielen auf
Josef, Gedalja, Sakkur, Zeri, Netanja,
Bukkija, Asarela, Jeschaja, Mattanja,
Schimi, Asarel und Haschabja mit
Anhang. **21-31** Weitere auf Mattitja-
Jeremot-Hananja-Joschbekascha-
Hanani-Malloti-Eliata-Hotir-Giddalti-Mahasiot u. Romamti-Eser jew.
nebst Söhnen/Brüdern.

26 **1-9** Obend-Edom hatte 62
Söhne und Brüder, Meschelemjas hatte 18. **10-19** Hosas hatte 13
Brüder und Söhne. Per Los wurde bestimmt, welche Sippe welches Tor bewachen musste. **20-25** Männer kommen zusammen, darunter Rehabja,
Joram, Sichri und Schelomit. **26-32**
Schelomit und seine Brüder verwalten die geheiligten Gaben. Die mit
Verwaltung und Gerichtsbarkeit Betrauten werden namentlich genannt.

27 **1-11** Aufzählung der Männer
Israel, der Häupter der Sippen, treue Diener des Königs, die

monatlich einer Ordnung von je 24 000 vorstanden. **12-24** Nr. 9: Abieser. 10: Mahrai. 11: Benaja. 12: Heldai. Alle Fürsten über Stämme Israel werden aufgezählt. Nur Joab wurde nicht fertig. **25-34** David hatte viele Angestellte, die alle für etwas anderes zuständig waren.

28 **1-4** David ruft alle Oberen Israels nach Jerusalem: Ich wollte Gott ein Haus für die Lade bauen, aber er erwählte mich zum König über Israel.

(>) **GEWALTIGES OPFERFEST VOR DER KRÖNUNG SALOMOS**

5-9 Salomo ist auserwählt, auf dem Thron Israels zu regieren. Dient er Gott, wird er als Regent erfolgreich sein, falls nicht, wird er scheitern. **10-14** David sagte Salomo, dass dieser erwählt sei, das Haus als Heilig-

tum des Herrn zu bauen, gab ihm die Pläne und alle Informationen dazu. **15-21** Auch für alles im Haus und den Thronwagen gab er Salomo die genauen Entwürfe und die Ordnungen für die Priester und Leviten.

29 **1-8** König David spricht zur Gemeinde. Er spendet Gold, Silber und mehr für das Haus Gottes. Die Gemeinde folgt diesem Beispiel. **9-17** David preist Gott. Er sieht, dass alles, was aufrichtig von den Menschen kommt, Gott erfreut, und sein Volk danach handelt. **18-26** Vor der Krönung Salomos wird ein gewaltiges Opferfest gefeiert. Alle erkennen ihn als Nachfolger Davids an. Gott macht ihm zum großen König. **27-30** Regierungszeit in Israel: 40 J., (in Hebron: 7 J., Jerusalem 33 J.) Alt + reich gestorben, Nachfolger: Sohn Salomo, Story nachzulesen bei Samuel + Nathan + Gad.

Das zweite Buch der Chronik

⊙ **AUS FREMDEN MACHT SALOMO ARBEITER**

1 **1-10** Salomo ging mit allem Volk nach Gibeon zur Stiftshütte, um zu opfern. Gott erscheint ihm. Salomo erbittet um Weisheit zur Führung des Volks. **11-18** Gott zu Salomo: Weil du um Weisheit gebeten hast, nicht Reichtum, gebe ich dir Weisheit und Reichtum dazu. Bald wurde Jerusalem reiche Stadt.

2 **1-7** Salomo bittet Hiram v. Tyrus um Baumeister und Baumaterial für den Tempel. **8-12** Salomos Leute und Hirams Leute sollen zusammen den Tempel bauen. Hiram lobt Gott und Salomo und hilft ihm. **13-17** Holz soll aus dem Libanon nach Jerusalem gebracht werden, damit etwas Kunstreiches daraus entstehe. Aus den Fremden macht Salomo Arbeiter.

3 **1-9** Salomo ist der Sohn Davids. Er baut in Jerusalem das Haus des Herrn. Dieses besteht aus mehreren Räumen und ist komplett mit Gold überzogen. **10-17** Für das Allerheiligste machte er noch zwei goldene Cherubim sowie einen blauroten Vorhang. Vor das Haus kamen zwei verzierte Säulen.

4 **1-10** Der Tempel wird mit vielen prächtigen und wertvollen Gerätschaften – Leuchter, Waschbecken, Schalen – zum Tempeldienst ausgeschmückt. **11-22** Hiram, Berater Salomos, machte aus Kupfer und Gold unzählige Geräte und Schmuck für das Allerheiligste des Tempels.

SIEBEN TAGE FEIERN ⊙

5 **1-8** Der Tempel ist fertig und Salomo bringt alle heiligen Geräte hinein. Die Bundeslade wird geholt und an ihren Platz gestellt + es wird gefeiert. **9-14** Die Priester und Leviten singen und spielen für Gott. Der Klang des Lobpreises ist überwältigend und die Gegenwart Gottes erfüllt den Tempel.

6 **1-11** Salomon sagte dem Volk, dass der HERR Jerusalem für sein Haus, David für seinen König und ihn zum Bau des Hauses für die Lade gewählt hat. **12-19** Salomo betet vor der Einweihung des Tempels zu Gott. Wird der, den der Himmel nicht fassen kann, wirklich in so einem Haus wohnen? **20-24** Gott macht Tag & Nacht über uns. Vor ihm sind alle Menschen gleich. Vergebt auch denen, die gesündigt haben, wenn sie Reue zeigen. **25-34A** Salomo betet weiter: Wenn wir in Not sind und im Tempel beten, wollest Du uns im Himmel erhören. Genauso auch den Fremden, der zu Dir ruft. **34B-42** Jeder sündigt, so höre Gott und rette die aus der Verdammnis, die sich zu Dir bekennen. Sei gnädig, wie Du es David versprachst.

7 **1-8** Mit einem riesigen Brand- und Dankopfer feierten Salomo und das ganze Volk 7 Tage lang das Fest der Einweihung des Tempels und ehrten Gott. **9-15** Salomo vollendet den Tempel, das Opferhaus Gottes und die Gebetsstädte für die Menschen. Gott akzeptiert sein Haus als Ort der Zwiesprache. **16-22** In diesem Tempel soll mein

Name ewig sein. Solang ihr mir treu seid, werde ich euch schützen, doch wenn ihr abfallt, geht's euch schlecht.

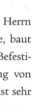

KING SALOMO BESCHENKT REICHLICH QUEEN SABA

8 **1-10** Salomo, der dem Herrn ein Haus gebaut hatte, baut seine Herrschaft aus: mit Befestigungen und der Einrichtung von Wohnstädten. **11-18** Salomo ist sehr gottesfürchtig und opfert Gott regelmäßig. Er bestellt die Priester und Leviten zu ihrem Dienst. Hiram unterstützt den Bau.

9 **1-6** Die Königin von Saba hört von Salomo und reist zu ihm mit vielen Geschenken. Sie unterhalten sich und sie ist angetan von seiner Weisheit. **7-11** Der Herr liebt Israel und beschützt es mit einem König, der Recht und Gerechtigkeit übt. Saba bringt Gaben für Gott vor Salomo für den Tempel. **12-20** King Salomo beschenkt reichlich Queen Saba. Er baut einen spektakulären Thron und lebt darüber hinaus hoch herrschaftlich.

21-27 Salomo wurde weiser und reicher als alle und herrschte über alle Könige vom Euphrat bis zu den Philistern und zur Grenze Ägyptens. **28-31** König Salomo regierte Jerusalem über ganz Israel vierzig Jahre und er wurde bei seinen Vätern begraben. Nachfolger wurde der Sohn Rehabeam.

10 **1-10A** Jerobeam bietet an, sich mit dem ganzen Nordreich Rehabeam zu unterstellen. Die Alten raten ihm zu Güte, die Jungen aber zu noch mehr Härte. **10B-19** Jerobeam, der König des Nordreichs, unterstellt sich Rehabeam, dem König des Südreichs, wegen seines Stolzes nicht. Das Nordreich fällt ab.

11 **1-13A** Rehabeam, König von Juda, will gegen Israel kämpfen. Gott lässt ihn wissen: Kein Krieg unter Brüdern. Rehabeam baut aber schon mal Festungen. **13B-23** Die Priester wurden nach Juda und Jerusalem mit allen, die Gott suchten, verbannt. Sie verstärkten Rehabeam, den Sohn Salomos, 3 Jahre.

12 **1-8** Rehabeam und das ganz Volk verlassen Gott. Schischak von Ägypten erobert das Land. Sie sehen es als gerechte Strafe. Da erbarmt sich Gott. **9-16** Schischak von Ägypten beraubte Jerusalem. König Rehabeam demütigte sich, so kam Gottes Gnade zum Teil zurück. Nach ihm kam sein Sohn Abija.

13 **1-8** Krieg zwischen Abija (Juda) und Jerobeam (Israel). Abija zum Volk: Jerobeam ist abtrünnig von Gott! Eigentlich gehört alles mir. **9-12** Habt ihr euch nicht eigene Priester gemacht? Wir sind gewiss: Der Herr ist unser Gott, Aaroniten und Leviten sind seine Priester. **13-23** Es ist Krieg im gelobten Land. Gott greift ein und entscheidet Schlachten. Es gab viele Opfer, aber schließlich war zehn Jahre lang Frieden.

DIE MUTMACHER SIND EINEM LÜGENGEIST AUFGESESSEN

14 **1-8** Asa entfernt die Götzenbilder und gebietet Juda, dass sie sich an die Gebote Gottes halten sollen. Er baut feste Städte + hat ein großes Heer. **9-14** Asa betet vor dem

Kampf zu Gott: Wir sind schwach, verlassen uns aber auf Dich. Gott hilft. Und die Kuschiter verlieren auf ganzer Linie.

15 1–8 Gott hatte sie verlassen und es war Gewalt und Furcht unter ihnen, aber sie vertrauten auf Asarja und fanden zurück zu Gott. 9–19 Große Versammlung in Juda unter Asa: Alle wollen Gott suchen. Gott lässt sich finden. Beute zurück in Tempel, 35 Jahre Ruhe und Frieden.

16 1–7 Bascha hat Schatz; Asa klaut Schatz + verbündet sich damit mit Ben-Hadad; Asa + B-Hadad kämpfen gegen Bascha. Vertrauensbruch zu Gott = nicht gut. 8–14 Waren die Kuschiter & Libyer nicht stark? Gott hat dich gestärkt, du warst töricht. Asa wurde zornig, nahm Seher gefangen, wurde fußkrank & starr.

17 1–9 Joschafat, Sohn Davids, wurde König Judas und bekam Geschenke vom ganzen Volk. 10–19 Gott schützte Joschafat, der eine große Armee aufstellte.

18 1–8 Zwei Könige verbünden sich und wollen Krieg führen. Sie wollen und erhalten prophetische Rückendeckung. Doch wird Micha mitmachen? 9–16 Einer macht den beiden Königen keinen Mut zum Krieg gegen die Aramäer: Der Prophet Micha rät zum Frieden und widerspricht den Kollegen! 17–26 Ahab ist sauer. Micha hat nicht mitgespielt, ja schlimmer: Die Mutmacher sind einem Lügengeist aufgesessen, sagt er und wird eingesperrt. 27–34 King of Israel & Joschafat tauschen im Kampf gegen Aram Rollen. Aram sagt: Nur König von Israel angreifen. Joschafat flieht, echter König von Israel stirbt.

VERTRAG MIT AHASJA ÜBEL

19 1–7 Joschafat kam mit Frieden nach Jerusalem und brachte das Volk zu Gott. Dann sagte er zu Richtern, dass bei Gott kein Unrecht ist. 8–11 Joschafat unterweist die Häupter Israels in der richtigen Handhabung von Gottes Gesetzen und Geboten, damit sie sich nicht verschulden.

20 1–9 Joschafat fürchtet sich vor den verschiedenen Völkern (Moabiter, Ammoniter, Meuniter). Er spricht mit Gott und bittet um Hilfe. 10–17 Jahsiel wird erfüllt von Gottes Geist. Er macht Mut trotz Übermacht der Feinde. Nicht ihr, sondern Gott wird kämpfen, sagt er dem Volk. 18–22 Als Joschafat ganz Juda auffordert, dem Herrn zu glauben und ihm zu danken, wurden die Ammoniter und Moabiter vom Herrn geschlagen. 23–29 Tote über Tote: Der Herr hat gegen die Feinde Israels gestritten. Die Judäer loben den Herrn mit Psaltern, Harfen und Trompeten. 30–37 Joschafats Land schenkte Gott nun Frieden und er regierte 25 Jahre über Juda zu Gottes Wohlgefallen. Nur der Vertrag mit Ahasja war übel.

21 1–9 Joram, frisch König, erschlägt alle seine Brüder. 8 Jahre bei Gott unbeliebt. Gott aber hat Geduld und hält am Bund mit David fest. 10–15 Libna verführt Judäer zu Abgötterei. Elia: Darum wird der Herr dein Volk mit großer Plage schlagen, deine Eingeweide werden heraustreten. 16–20 Gott will Krieg zwischen Joram, den Philistern und Arabern. Viele werden entführt, und Joram stirbt nach zwei Jahren elend – unbedauert.

22 1–4 Ahasja wird mit 22 König Judas, weil ältere Brüder alle erschlagen. Auch Ahasja gottlos wie Ahab durch die Verführung seiner Mutter Atalja. 5–8 Krieg: mit Joram gegen Ramot. Verwundung. Krankenbesuch von Ahasja. Krieg gegen Jehu, an dem sie die Strafe vollziehen: Tötung. 9–12 Ahasja wurde von Jehu getötet. Atalja, Mutter von Ahasja, wurde Königin und tötete ihre Familie. Joscheb half Joasch, Sohn Ahasja.

VERSCHWÖRUNG GEGEN GOTT ◉

23 1–7 Jojada bringt die Sippen in Juda und Israel zusammen. Er verteilt Aufgaben: Das Volk in den Vorhof, die Priester ins Haus des Herrn. 8–14 Feierliche Krönung: Priester Jojada salbte den Nachfolger. Atalja war entsetzt und rief Aufruhr, wurde aber aus dem Haus des Herrn entfernt. 15–21 Atalja und Mattan wurden getötet. Baals Haus wurde zerstört. Volk freute sich, doch die Stadt blieb still.

24 **1-9** Als Joasch König wurde, forderte er Steuern, um die Kirchen zu renovieren. Weil keiner zahlte, baute er eine Truhe. Für Kirchensteuern. **10-16** Mehrere Tage lang wird Geld in der Lade gesammelt. Davon werden Renovierungsarbeiten am Tempel bezahlt. Vom Rest werden Geräte angeschafft. **17-22** Jojadas huldigten König und dienten den Bildern der Aschera und den Götzen und so kam der Zorn über Juda. Verschwörung gegen Gott. **23-27** Aramäer töteten die Obersten von Juda und Jerusalem, da sie Gott verließen. Durch Blutschuld auch Jojadas Sohn. Danach wurde Amazja König.

25 **1-6** Amazja tötete die Väter, doch nicht die Söhne. Er erstellte eine große Armee aus Juda und Benjamin und warb Kriegsleute aus Israel. **7-13** Krieger Israels = nicht mit Gott. Amazja zieht nur mit Kriegern Judas los + tötet Tausende von Seir. Krieger Israels = sauer + töten Judäer in Städten. **14-20** Amazja besiegt Edomiter und bringt Götterstatuen mit, betet sie an. Prophet: Hör auf! Doch Amazja sucht Krieg mit Joasch von Israel. **21-28** Israel im Kampf gegen Juda. Jerusalem wird geplündert, Schätze und Geiseln nach Samaria verschleppt. Aber Judas König ereilte später der Tod.

26 **1-7** Es geht um einen Jungen, der Usija hieß, dieser wurde zum König vom Volke Juda gewählt. Er versuchte zu regieren, wie es Gott gefiel. **8-15** Usija wird berühmt. Er baut Türme und Brunnen für sein Vieh. Er rüstet seines und das Heer des Königs aus. So wird er mächtiger. **16-19** Die Macht hat Usija verdorben, er wird übermütig und übergeht die Priester, die stellen ihn zur Rede, woraufhin Usija sehr wütend wird. **20-23** Die Priester schauten zum König Usija, davon bekam er Aussatz und als er starb, wurde sein Sohn Jotam König.

UND SIE SCHLACHTEN DAS PASSALAMM

27 **1-9** Jotam, König Jerusalems bekam viel Macht, indem er andere Völker bekämpfte und von ihnen großen Wert an Material verlangte.

28 **1-8** Außenpolitische Niederlagen verbunden mit verheerenden Auswirkungen werden interpretiert als Folge des Götzendienstes des Königs Ahas. **9–14** Oded ging dem Heer entgegen und sagte ihnen, dass Gott wegen Jerusalem sauer ist. Sippenhäupter wollten sie nicht mehr und alle wurden frei. **15–19** Die Samariter versorgten die Gefangenen. König Ahas bat König Assur um Hilfe gegen die Überfälle, die die Bestrafung für Judas waren. **20–27** König Ahas hatte Streit und erzürnte Gott durch Gotteslästerung. So wurde sein Sohn Hiskia zum König erklärt.

29 **1–7** Hiskia lässt das Haus des Herrn reparieren, um die Sünde der Väter zu tilgen, die gegen Gott gehandelt haben. **8–14** Daher wurde der Herr zornig über Juda & Jerusalem. Ich will einen Bund mit ihm schließen. Strengt euch an! Leviten machten sich auf zum Dienst. **15–21** Sie reinigten des Herren Haus, weihten es 16 Tage und sagten es dem König. Der ging, um Tiere zu suchen, die sie dem Herrn opferten. **22–28** Der König befahl Brandopfer für Israel zu bringen. Und es erklangen Lobesklänge, bis das letzte Brandopfer vollendet war. **29–36** Sie beteten, brachten mehr Opfer und

arbeiteten zusammen, denn die Leviten waren williger als die Priester. So wurde es vollbracht.

30 **1–7** Der König hatte Probleme, das Passafest zu organisieren und lud wegen mangelnder Priester das ganze Volk ein, dass es umkehre zum Herrn. **8–14** Kommt zusammen in Jerusalem und feiert ein gemeinsames Fest, bekennt euch zu Gott, dann werdet ihr Barmherzigkeit erfahren. **15–22** Sie schlachten das Passalamm. Sie reinigen sich. Hiskia betet für sie. Sie feiern 7 Tage lang. **23–27** Die Gemeinde beschloss, weitere 7 Tage zu feiern. Dies taten sie, weil sie Stiere und Schafe gespendet bekamen. Alle freuten sich.

HISKIAS BEERDIGUNG

31 **1–6** Nach der Vernichtung bekamen Opfer Spenden. Priester + Leviten wurden laut Vorschrift nach Amt geordnet. Die Israeliten gaben geweihtes Gut. **7–13** Das Volk Israel häuft Nahrung an. Hiskia kommt vorbei und fragt die Priester. Dann lässt der König Kammern ein und sie geben den Zehnten. **14–21** Hiskia lässt an alle, die im Tempel dienen, Geld auszahlen, je nach Alter und Dienstgrad.

32 1-8 Sanherib von Assur greift Juda + Jerusalem an. Hiskia lässt Wasserquellen verstecken und Mauern ausbauen. Seid getrost, Gott ist mit uns! 9-16 Der assyrische König wollte Juda erobern und teilte den Juden mit, dass Gott ihnen nicht helfen würde, weil König Hiskia gesündigt hatte. 17-21 Ein Propagandabrief soll Jerusalem entmutigen: Euer Gott hilft nicht. Jesaja und Hiskia beten. Da greift Gottes Engel ein, der Feind flieht. 22-30 Wenn Gott hilft Leiden zu lindern, sollte man dankbar sein. Denn wer Gottes Hilfe huldigt, dem werden weitere Erfolge gelingen. 31-33 Hiskia kriegt Besuch von Babel-Botschaftern. Gott verlässt ihn. Fortsetzung folgt bei Jesaja. Ganz Jerusalem kommt zu Hiskias Beerdigung.

33 1-8 Sohn Hiskias, Manasse wird König von Juda und treibt es schlimmer als alle, verbrennt seine Kinder, entweiht den Tempel, der Gegenwart Gottes. 9-16 König Manasse von Juda verführt das Volk, bekehrt sich aber dann und erkennt, dass Gott der einzig wahre Gott ist. Buße ist für jeden möglich. 17-19 Volk opfert auf Höhen dem HERRN. 20-25 Amon, der Sohn von Manasse, wird König von Juda. Er hat nichts von der Umkehr seines Vaters gelernt und wird ermordet. Das Volk ehrt ihn.

ALLES WIRD ZERSTÖRT ◉

34 1-7 Josia wurde mit 8 Jahren König. Mit 16 glaubte er an Jahwe. Ab 20 beseitigte er alle Fremdgötterbilder und reinigte kultisch das Land. 8-14 Josia renoviert Tempel mit Hilfe der Einnahmen des Tempels. Leviten = Bauaufsicht. Priester Hilkija findet Moses Originalgesetz des Herrn. 15-22 Gefundenes Gesetzbuch wird zum König gebracht. Er liest und erkennt, dass das Volk gegen Gott sündigt. Hulda soll Gott befragen. 23-28 Sie sagte im Auftrag Gottes: Weil ihr mich verlassen und euch Götzen zugewendet habt, wird alles zerstört. Der König jedoch erfährt Gnade. 29-33 König ließ alle kommen, um aus dem Buch des Bundes vorzulesen→ Liebt Gott und folgt seinen Geboten. Danach wurden Götzen aus Israel entfernt.

35 **1–8** Josia hält Passa. Die Leviten sollen Amt halten. Er opfert 30 000 Lämmer und Ziegen und 30 000 Rinder, andere 2600 und 3000. **9–15** Konanja und seine Brüder gaben den Leviten ihre Opfergaben und feierten zusammen das Passafest. **16–20** Erstes Passa mit Priestern, Leviten, Juda, Israel & Jerusalem, seit Prophet Samuel unter Josia, wird durch Angriff Ägyptens beendet. **21–23** Obwohl Necho versuchte, ihn abzuwimmeln, wollte Josia unbedingt gegen ihn kämpfen. Tja, das Ende vom Lied: Er wurde schwer verwundet. **24–27** Josia stirbt in Jerusalem. Sänger/innen singen Klagelieder – Josias barmherzige Taten stehen im Buch der Könige von Israel und Juda.

36 **1–7** König in Jerusalem: Josia → Sohn Joahas (verschleppt by Ägyptern) → Bruder Jojakim (eingesetzt by Ä., Taten missfallen Gott, Babel siegt). **8–13** Schlechte Zeiten für Israel und Juda: Jojakim, Jojachin, Zedekia – alles Könige, die Gott missfielen. Sie hörten nicht auf Prophet Jeremia. **14–20** Das Volk sündigt, wird gewarnt, sündigt weiter und wird schwer bestraft. Viele werden getötet, die Überlebenden werden versklavt. **21–23** GOTT ruft durch Jeremia ein siebzigjähriges Erlassjahr aus und erweckt Kyrus, den König von Persien zum Tempelbau in Jerusalem.

Das Buch Esra

⊘ ### DIE LEVITEN-SIPPE PACKT SELBST AN

1 **1-4** Gott befiehlt Kyrus, dem König von Persien, ein Gotteshaus in Jerusalem zu bauen. Dabei sollen alle gottesfürchtigen Menschen mithelfen. **5-11** Alle gaben, was sie hatten, für den Bau des Tempels zu Jerusalem. Am meisten gab der König.

2 **1-35** Zahl der Männer des Volkes Israels, die nach der Gefangenschaft zurückgekehrt sind: 22 890 insgesamt. **36-42** Geschlechtsregister mit den aus Babylon Heimgekehrten: 4289 Priester, 74 Tempeldiener, 128 Sänger und 139 Torhüter. **43-58** Auflistung aller Tempelsklaven und der Nachkommen der Sklaven Salomos – alle zusammen 392 Männer. **59-70** Einige, die mitkamen, wussten nicht, ob sie überhaupt aus Israel stammten. Insgesamt waren es 43 360 Personen. Der Wiederaufbau begann.

3 **1-3** Das Volk versammelte sich in Jerusalem. Einige bauten einen Altar an seiner früheren Stätte wieder auf, um für Gott zu opfern. **4-5** Laubhüttenfest wurde oft gefeiert. Dafür gab es bestimmte Regeln und es wurden viele Brandopfer gemacht. Alles zur Ehre & Freude Gottes! **6-9** Sie wollten opfern, ging aber nicht, keine Kirche. Spenden sammeln half nichts – also packte die Leviten-Sippe selbst an. **10-13** Als der Grund zum Tempel gelegt wurde, lobten viele den Herrn. Menschen freuten sich und weinten.

MISSACHTUNG WIRD HART BESTRAFT ⊘

4 **1-4** Volk Israels zurück aus der Gefangenschaft, baut Gott einen Tempel. Andere Völker wollen helfen. Israelis wollen Tempel allein vollenden. **5-12** Rehum und Schimschai schreiben Brief gegen Jerusalem an König Arthasata: +++ Juden bauen böse Stadt wieder auf +++ haben schon begonnen +++

13-18 Dem König kundgetan: Wenn die Stadt wieder aufgebaut wird, zahlt keiner mehr. Der König antwortet: Friede zuvor, euer Brief wurde verlesen. **19-24** Weil verhindert werden sollte, dass in Jerusalem wieder allzu mächtige Könige herrschten, wurde die Arbeit am Aufbau des Tempels gestoppt.

5 **1-9** Propheten weissagen den Juden. Juden bauen das Gotteshaus in Jerusalem wieder auf. Tattenai macht Ärger. Gott schützt die Juden. T. > Brief. **10-17** Nachdem Gott durch Nebukadnezar den Tempel von Jerusalem zerstörte, lies Kyrus ihn durch Scheschbazar wieder aufbauen, das dauert noch an.

6 **1-8** Das Edikt des Kyrus ermöglicht den Wiederaufbau des Jerusalemer Tempels. Die Anbetung Gottes kann wieder einen Ort haben. **9-15** Die Opfer zu Ehren Gottes sind nach strengen Regeln zu befolgen. Missachtung wird hart bestraft. Auch Könige müssen sich Gott unterwerfen. **16-22** Zurück aus der Gefangenschaft konnte der wieder aufgebaute Tempel eingeweiht werden. Ein großes Fest zur Ehre Gottes.

7 **1-11** Aus Babel zog der Schriftgelehrte Esra mit einigen Mitarbeitern nach Jerusalem. Die Hand Gottes war mit ihm. Er war ein treuer Mann. **12-21A** Artahsasta schickt Esra und Freiwillige nach Jerusalem. Sie sollen mit königlichem Gold Opfertiere kaufen und mit dem Rest Gottes Willen tun. **21B-28** Tut und gebt mit Hingabe, was Esra von euch fordert. Esra soll Richter einsetzen, jeder soll sein Urteil empfangen. Gelobt sei Gott.

MISCHEHEN WERDEN AUFGELÖST ◉

8 **1-11** Babel zur Zeit, als Artahsasta König war: Da zogen zahlreiche unserer Familien mit mir herauf. **12-19** Die Namen derer, die aus der babylonischen Gefangenschaft heimgekehrt sind. Und Esra gebietet, aus ihnen Diener für den Tempel abzuordnen. **20-28** Bei Ahawa baten wir Gott um Geleit für die gefährliche Reise. Und wir sammelten Edelmetalle für den Wiederaufbau des Tempels. **29-36** Gott beschützt einen Goldtransport zum Tempel nach Jerusalem. Ex-Gefangene opferten für Gott und des Königs Leute halfen dem Volk und Gott.

9 1-4 Bestürzung über die Vermischung des Volkes Israel mit den Völkern des Landes, nach der Gefangenschaft. 5-9 Ich schämte mich und betete zum Herrn, der uns nicht verlassen hat und uns aufleben lässt, damit es ein Bollwerk in Juda und Jerusalem gebe. 10-15 Herr, wir haben so viel Mist gebaut. Doch Du zeigst uns immer wieder Deine Gnade. Haben wir das verdient? Wir stehen in Deiner Schuld.

10 1-5 Schechanja zu Esra: Verstoßen wir alle ausländischen Frauen + deren Kinder und halten wir alle Gebote → Gott wird Israel retten. 6-12 Esra fastet aus Kummer, ruft Israel zusammen. Wirft ihnen Untreue gegen Gott vor und fordert die Trennung von Fremden. Das Volk akzeptiert es. 13-17 Wir haben ein Problem: Einige sind mit nicht-jüdischen Frauen zusammen, was Gott nicht gefällt. Wir müssen seinen Zorn abwenden. 18-24 Esra lässt die Mischehen zwischen Israeliten und Nichtisraeliten auflösen. Auch Priester waren darunter. Sie verstießen ihre Frauen. 25-44 Esra zählt namentlich auf, welche Männer aus dem Volk Israel gegen das Verbot der Mischehe verstoßen haben. Sie verstoßen Frauen und Kinder.

Das Buch Nehemia

SCHUTT STATT SCHUTZ

1 1-6 Als ich, Nehemia, vom Unglück Jerusalems hörte, klagte ich zu Gott: Erhöre mein Gebet für Israel! Wir alle haben gesündigt. 7-11 Wir haben gesündigt. Denk an Dein Versprechen, wir sind doch Deine Knechte, Dein Volk! Gib dem König Gnade, dass er besteht.

2 1-7 Ich war traurig, weil die Stadt meiner Väter in Trümmern lag. Und König Artahsasta erlaubte mir, dorthin zu reisen und sie wieder aufzubauen. 8-14 Materialbesorgung funktioniert dank Gottes Hilfe. Neider auf dem Plan. Nächtliche Baustellenbesichtigung von Stadtmauer, Toren, Königs Teich. 15-20 Nehemia untersucht in der Nacht die Mauern Jerusalems. Nix mehr da, nur Schutt statt Schutz. Mit Gott an der Seite startet der Neubau.

3 1-6 Das Schaftor, das Fischtor, das alte Tor und dazwischen die Mauer wurden wieder aufgebaut, gedeckt und Türen eingesetzt. 7-13 Bauarbeiten in Jerusalem. Melatja und ihre Nachbarn errichten ihre Häuser. 14-21 Überall wurden Tore und Mauerstücke gebaut, viele Hände halfen. 22-32 Und alle bauten nacheinander, jeder an seinem Platz. 33-38 Sanballat regt sich über die Juden auf: Wie können die nur! Tobija macht sich lustig – aber der Bau geht weiter. Steht schon bis zur Hälfte!

VERSCHWÖRERISCHER BRIEFWECHSEL

4 1-8 Nehemia: Unsere Feinde wollten Jerusalem zerstören, denn die Stadtmauer war kaputt. Wir beteten und stellten Wachen auf. Gott streitet für euch! 9-17 Einer von uns fing wieder an zu arbeiten – der andere hielt Wache. Jeder, was er am Besten konnte. Unsere Feinde merkten: Wir wussten, dass sie gegen uns ziehen.

5 **1-8** Aufruhr in der Stadt, da reiche Menschen die Frauen & Armen unterdrücken. Daraufhin ruft Nehemia zu einer Versammlung → Lösung. **9-13** Nehemia: Ihr sollt den Schuldnern ihre Schuld erlassen. Das versprechen die Israeliten. Wer sich nicht dran hält, bekommt Ärger. **14-19** Da Nehemia Angst vor Gott hatte, verzichtete er auf seinen Lohn, den die anderen Stadthalter angenommen hatten, um auszubeuten.

6 **1-5** Nehemia: Weil wir mit unseren Feinden Konflikte hatten, unterhielten wir uns nur durch unsere Boten. **6-11** Gerüchte kursierten und Morddrohungen. Sie wollten uns verunsichern, während wir unser Werk vollendeten. Ich ließ mich aber nicht unterkriegen. **12-19** Weissagung durch falsche Zungen. Linker Trick klappt nicht. Feinde merken, dass Gott hilft > entmutigt. Verschwörerischer Briefwechsel.

⊙ GOTT IST SOUVERÄN

7 **1-5** Der Mauerbau endet mit dem Einhängen der Türen. Wachen sind nötig. Es gibt wenig Einwohner, deshalb wird eine »Bestandsaufnahme« gemacht. **6-38** In Juda stehen nach der Rückkehr aus der babylonischen Gefangenschaft eine ganze Menge von Männern zur Verfügung. **39-42** Es sind auch viele Priester dabei: 973 + 1052 + 1247 + 1017 = 4289. **43-45** Außerdem einige Leviten, Sänger und Torhüter. **46-60** Salomo hatte sehr viele Sklaven! **61-72** Die Namen der Priester und Leviten, die den Tempeldienst tun sollen. Und das Volk spendet für sie – und dann die Volkszählung.

8 **1-6** Esra las von morgens bis mittags aus der Tora, wie das Volk es wollte. Und er lobte Gott und das Volk betete zu Gott. **7-13** Die Leviten lehren das Volk das Gesetz Gottes und fordern es auf, ein Freudenfest zu feiern, zu essen, zu trinken und die Speisen zu teilen. **14-18** Steht geschrieben, dass sie an dem Fest im 7. Monat in Laubhütten wohnen sollen. Menschen bauten sie und wohnten darin, lesen Tora 7 Tage lang.

9 **1-7** Am 24. Tag des Monats kamen die Israeliten in Säcke gehüllt zusammen. Sie fasteten, bekannten ihre Sünden, lobten Gott und beteten ihn an. **8-15** Nehemia: Gott ist souverän. Er ist ein gerechter Gott – hat unsere Väter in Ägypten vor Verfolgern, Wasser, Durst und Hunger gerettet und die 10 Gebote gesandt. **16-21** Die Väter gehorchten Gott und seinen Geboten nicht, aber dennoch kümmerte und sorgte Gott sich um sie. Sie waren nie allein. **22-26** Gott gab vielen Völkern nahrreiche und gute Ländereien. **27-31** Nehemia: Du gabst sie in die Hand der Feinde. Sie schrien um Hilfe. Du hörtest ihr Flehen + gabst Retter, immer wieder. Doch sie blieben nicht treu. **32-37** Großer Gott, bist treu & gerecht, wir aber waren gottlos, leben außerhalb deiner Ordnung. Jetzt haben wir den Salat.

> DIE HIGH-SOCIETY UND DIE
> AUSGELOSTEN

10 **1-28** Nehemia: Lasst uns eine feste Abmachung treffen und die Fürsten, Leviten und Priester sollen sie versiegeln und unterschreiben. **29-34** Jeder Mann, jede Frau und jedes Kind möge sich dem Gesetz Gottes anschließen und ein gerechtes Leben führen. **35-40** Die Israeliten und die Leviten regeln die Abgaben für die Priester und den Tempel. Es wird festgelegt, wer was und wie viel wann zu geben hat.

11 **1-8** Die High-Society und die Ausgelosten wohnten in Jerusalem. Insgesamt eine Menge Söhne von Söhnen von Söhnen. **9-19** Mannschaftsaufstellung und Jobdescription der verschiedenen Sippen. **20-36** Priester und Leviten bleiben in allen Städten Judas auf ihrem Erbteil. Die restlichen Sippen/Stämme/Sklaven teilen sich auf andere Orte auf.

12 **1-21** Es gab viele Sippen zu verschiedenen Zeiten verschiedenster Hohepriester. **22-25** Alle Namen der Häupter der Sippen der Leviten und die Priester wurden aufgezeichnet. Ihre Brüder befolgten, was David ihnen gesagt hatte. **26-36** Zur Zeit Statthalters Nehemia und Priesters Esra wurde die Mauer zu Jerusalem überaus festlich eingeweiht mit viel Musik. **37-43** Die Freude lässt sich hören in einem großen Chorgesang rings um die Stadt Jerusalem. Und alle waren tief ergriffen. **44-47** Damals bekamen die Priester, Leviten, Sänger, Torhüter vom Gesetz her Anteile an den Steuern. Denn: Juda freute sich über ihren Dienst.

13 **1-9** In dieser Zeit wurde das Mosebuch allen vorgelesen. Darin: fremdes Volk auszuweisen. Auch wurde ein Betrug aufgedeckt. **10-16** Ferner setzte sich die Steuerzahlung für die Leviten verlässlich durch sowie die Einhaltung des Sabbattages. **17-23** Nehemia: Dazu musste ich vor allem die Händler und Vornehmen scharf ermahnen und die Sabbatbrecher ausschließen. Ich entdeckte Mischehen. **24-31** Auch dagegen ging ich scharf vor. Ich verjagte sogar den Sohn des Hohenpriesters wegen seiner ausländischen Frau. Alles war jetzt geordnet.

Das Buch Ester

MORDECHAI VEREITELT ANSCHLAG

1 **1–9** König Ahasveros herrschte über 127 Länder und veranstaltete große Festmahle mit viel Prunk und Protz für alle Menschen seines Volkes. **10–16** Ahasveros will mit seiner schönen Königin Waschti prahlen. Sie weigert sich. Er ward böse über ihren Widerstand, denn sein Wort ist Gesetz. **17–22** Ahasveros' Ehe ist Vorbild für das Land. So nahm er sich ob der Königin Widerstand eine neue, bessere Frau, denn der Mann sei Herr im Haus.

2 **1–8** Ahasveros darf unter den schönen Jungfrauen des Landes eine neue Frau wählen. Auch Ester, die Adoptivtochter Mordechais steht zur Wahl. **9–14** Im Harem wurden alle Frauen Monate lang gepflegt und schön gemacht, bis sie dem König vorgestellt würden und er eine beim Namen rufen würde. **15–23** Ester, die ihre jüdische Herkunft verschweigt, wird zum König geführt. Er macht sie zur neuen Königin. Mordechai vereitelt einen Anschlag.

LISTIGER HAMAN LÜGT

3 **1–6** Der König setzte Haman zu seiner Rechten, doch Mordechai beugt sich nicht. Haman wird böse und will gleich das ganze Judenvolk vernichten. **7–11** Der listige Haman lügt dem König vor, das verstreute Volk der Juden höre nicht auf seine Gesetze und Ahasveros lässt ihn tun, was er will. **12–15** Und Haman befiehlt mit dem Siegel des Königs, alle Juden zu töten und zu plündern, und es solle Gesetz sein.

4 **1–8** Als Mordechai hört, dass sein Volk leidet, zieht er klagend vor das Tor des Königs, auch um Ester von den Taten zu berichten. **9–17** Ester bittet Mordechai, die Juden zu versammeln. Sie wird entgegen dem Gesetz und in Todesgefahr zum König gehen und mit ihm sprechen.

5 1-7 Der König ist gnädig mit ihr und hört sie an. Ester bittet ihn und Haman abends zum Mahl, um Tacheles zu reden. 8-14 Und Haman glaubt angesehen zu sein, doch der sitzstreikende Jude Mordechai stört ihn und so lässt er einen Galgen für ihn aufbauen.

> MIT DES KÖNIGS SIEGELRING

6 1-6 König Ahasveros belohnt Mordechais Loyalität für die Warnung vor dem Anschlag, zeigt sich barmherzig. Doch Haman denkt, die Ehre sei sein. 7-14 Da sprach Haman: Der, der den König ehren will, soll wie der König selbst behandelt werden. Der König tat es so mit Mordechai.

7 1-5 Königin Ester bittet, König Ahasveros beim Mahl um ihre und ihres Volkes Freiheit, denn sie werden verfolgt. Der König ist entsetzt. 6-10 Ester: Es ist Haman, der mir Gewalt antut. Voller Gram lässt der König Haman an Mordechais Galgen hängen und ward zufrieden.

8 1-7 Der König schenkt Ester das Haus des Judenfeindes Haman und verspricht den Juden Schutz. 8-12 Mit des Königs Siegelring erlaubte er den Juden, sich zu verteidigen mit aller Macht. 13-17 Der Tag der Rache der Juden sollte Gesetz werden. Und während die Juden feierten, wurde mancher Feind nun aus Angst selbst Jude.

9 1-11 Unter Mordechais Führung töteten die Juden viele ihrer Feinde, doch plünderten sie nicht. 12-18 Der König sprach zu Ester: Die Juden hatten ihre Rache, was willst du noch? Sie sollen Ruhe haben vor ihren Feinden, verlangte Ester. 19-25 Mordechai schrieb die Geschichten um die Juden, Haman, König Ahasveros und Ester auf und die Juden machten Feiern und Geben zum Brauch. 26-32 Diese Festtage, die zum Brauch wurden, nannten die Juden Purimfest.

10 1-3 Der König Ahasveros legte eine Steuer auf und übertrug Mordechai Macht, der überall beliebt war, da er nur das Beste für den Stamm wollte.

Das Buch Hiob (Ijob)

⊙ HIOB ERREICHT EINE
HORROR-MELDUNG

1 **1–4** Hiob aus Land Uz war rechtschaffen, gottesfürchtig – hatte 7 Jungs, 3 Mädels – sehr wohlhabend. Jungs machen große Party und laden die Schwestern ein. **5–12** Satan zu Gott: Hiob ist nur deshalb so fromm, weil er so reich ist! Verliert er alles, ist es auch mit dem Glauben vorbei. Gott hält dagegen. **13–22** Hiob erreicht eine Horror-Meldung nach der anderen. Seine ganze Familie ist tot, er verliert alles – nur nicht seinen Glauben an Gott.

2 **1–9** Alte Vorstellung: Gott hat einen Hofstaat. Auch einen Generalankläger, Satan, der sagt: Keiner ist Dir treu, Gott. Gott wettet, dass doch. **10–13** Hiob ermahnte seine Frau, den Glauben nicht zu verlieren. Seine Freunde kamen, um ihn zu bemitleiden. Sie waren schockiert, ihn so zu sehen.

3 **1–12** Hiob verflucht den Tag seiner Geburt und fragt sich, weshalb er nicht starb, sondern von seiner Mutter angenommen wurde. **13–26** Wer lebt, muss sich mit seinem Leid befassen. Nur die Toten haben Frieden, denkt Hiob. Fragt sich, warum es dann Momente der Freude gibt.

4 **1–10** Hiobs Freund Elifas ermahnt ihn: Anderen hast du geholfen, jetzt wo's dir doof geht, klappst du zusammen. Bist wohl doch nicht so unschuldig, wie du denkst. **11–21** Elifas weiter: Der Gedanke gruselt mich, dass wir Gott nicht gerecht werden können. Und als Ungerechte werden wir eben – bestraft. Wie du, Hiob.

5 **1–14** Das Schlimme: Der Mensch produziert sein Leid selbst und du kannst nichts dagegen machen! Einziges Verhalten: Wende dich an Gott. **15–27** Elifas rät: Wenn du dich nur stark genug an Gott hältst, dann wird dir weniger Leid geschehen. Tust du das nicht, hast du mehr Leid.

⊙ KRAFTLOS UND TODESSÜCHTIG

6 **1-14** Hiob antwortet: Gott hat mich verlassen, nicht umgekehrt. Ich bin kraftlos geworden, todessüchtig und ohne Beistand. **15-30** Labert mich nicht zu! Hiob wehrt sich gegen Besserwisserei von oben herab. Er ist sauer und würde am liebsten zurückfechten: Er lügt nicht.

7 **1-10** Hiob ist deprimiert: Man macht und tut und bemüht sich täglich – und es wird einem nicht gelohnt im Leben. Am Ende steht der Tod. **11-21** Ich bin fertig, will klagen, keiner hilft mir. Tod ist besser als mein Leben. Werde immer geprüft. Vergib meine Schuld. Ich töte mich.

8 **1-12** Hiobs Freund Bildad zu Hiob: Glaubst du, Gott richtet zu unrecht? Sei rein und fromm, wende dich zu Gotte, dann wird alles gut. **13-22** Wer Gott vergisst, hat keinen festen Stand und bleibt auf Dauer nicht. Der Fromme aber darf sich am Ende freuen.

9 **1-19** Bildad will, dass Hiob sich vor Gottes Größe beugt. Hiob: Das tue ich; denn Gott beugt mich durch Gewalt und Unheil nieder. **20-35** Ich leide unschuldig, sagt Hiob, und erkennt: Es gibt keinen Zusammenhang zwischen dem, was einer tut, und dem, wie es ihm danach ergeht.

HIOB MÖCHTE NIE GEBOREN SEIN ⊙

10 **1-12** Hiob hadert mit seinem Schicksal und mit Gott. Gott hat ihn doch erschaffen, will er ihn jetzt zugrunde gehen lassen? Ewige Frage: Wie kann der Schöpfer sein eigenes Geschöpf quälen? **13-22** Was ist das für ein Leben? Vor allem, wenn man denkt, nach dem Leben kommt Finsternis, Chaos. Man möchte nie geboren sein.

11 **1-11** Hiobs Freund Zofar sagt: Das ist alles Quatsch! Kennst du Gottes Weisheit? Weist du, was er dir mit deinem Leiden zeigen will? **12-20** Wer in Gott ruht, ruht in sich und sorgt sich nicht.

12 **1-12** Hiob fragt nach Weisheit: Ihr wiederholt nur das auswendig gelernte Althergebrachte. Ich merke: Im Unglück muss es sich bewähren. **13-25** Man kann Gottes Wege nicht mit Menschenweisheit erkennen oder gar manipulieren, sagt Hiob. Von Gott kommt das Gute und das Böse.

13 **1-13** Ihr nervt!, sagt Hiob seinen Freunden. Ihr redet nur, aber ich erlebe das hier gerade mit Gott! **14-28** Hiob ruft zu Gott: Kämpfe nicht aus dem Hinterhalt mit mir. Zeig dich offen, ich steh auch offen vor dir, Gott.

⊙ TOT SEIN HEISST OHNE BEZIEHUNG UND KONTAKT SEIN

14 **1-12** Hiob fragt Gott: Soll das Leben so sein? Dies Menschenleben gibt es nur ein einziges Mal. Und es ist kurz genug. Mit dem Tod ist alles aus. **13-22** Tot sein heißt ohne Beziehung und Kontakt zu sein. Das kann einen schon im Leben treffen. Hiob klammert sich an seine Lebenshoffnung.

15 **1-19** Elifas: Du bist arrogant! So redet einer, der seine eigene Schuld vertuschen will. Und vor Gott ist jeder schuldig. **20-35** Du klingst wie einer dieser Trotzigen, die gegen Gott wettern, damit sie ihr eigenes Recht durchsetzen. Zahlt sich aber nicht aus.

16 **1-11** Hiob: Als guter Freund tröstest du mich, indem du meinen Schmerz mit mir teilst und meine Zerrissenheit und Wut erträgst. **12-22** Gott, der viel größere, treibt mich gewaltsam vor sich her. Ich bin sein Spielball. Er weiß, dass es so ist, auch wenn du es nicht siehst.

17 **1-16** Hiob ist ohne Halt im Leid. Ohne Halt zu sein ist auch schlimmes Leid. Keine Hoffnung, kein Ausweg durch Rechtschaffenheit. Das Ende?

18 **1-12** Freund Bildad will an der Lebensregel festhalten: Dem Frommen wird es gut ergehen, dem Nichtsofrommen nicht so gut. **13-21** Unglück geschieht nur dem, der sich Gottes weiser Führung nicht anvertraut. Niemandem sonst, denkt Bildad.

19 **1-16** Hiob ist fassungslos und wehrt sich gegen billigen

Tadel, der sich auch noch als Trost verkleidet.

NICHT MEHR ALS EIN WURM

17-29 Hiob klagt in heftigen Worten über sein Leid. Aber er gibt Gott nicht auf: seine Adresse für Klage und Erwartung der Erlösung vom Leid.

20 **1-15** Freund Zofar: Das weiß doch selbst einer, der Gott nicht vertraut, dass das Leben tödlich endet. Deshalb lerne und zeige Demut vor Gott. **16-29** Wer Gott hinter sich lässt, geht an sich selbst zugrunde. Der übersieht das Gute und verfällt der Sünde. Nichts kann seine Sehnsucht stillen.

21 **1-18** Der Gläubige vertraut, wie Hiob, auf Gott. Der Gottlose vertraut auf sein flüchtiges Glück. **19-34** Hiob wehrt sich gegen Scheinheiligkeit, die sich als Weisheit verkleidet. Von seinen Freunden ist er enttäuscht.

22 **1-14** Nur für Gott fromm und gottgefällig – so geht das nicht, sagt Elifas. Das tust du für dich selbst. Denn dann ergeht es dir auch gut. **15-30** Unglück kommt nur, wenn man mit Gott im Unreinen ist. Mach Frieden mit Gott, unterwirf dich, dann geht es dir wieder gut. Denkt Elifas.

23 **1-17** Hiob hat das Gefühl, dass sich Gott nicht so einfach handhaben lässt. Eigentlich gar nicht. Seine Macht kann übermächtig werden. *Schreck*.

24 **1-13** Herr, wie kann es sein, dass die Mächtigen rauben, töten und unterdrücken dürfen und du wendest dich ab? **14-25** In allem Bösen, das passiert, kann man nur erkennen, wie verborgen Gott ist. DAS ist mein Leid, sagt Hiob.

25 **1-6** Ja genau, sagt Bildad. Vor Gott gilt nichts. Du Mensch, bist nicht mehr als ein Wurm für ihn.

26 **1-14** Hiob: Na toll! Und das soll ich begreifen? Ich gebe nicht auf, die Sinnlosigkeit zu beklagen!

27 **1-12** Hiob: Auch wenn Gott unfair scheint, werde ich nix Falsches sagen. Ich halte an meiner

Gerechtigkeit fest. Warum sollte ich Gott anschreien? **13-23** Ich weiß, wie man mit seinem Besitz gerecht umgeht. Das unterscheidet mich von einem, der Gott nichts zutraut und raffgierig ist.

28 **1-14** Hiob ist überzeugt: Die Geheimnisse der Natur kann der Mensch enträtseln und nutzbar machen – die Weisheit Gottes aber nicht. **15-28** Die Weisheit ist so alt wie die Erde – aber kostbarer als alle Bodenschätze. So verborgen ist sie.

29 **1-14** Hiob sehnt sich nach der Zeit, in der er aufrecht war und angesehen von den Leuten. **15-25** Hiob: Ich bin da, wo ich gebraucht werde. Meine Hilfe wird denen zu Teil, die Hilfe brauchen, egal welcher Art die Hilfe sein soll.

⊙ JEDE VERDRECKTE PORE AN MIR SCHREIT NACH GOTT

30 **1-15** Hiob fühlt sich wie das Letzte. Verachtet, gedemütigt, klein. **16-31** Hiob: Ich sitze im Dreck, werde selber schon zu Dreck. Immer noch schreie ich nach Gott. Jede verdreckte Pore an mir schreit nach Gott.

31 **1-12** Ich bemühe mich um ein rechtes und aufrichtiges Leben in Gottes Sinne. Und sollte mir es nicht gelingen, so mögen andere davon profitieren. **13-24** Ich habe mich nicht falsch verhalten, sondern gerecht, großzügig, solidarisch. Das weiß Hiob. **25-34** Selbst denen, die nicht zu seiner Gemeinschaft gehören, habe ich geholfen. Selbst meinem Feind. Das weiß Hiob auch. **35-40** Jemand soll mich hören, Gott soll antworten. Ich will die Anklage ertragen und verantworten. Ich wollte ihm gehorchen. Ende der Worte Hiobs.

32 **1-10** Elihu, der jüngste Freund von Hiob, mischt sich ein: Ich wollte zuerst den Älteren Hiob raten lassen. Aber – Alter schützt vor Torheit nicht. **11-22** Elihu: Alles Zureden der ach-so-weisen Alten bringt Hiob gar nichts. Jetzt will ich mir mal Luft machen!

JEDES NOCH SO KAPUTTE LEBEN WIRD AUS DEM TOD ENTRISSEN ⊙

33 **1-6** Elihu: Hiob, höre doch, ich habe aufrichtig geredet. Antworte mir, wenn du kannst. Wie du, so bin auch ich von Gott gemacht. **7-20** Elihu: Gib Gott nicht auf, weil du keine Antworten findest. Gott redet auf viele Weisen mit uns: auch durch Krankheit, Schmerz und Leid. **21-33** Darauf kann man sich doch verlassen: Jedes noch so kaputte Leben entreißt Gott zwei/dreimal aus den Händen des Todes. Der Kluge sieht das.

34 **1-11** Auch Elihu möchte an der Lebensregel festhalten. Er sagt: So wie du handelst, so wird es dir im Leben auch zurückgezahlt von Gott. **12-25** Darin ist Gott gerecht, dass er auch die Mächtigen und Arroganten zu Boden stößt. Durch sein Gericht ist Gott gerecht. **26-37** Wenn Hiob die Gerechtigkeit Gottes im Gericht anzweifelt, dann ist er Gottes Feind, sagt Elihu.

35 **1-16** Du bist egoistisch, denkst nur an dein Leid, wirft Elihu Hiob vor. Es gibt auch noch viel Schönes auf Gottes Welt.

36 **1-12** Elihu: Gott ist doch auf der Seite der Leidenden. Erkenne ihn, er hat sich nicht verborgen. Vielleicht will er dir durch das Leid was sagen. **13-24** Lass dich in elender Lage nicht wie Gewissenlose aus der Ruhe in Gott bringen, weder durch die Wut im Bauch noch durch krumme Geschäfte. **25-33** Gott ist größer als wir es uns vorstellen können. Niemand versteht, wie er die Welt regiert. Er sagt vor Strafe Bescheid, wenn er sauer ist.

37 **1-13** Gott steckt hinter allem. Sieh dir nur die geordnete Natur an, selbst wenn sie bedrohlich ist: So ist Gott. **14-24** Hiob, die Wunder des Allmächtigen kannst *&* darfst du nicht kennen. Er ist für uns unerreichbar. Wir müssen ihn fürchten.

38 **1-17** Gott an Hiob wie Donnerhall: Warst du bei der Schöpfung dabei? Kennst du meine Gedanken oder meine Macht? **18-27** Weißt du, wie vielfältig die Erde ist? Weißt du, wo das Licht *&* die Finsternis wohnen? Weißt du, woher die Gezeiten kommen? **28-38** Hier wird ein bisschen Demut angemahnt – angesichts der ungeheuren Komplexität der Schöpfung. **39-41** Wer Hunger hat, steht vor großen Fragen, wie bekomme ich etwas zu essen? Wie bekomme ich meine Kinder satt?

39 **1–15** Die Natur ist ungebärdig, wild und für den Menschen kaum berechenbar – sie funktioniert nach ihren eigenen Gesetzen. **16–30** Es scheint, als wären die Tiere frei – aber es fehlt ihnen das Bewusstsein ihrer Freiheit; Gott hat ihnen keine Vernunft gegeben.

40 **1–4** Gott der Herr spricht zu Hiob: Wer will mir Vorschriften machen? Hiob antwortet: Ich nicht. Ich schweige lieber. **5–17** Gott an Hiob wie Donnerhall: Auch du, Mensch, bist Natur, meine Kreation. Egal wie du dich aufspielst. **18–32** Kannst du die Natur zähmen, so dass sie harmlos wird und keine Katastrophen mehr anrichtet? Versuch es! Und es wird schlimmer werden.

41 **1–13** Die Natur ist großartig, gewaltig und gefährlich. Du musst dir ihr gegenüber klein vorkommen. Und abhängig. **14–26** Die Natur ist mächtig über dir.

42 **1–5** Hiob an Gott: Du kannst total alles. Ich habe dumme Sachen geredet. In Zukunft will ich Dich mehr fragen. Toll, dass ich Dich gesehen habe! **6–8** Ich bin schuldig und büße dafür. Gott: Elifas, ich bin wütend auf dich und deine Freunde, ihr habt mir unrecht getan. Macht es bei Hiob wieder gut. **9–17** Hiob vergibt seinen »guten Freunden«. Gott segnet ihn mit Reichtum, Ansehen, Glück und Familie. Hiob stirbt am Ende lebenssatt.

Der Psalter

1 **1-6** Geh nicht zu den Miesmachern! Lies vergnügt in Gottes Gesetzen. Das ist wie ne warme Dusche. Alles wächst und gedeiht. Die anderen vertrocknen.

2 **1-12** So gottlos die Mächtigen! Sie sollten nicht Gottes Zorn riskieren und umkehren. Denn Gott lacht zuletzt und schickt seinen Sohn – als König.

3 **1-9** Ich fürchte mich nicht.

4 **1-9** Ein Lied von David. Musikarrangement: Saitenspiel – keine Drums (:-): Bei Dir, Gott, fühle ich mich sicher!

5 **1-13** Herr, eigentlich habe ich Angst. Drum bitte ich dich, die zu bestrafen und ferne zu halten, die mir Übel wollen. Leite mich und sei gerecht.

6 **1-11** Ein Lied Davids: Bin sooo traurig und k.o., überall Feinde. Hilf mir! – Ja, er tut es. Mit meinen Feinden soll es aus sein.

7 **1-9** Gott, rette mich vor den Verfolgern. Hätte ich was verbrochen, ja ok, dann sollen sie mich killen. Aber du bist doch ein gerechter Richter! **10-18** Bosheit lohnt sich nicht! Die schießen sich letztlich alle selbst ins Knie! Bumerangeffekt! Danke Gott, dafür sorgst du schon! Du Gerechter!

8 **1-10** Aus allen Munden erklingt ein Lob dem Vater. Alles wurde wunderbar von ihm geschaffen. Gott ist groß und herrlich, unser guter Hirte.

9 **1-12** Juhu! Super, Gott! Du hast sie alle platt gemacht, die Verbrecher! Du stehst auf unserer Seite, bei den Armen. Deshalb glauben wir an Dich! **14-21** Vergiss nicht die, die Dich nicht vergessen, Gott. Ewig und groß bleibst nur Du, nicht das Elend, nicht die Sorgen oder Widersacher. Nur Du.

10 1-9 Schrecklich, was einem alles Schlimmes passieren kann! Lass mich damit nicht allein, Gott, ich brauche Dich hier! 10-18 Gott soll sich um alle kümmern, denen es schlecht geht. Die Heiden sollen bestraft werden.

11 1-7 Ein Lied des David: Ich traue auf den Herrn, denn er sieht alles und prüft jeden. Er wird mit Gerechtigkeit richten.

12 1-9 Die Menschen sollen zurück zu Gott und Glauben finden. Sie sollen Hilfe in ihrer Religion finden.

13 1-6 Herr, wieso verbirgst Du Dich vor mir? Wie lang soll ich mich noch sorgen und fürchten? Sieh mich an und hilf, denn Du bist so gnädig.

14 1-7 Menschen, die behaupten, es gäbe keinen Gott, sind Lügner. Gott ist aber allgegenwärtig!

15 1-5 Wer steht in Gottes Gnade? Der, der Rechtes tut, nicht lügt, seinen Nächsten liebt und der sich für andere zurückstellt.

16 1-11 David: Gott, ich traue auf Dich! Es gibt keinen Besseren als Dich, du bekommst mein Erbe, Du leitest mein Leben!

17 1-9 Ich gebe mein Bestes und hoffe, dass es gut genug für Dich ist. So will ich leben. Hilf mir dabei, Gott. 10-15 Ich gebe mein Bestes für dich. Aber ich lebe unter Leuten, die nur an sich denken. Hilf mir meinen Weg zu gehen ohne Rückschlag.

18 1-15 Gott ist Mr. Lover. Auf den kann ich mich verlassen und – man!, was ich schon alles mit ihm erlebt hab. Gott ist wie eine Naturgewalt. Boah! Mit Gott gehen ist, wie durch alle Elemente der Natur zu gehen, aber sicher. Gerechtigkeit pur. Leben pur. Licht pur. Gott ist mein Airbag. 33-42 Unser Equipment von Gott: Kraft, Tadelloses Führungszeugnis, Durchsetzungsvermögen, Ausdauer, Konfliktstärke. Gegner haben keine Chance. 43-51 Jetzt kann ich sogar auftrumpfen, weil Du mir hilfst. Mir kann keiner was, egal wie hinterhältig. Danke.

19 1–15 Die Himmel erzählen die Ehre Gottes, denn alles was von ihm kommt, ist rein, vollkommen und ewiglich. Er ist Fels und Erlöser.

20 1–10 Ich möchte, dass Gott dir beisteht und sich deiner annimmt. Sollst sehen, wir werden darüber jubeln. Wir halten Stand, das gibt Power.

21 1–14 Der König hofft auf den Herren. Der Herr soll Gerechtigkeit bringen und alles zum Guten wenden.

22 1–12 Mein Gott, warum hast Du mich verlassen? Ich aber bin ein Wurm und kein Mensch, die Leute verachten und verspotten mich. »Er klage es dem Herrn«. 13–24 Ich bin von wilden Tieren umgeben! Herr, hilf mir und ich will dich loben und dein Wort verbreiten! 25–32 Gott hat mir geholfen. Hört ihrs alle? Ich will helfen. Dann kapieren irgendwann alle überall, dass eine andere Welt möglich ist – in Gott!

23 1–6 So ist Gott: er schaut nach mir, sorgt, nährt, erfrischt, orientiert, rettet, tröstet, nimmt Angst, verwöhnt. Bei ihm ist Party ohne Ende.

24 1–10 Gott stellt uns seine Erde zur Verfügung, verlangt aber Ehrlichkeit. Dafür will er uns segnen und bei uns sein.

25 1–9 Mein Gott! Täglich hoffe und harre ich auf Dich; lass mich nicht zuschanden werden. Gib mich Deiner Wahrheit und lehre mich Deine Steige. 10–22 Israel soll aus all seiner Not geholt werden, da es immer auf den Bund und die Gebote von Gott geschworen hat und will nun erlöst werden.

26 1–12 Schau in mich rein: Ich hab nichts verbrochen. Ich hab Abstand zum Sumpf und geh sogar in die Stätte Deines Hauses. Da musst Du mir doch helfen, Mann!

27 1–5 GOTT gibt mir Kraft und ist mein Heil. Nichts muss ich fürchten, er beschützt mich. Ich erbitte allein, Gott zu dienen und an ihn zu glauben. 6–14 Ich bete zu Gott: Erhöre mich, verlass mich nicht, zeig mir Deinen Weg! Ich werde Gottes

Güte sehen im Land der Lebendigen. Harre des Herrn!

28 **1-9** Davor: Schweig nicht, Gott, wenn ich flehe! Das bringt mich um! Ich bin doch nicht böse! Danach: Du hast mich gehört! Ich bin so froh! Yeah!

29 **1-11** Gott allein die Ehre! Sein Wort schuf alles und wirkt alles, vom Anfang der Welt bis in Ewigkeit. Er wird sein Volk stärken und segnen.

30 **1-13** Gut, dass Du mich nicht hast verrecken lassen Gott. Sonst könnte ich dir jetzt keine Lieder singen! Danke, dass Du nie lange sauer bist!

31 **1-12** Herr, ich vertraue dir, bitte rette mich und hilf mir. Du hast mich erlöst und bist mein Schutz und ich bin frei. Aber nun bin ich schwach. **13-25** Herr, ich bin am Boden zerstört. Neider und Mobber umgeben mich. Ich bin verzagt, dennoch hoffe ich auf Dich. Hofft doch alle auf ihn.

32 **1-11** Schuld mit sich rumschleppen, das macht voll fertig, Gott. Danke, dass ich Dir alles sagen kann und Du Sünden vergibst. So kann ich leben!

33 **1-10** Los, greift in die Saiten und singt ihm. Denn er veräppelt dich nicht. Er sorgt für Recht und Ordnung. Respekt! Er kann es einfach! **11-22** Er hält die Zügel und hat den Überblick. Sei nur Kanzlerin oder Superstar oder BMW-Fahrer. Du hast dein Leben nicht in der Hand! Nur er!

34 **1-11** Das sagt David über Gott: Ich lobe Gott, tut ihr es auch! Gott ist für den da, der ihn sucht & ruft. An seinem Tisch ist man satt. **12-23** Es gibt viel Böses in der Welt. Lass dich da nicht reinziehen. Gott belohnt es, wenn wir zugunsten von Gerechtigkeit verzichten.

35 **1-14** Herr, bitte hilf mir im Krieg gegen die Bösen, welche mich grundlos angegriffen haben. Ich war Dir auch immer treu und habe nicht gesündigt. **15-28** Herr, sie freuen sich, wenn ich wanke und wenn es mir schlecht geht – und sie hassen mich ohne Grund. Hilf mir Herr und errette meine Seele.

36 1–13 Ach, wie fies und brutal sind die Gottlosen! Aber Deine Güte, Gott, ist weiter und höher, tiefer und fester als alles andere, Du mein Schutz.

1–11 Man soll sich nicht entrüsten, sondern sein Leben leicht leben. Denn wenn man Gott folgt, ist man auf dem richtigen Pfad. 12–21 Der Herr wird sich von den Gottlosen abwenden. Der Gerechte aber kann seiner Gnade sicher sein. 22–30 Wer an Gott glaubt und sich sozial verhält, wird von ihm gut behandelt und darf bleiben. Die Ungläubigen müssen leiden und werden vernichtet. 31–40 Gott bewahrt den Gerechten. Hab nur Geduld. Des Gottlosen Tun währt nicht lange. Der HERR wird den Gerechten vor dem Gottlosen erretten.

1–13 Psalm Davids zum Gedenkopfer: Herr, Du brauchst mich nicht zu strafen. Meine Sünden sind eine schwere Last, die meinen Körper krank macht. 14–23 Ich komme mir so hilflos vor. Ich bereue

mein Versagen, aber meine Feinde wünschen mir nur Schlechtes. Hilf, Herr, auf Dich vertraue ich.

39 1–14 Gott allein ist Tröster, Helfer, Zuflucht in allen Nöten und in der Nichtigkeit des Menschenlebens. Zu Dir, Gott, schreie ich! Erhöre mich.

40 1–10 Ich war voll abgestürzt. Jetzt hab ich neuen Boden unter den Füßen. Durch Gott. Er verlangt kein frommes Getue. Nur Vertrauen + Gerechtigkeit. 11–18 Ich erzähl von Dir. Aber ich hab auch Angst, dass ich rückfällig oder ausgelacht werde. Da kannst Du doch was dagegen machen, oder? Bitte!

41 1–14 Todkrank liege ich da. Alle zerreißen sich das Maul über mich: selbst schuld. Und mein Freund ist weg. Hört das nie auf – erst oben bei Dir?

42 1–12 Alles, was ich zum Leben brauche, ist Gott. Er wird mir immer helfen und lässt mich nicht im Stich.

43 1–5 Gott steh mir bei, denn die Aufgabe, die vor mir liegt, ist sehr schwierig. Mit Deiner Hilfe kann ich es schaffen und werde Dir ewig danken.

44 1–11 Lied der Söhne Korach: Du hast uns geschützt und gefördert, wieso verlässt Du uns nun, wir müssen fliehen und werden beraubt. 12–27 Gott, wir werden verspottet, getötet und gelästert – trotzdem glauben wir an Dich und hoffen, dass du Dich bald zeigst und uns hilfst.

45 1–9 Lied zur Vermählung: Wahrheit, Sanftmut, Gerechtigkeit erhöht nicht nur das Volk, die Braut, sondern ebenso seinen Herrscher, den Bräutigam. 10–18 Höre Tochter, lass alles stehen und liegen – der König verlangt nach deiner Schönheit. Deine Zukunft ist verheißungsvoll. Du wirst berühmt.

46 1–12 Gott ist immer mit uns und schützt uns. Selbst wenn die Welt unterginge, müssten wir uns nicht fürchten. Denn wir haben die Zuversicht Gottes.

47 1–10 Jubelt zu Gott! Feiert ihn! Denn er ist es, der uns erwählt hat! Singt, denn wir sind die starken Nachfolger Abrahams und mit Gott unbesiegbar.

48 1–15 Psalm schildert die Größe Gottes, die unvergleichlich ist und über allem steht. Gut ist beraten, wer auf Gottes Ewigkeit baut.

49 1–12 Söhne Korachs singen an alle: Wenn dir jemand böses will, tue ihm nichts Böses an, denn Gott wird der Richter sein. 13–21 Alle Menschen müssen sterben, egal ob reich oder nicht. Aber nur die Toren bleiben bei den Toten und die Frommen werden erlöst.

50 1–11 Gott, der Mächtige, spricht. In Zion beginnt der Glanz. Versammelt meine Heiligen, die mir Opfer bringen. Opfer sind sinnlos. Mir gehört sowieso alles. 12–23 Wenn du dein Leben nach Gott ausrichtest, wird es dir gut ergehen. Missachtest du seine Gebote, ergeht es dir schlecht. Gott ist der Weg.

51 1–12 Psalm Davids bei Batseba (mit Nathan). Guter Gott, tilge meine Sünden. Gib mir bitte die Wahrheit und Weisheit. Ein reines Herz und Geist. **13-21** Lass mich nicht allein und hilf, dass ich nur positiv über Dich berichte.

52 **1-11** Davids Lied: Durch Bosheit willst du raffen? Gott wird dich bestrafen! / Ich verlass mich auf Gottes Güte, dass er mich und alle behüte.

53 **1-7** Auf der Erde ist niemand, der klug genug ist, nach Gott zu fragen. Doch Gott wird das Volk Zions retten. Das würde Jakob erfreuen.

54 **1-9** Song von David als Gebet an Gott, als Saul ihn töten will: David weiß Gott bei sich, diese Hilfe tröstet und gibt Kraft, das durchzustehen.

55 **1-13** Gott, erhöre mein Gebet, wie ich so ruhelos klage und heule, denn der Feind schreit und der Gottlose bedrängt mich. **14-24** Der Tod übereile sie, denn es ist lauter Bosheit in ihnen. wirf dein Anliegen auf den Herrn, der wird dich versorgen.

56 **1-14** Verlass dich auf Gott. Hoffe auf ihn. Bekenne dich zu ihm. Wenn du das tust, verschwinden deine Ängste, Sorgen und auch deine Peiniger.

57 **1-12** Ich will Gott loben und preisen und bitte ihn, mir gnädig zu sein und mich zu retten aus meiner Not.

58 **1-12** Die Mächtigen sind im Unrecht, wenn sie lügen. Der gerechte Gott wird über sie richten, damit der gerechte Mensch vergolten wird.

59 **1-10** Errette mich von meinen Feinden. Meine Stärke, zu dir will ich mich halten, denn Gott ist mein Schutz. **11-18** Gott und der Glaube an ihn machen die Angriffe der Feinde wirkungslos.

60 **1-14** Gott, Du hast uns verstoßen und die Erde erschüttert, tröste und heile uns. Steh uns bei, denn Menschenhilfe nützt uns nichts.

61 **1-9** Lied von David: Herr höre mich, ich habe Angst. Du bist meine Zuversicht. Ich stelle mich in

Deinen Dienst – Tag für Tag. Das gelobe ich.

62 1-13 Meine Seele ist stille zu Gott, meine Hilfe, Hoffnung, Heil, Ehre, Stärke, Zuversicht. Verlasst euch nicht auf die Welt. Gott allein ist mächtig.

63 1-12 Wüsten-Song von David: Meine Seele dürstet nach Dir. Ich will Dich preisen mein Leben lang. Du gibst Kraft und wirst Lügenmäuler strafen.

64 1-11 Psalm Davids: Wer anderen eine Grube gräbt, fällt selbst hinein!

65 1-14 Gottlob in der Stille: Du erhörst Gebet. Vergebung der Erwählten, Gerechtigkeit, Zuversicht, Kraft & Macht. Deine Fußstapfen triefen von Segen.

66 1-10 Lobt Gott, verherrlicht ihn. Tolle Werke tat er, beherrscht die Natur und half seinen Leuten. Von ihm ist alles und alle abhängig. Lobt ihn. 11-20 Ich wurde schwer geprüft und geläutert, aber Du hast uns herausgeführt. Gott hat

mich erhört. Gelobt sei Gott, der mir seine Güte zuwendet.

67 1-8 Gott sei uns gnädig und segne uns, er lasse sein Antlitz leuchten. Es danken Dir, Gott, alle Völker der Erde. Es segne uns Gott, unser Gott.

68 1-9 Gott handelt, dann haben die Gottlosen keine Chance mehr. Die Gläubigen aber freuen sich. Gott hilft den Hilfsbedürftigen – Freiheit! 10-19 Gott gab Regen in der Dürre. Er herrscht mächtig, voller Reichtum und Kraft. Menschen und Elemente, Berge und Täler beugen sich vor ihm. 20-30 Gelobt sei Gott. Er hilft uns, die auferlegten Lasten zu tragen. Gott wird einziehen mit einem Festzug und wird gelobt werden. 31-36 Gelobt sei Gott, der Israel liebt und seinem Volk Macht und Kraft geben wird und wehrt euch gegen die, die gerne Krieg führen.

69 1-14 Ich habe gesündigt und ersuche Gott um Vergebung. 15-30 Herr, rette mich vor meinen Feinden und räche mich an ihnen. 31-37 Seid ihr auch gescheitert, lobet

Gott, anstatt Opfer zu bringen, es wird euch weiterhelfen und gibt anderen Hoffnung.

70 1-6 Gott, komm schnell zu mir und stehe mir bei! Alle sollen spüren: Du bist der wunderbare Helfer!

71 1-13 Ich bitte meinen Gott, meine Zuversicht, mir beizustehen und mich zu beschützen vor denen, die mir auflauern und warten, dass ich sündige. 14-24 Ich preise Gott. Ich gehe einher in der Kraft Gottes des Herrn. Du tröstest mich. Meine Lippen & meine Seele, die Du erlöst hast, singen Dir.

72 1-11 Gebet um einen gerechten König und um Frieden. Lang lebe der König! 12-20 Gelobt sei Gott, solange die Sonne scheint, denn Gott hilft allen, die um Hilfe bitten. Amen. Das waren Davids Gebete.

73 1-19 Asafs Psalm: Gott ist Trost. Neid ist nichts. Ich bleibe gut und werde belohnt, die, die alles dürfen, bekommen das, was sie verdienen. 20-28 Gott, Du bist mein Alles, mein Trost, meine Zuversicht, ich will Dir dienen. Du erkennst die, die Dir Unrecht tun und bringst sie zu Fall.

74 1-11 Brennende Gotteshäuser. Endlösungs-Pläne. Dein letztes Wort, Gott? Hört das wohl nie auf? Mach ein Ende! 12-23 Wir erzählen doch, dass Du Schöpfer bist. Hast alle Macht. Und lässt das zu? Hast Du uns nicht den Bund gegeben? Wer uns mordet, mordet dich.

75 1-11 Ein Lied: Rühmet euch nicht, denn Gott ist Gericht. / Er ist gerecht. Ihm lobsingen ist nicht schlecht!

76 1-13 Gott – ein Gott des Friedens. Gott – ein Gott der Gerechtigkeit. Gott – ein Gott der Kraft. Lasst uns Gott verehren, er ist stark.

77 1-10 Wo ist Gott? Wo war er und wo wird er sein? Was ist mit seiner Gnade und seinem Erbarmen, hat er sie vergessen? 11-21 Wenn ich leide, denke ich an die Taten des Herrn. Wunder geschahen, Donner rollten, die Erde bebte, Israel wurde durchs Meer geführt.

78 1-7 Asaf: Alte Geschichten an Kinder weitererzählen. Wunder Gottes weiterzugeben ist Gesetz und Verpflichtung den Nachkommen gegenüber. 8-11 Die Väter wurden Gott abtrünnig, wie die Söhne Ephraims, die ihm nicht die Treue hielten im Streit und seine Taten und Wunder vergaßen. 12-25 Obwohl Gott jede Menge Wunder für sie machte, sündigten sie einfach weiter. Da wurde Gott echt sauer, ließ aber trotzdem Himmelsbrot regnen. 26-41 Gott gab ihnen reichlich zu essen, dann aber wurde er zornig, denn sie wandten sich von ihm ab. Er jedoch vergab ihnen die Schuld. 42-53 Keiner dachte mehr daran, wie Gott Heuschrecken, Frösche, Hagel, Pest, Raupen etc. schickte und dann die Ägypter ertrinken ließ. 54-62 Als die Menschen Gott und seine Gebote missachteten, wurden diese vom Herrn verlassen und bekamen seinen Zorn zu spüren. 63-72 Die Männer und Priester starben, die Frauen waren traurig. Da erwachte Gott, erwählte den Stamm Juda und den Schäfer David. Alles ward gut.

79 1-13 Heiden verleugnen Gott und schmähen ihn. Wir können nichts dafür, Gott, hilf uns, Dich zu finden und Dich zu ehren, wir wollen Dir danken.

80 1-11 Ein Songtext: Gottes Anwesenheit tröstet, sättigt, stärkt, gibt Heimat und macht gesund. 12-20 Lieber Gott, Du hast mir einen Sohn geschenkt, dieser wurde verbrannt. Nun bin ich verzweifelt. Bitte bestrafe die, die dies getan haben.

81 1-17 Was nützt das fröhlichste Fest der Erinnerung an den Exodus, wenn es nicht dazu führt, heute auf Gottes Wort und Verheißung zu hören?

82 1-8 Gäbe es viele Götter und du hättest was zu melden – würdest du fordern: Schluss mit Ausbeutung und Hartz IV? Aber diese Götter sind taub. Weg!

83 1-19 Vernichte meine Feinde! Mach sie zu Ackermist, zu Gartenlaub, zu Spreu im Wind. Mach Waldbrand, Sturm und Gewitter. SCHÄMEN sollen sie sich!

84 1–13 Bei Dir könnt ich mich richtig reinkuscheln und singen wie ein Vogel, Gott. Wenn ich unterwegs bin, umhüllt mich Segen. Du – für immer!

85 1–14 Psalm: Dank für Gnade, Vergeben und Milde. Güte begegnet Treue, Gerechtigkeit küsst Frieden, Hilfe ist nah, wo wir Dich fürchten. Hilf uns!

86 1–11 David: Ich bin elend und arm. Du bist gut. Erhöre mich. Sie werden Deinen Namen ehren. Weise mir den Weg und ich fürchte Deinen Namen. 12–17 Wir sollen Gott danken und ihm Ehre erweisen, denn er ist der Herr, der uns niemals allein lässt und uns immer liebt. Er gibt uns Kraft.

87 1–7 Herrliche Dinge werden gepredigt. »Die sind hier geboren.« Alle meine Quellen sind in Dir!

88 1–11 Ein Klagelied angesichts großen Leidens. Der Beter wendet sich verzweifelt an Gott. 12–19 Ich habe viele Fragen! Ich schreie zu Dir, Herr. Von Jugend auf verspüre ich deinen Zorn. Ich bin umzingelt, meine Freunde hast Du entfernt.

89 1–13 Etan sagt: Gott, Dein Arm ist stark und Du bist gnädig. Du bist treu und wirst im Himmel wie auf Erden gefürchtet und verehrt. 14–24 Wie am Beispiel Davids gezeigt, bist Du stark und erhälst den, der Dich ehrt. Du beschützt ihn und hältst Angriffe von ihm ab. 25–38 Gott hat David auserkoren zum immerwährenden Helden, dessen Nachkommen er ebenso schützen will, solange sie ihn verehren. 39–53 Gott, warum bist Du nicht zu mir wie zu David? Mein Leben ist kurz, ich bitte Dich, erbarme Dich meiner, ich schmähe Deine Feinde.

90 1–9 Mose betet: Herr, Du bist unsere Zuflucht. Unsere Zeit auf Erden ist kurz und es erzürnt Dich, uns in Sünde zu sehen. 10–17 Herr, lehre uns das Leben bis zum Tode in Deinem Sinne zu gestalten. Schenke uns Deine Gnade und bleib bei uns.

91 1–16 Du Sonnenschirm, Du Schutzmauer, Du Warner und Du Medizin, Du Flügelflausch,

Du Steinstolperverhinderungsengelschicker. Durch Dich lebe ich.

92 1-16 Psalmlied: Du bist groß, Herr! Du machst mich stark. Deine Feinde gehen, Du bleibst ewig!

93 1-5 Einer nur ist König – der HERR: Schöpfer, ewig, wunderschön, gewaltiger als Tsunamis, Himmelsbewohner. Auf ihn ist Verlass. Er ist heilig!

94 1-13 Ich rufe Gott, dass er mein Rächer werde. Ich kann die Erniedrigung nicht mehr ertragen. Ich hoffe, dass er die Bösen zur Rechenschaft zieht. 14-23 Ich grämte mich, doch mein Gott stand mir bei, er ist mein Schutz und meine Zuversicht und wird die Unrechten und Böswilligen vertilgen.

95 1-11 Wir wollen Gott frohlocken, denn er hat die Welt geschaffen. Hört auf ihn, wenn er sagt: Versperrt euch mir nicht, sonst vergesse ich euch.

96 1-13 Singt dem Herrn ein Lied in aller Welt. Lobt und singt seinen Namen, verkündet seine Herrlichkeit, sein Heil. Erzählt von seiner Herrlichkeit.

97 1-12 Gott regiert gerecht und vor seiner Macht legt sich ihm alles zu Füßen. Sogar im Himmel wird er verehrt. Wir freuen uns und verehren Dich.

98 1-9 Singt dem Herrn. Er tut Wunder und schafft Heil. Er ist treu und denkt an Israel. Alle Welt soll den Herrn loben, musizieren und fröhlich sein.

99 1-9 Gott steht über allem, lässt die Erde beben und bestimmt, was richtig und was falsch ist. Gott ist heilig. Er erhört dich, wenn du betest.

100 1-5 Lobet und dienet Gott mit Freuden. Erkennet, dass der Herr Gott und Schöpfer ist – nicht wir. Er ist freundlich, seine Gnade und Wahrheit ewig.

101 1-8 Davids Psalm: Ich will alles tun, um dem Herrn zu gefallen. Ich halte mich fern von allem und jedem, der mich von meinem Gott trennt.

102 **1-16** Ich bete, weil ich verzage, Herr. Ich werde verspottet, weil Du Deinen Zorn über mich gebracht hast. Wir warten auf Zion und Deine Gnade. **17-29** Gott verschmäht das Gebet der Verlassenen nicht, er baut Zion wieder auf. Wir leben mit unserer Gottesfurcht in unseren Söhnen weiter.

103 **1-12** Meine Seele lobe den Herrn, der alle Sünden vergibt und alle Leiden heilt. Er ist barmherzig und gnädig, geduldig und gütig. **13-22** Lobet Gott, er kennt euch am besten. Er ist der Herrscher über alles und jeden. Preist und liebet ihn mit ganzer Seele und Herzen!

104 **1-12** Gott, Du bist wundervoll! Du bist von Licht umgeben! Du hast die Erde so wunderschön gemacht und wir dürfen alle darauf leben. **13-23** Du machst die Gezeiten und die Erdenfrüchte, Gott, und der Mensch hilft Dir mit seinem Tagwerk dabei, alles gedeihen zu lassen. **24-35** Lobe den Herrn, denn die Erde ist voll seiner Güter. Die Herrlichkeit des Herrn bleibe ewiglich: Ich will dem Herrn singen mein Leben lang.

105 **1-13** Verkündet es allen überall, freut euch voll Dankbarkeit seiner Wunder und des ewigen Bundes seit Abraham, als er den Fremdlingen Kanaan gab. **14-25** Weil sie die Seinen angriffen, strafte Gott die Feinde und sandte ihnen Josef. Als sie ihm glaubten, machte er Josef zum Herrscher und Vater. **26-45** Gott sandte Mose und Aaron, die sein Wort verkündeten. Er überzog Ägypten mit Plagen und half seinem Volk beim Auszug aus Ägypten.

106 **1-7** Lobet Gott. Denen, die das Gebot halten, soll es gut gehen. Hilf uns zu sehen, dass es dem Volk gut geht, denn wir waren gottlos. **8-23** Wer sich gegen Gottes Verkünder auflehnte, wurde vernichtet, alle anderen rettete er. Mose bat ihn, gnädig zu sein, sie nicht zu verderben. **24-36** Weil sie Gottes Schöpfung und Wort missachteten, strafte Gott sie. Mose betrübte dies, auch weil sie sich mit Heiden einließen. **37-48** Durch ihr Tun mit den Heiden verleugneten sie Gott, der sie bestrafte. Und doch rettete er sie wieder. Gott, hilf uns gegen die Heiden!

107 **1–16** Dankt dem Herrn für seine Güte und für seine Wunder. **17–27** Gott rettete die Sünder, sie sollten ihm danken für seine Wunder und ihm dienen. **28–43** Gott machte gut, was schlecht war und segnete sie. Er schütze die Armen. Wer weise ist, wird die Wohltaten des Herrn bemerken.

108 **1–14** David singt: Gott, Deine Macht, Deine Gnade und Treue sind unendlich, steh uns bei, wir wollen mit Dir kämpfen und unsere Feinde besiegen.

109 **1–16** Lied Davids: Gott, mein Ruhm, rede für mich! Denn meine Feinde, die in Unrecht leben, reden wider mich. Verschaffe mir Recht und richte sie! **17–31** Wer böse gesinnt ist, wird Böses tun und Böses erfahren. Gott, steh mir bei und sei mir gnädig. Schmähe meine Feinde, dafür will ich danken.

110 **1–7** ♫ ©DAVIDS. Setz dich zu mir. Ich stoppe deine Gegner und mache deinen Einfluss größer. Vertrau mir, ich werde alles richten.

111 **1–10** Halleluja! Gottes Schöpfung ist wunderbar. Er ist gerecht und barmherzig. Er fügt alles in seine Ordnung. Vertraut und lobt ihn.

112 **1–10** Der rechtschaffen Handelnde ist ohne Angst, denn der Herr belohnt ihn mit seinem reichen Segen.

113 **1–9** Halleluja: Alle Menschen sollen den Herrn loben. Jetzt und alle Zeit! Niemand ist ihm gleich. Vertraut ihm in allem, Halleluja!

114 **1–8** Nach Flucht aus Ägypten nahm das Volk Juda als Heiligtum und Israel als Königreich. Große Freude!

115 **1–18** Gott denkt an uns, segnet uns und ist bei uns, denn wir sind Teil seiner Schöpfung. Wir loben Dich, Herr!

116 **1–19** Ich liebe Gott, weil er mich erhört, auch wenn ich schwach bin und arm. Er rettet meine Seele. Ich bin Dein Knecht und will Dir danken!

117 **1-2** An alle: Gott ist der Oberchecker! Er ist voll korrekt, was er sagt, ist Ansage und er bleibt unser Big Daddy forever!!!

118 **1-13** Ich vertraue auf Gott und deshalb kann mir nichts und niemand etwas anhaben! **14-29** Gott ist Gerechtigkeit, seine Macht allgegenwärtig. Er ist freundlich und gütig. Das ist ein Wunder und dafür danke ich Dir, mein Herr.

119 **1-8** Wohl denen, die das Gesetz halten + sich an Gott halten, den sie mit ganzem Herzen suchen – Deine Gebote will ich halten, verlass mich nicht. **9-16** Gott, zeige mir den richtigen Weg und bleib bei mir, damit ich nicht auf den falschen gerate. **17-24** Tu' mir Gutes, damit ich lebe und Dir treu bin. Öffne meine Augen, dass ich Deine Wunder sehe. Du schiltst die Stolzen. Danke für Deine Führung. **25-32** Meine Seele liegt im Staube; erquicke und stärke mich. Ich laufe den Weg der Wahrheit und Deiner Gebote; denn Du tröstest mein Herz. **33-40** Ich brauche, Herr, Deine Hilfe: als Wegweisung, Bewahrung meines Herzens, Ermutigung im Alltag.

Deine Ideen sind klasse – und gerecht bist Du. **41-48** Es wird von einem gläubigen Menschen berichtet, der den Glauben an Gott überall zeigen will und den Glauben, so gut er kann, überall verkündet. **49-56** Egal was passiert, ich weiche nicht von Deinem Gesetz. Wenn ich an die ewige Ordnung denke, bin ich getröstet. Das ist mein Reichtum. **57-68** Mein Erbe ist meine Gottesfurcht und -treue. Auch unter dem Einfluss der Gottlosen vergesse ich Dich nicht. Lehre mich Einsicht! **69-80** Die Stolzen erdichten Lügen über mich, ich aber halte von ganzem Herzen Deine Befehle. Deine Gnade soll mein Trost sein. **81-88** Wann tröstest Du mich, Gott? Ich hoffe auf Dich. Auch wenn es mir alles abverlangt, ich will Deine Gebote einhalten. Bitte sei mir gnädig! **89-104** Gottes Lehre ist die einzig wahre und währt ewig. **105-112** Dein Wort ist das Gesetz, an das ich mich für immer halten werde, denn es beschützt mich und weist mir den rechten Weg. **113-120** Herr, Dein Gesetz schützt mich, Dein Wort gibt Hoffnung, Deine Gebote weisen mir den Weg. Aber ich habe auch Angst zu versagen. **121-128** Ich bin Dein Knecht, ich gehöre Dir. Ich will von Dir lernen, den richtigen Weg zu gehen und ich glaube fest an Deine Gebote. **129-136** Ich lechze nach Deinen göttlichen Weisungen und Mahnungen. Führe mich nach Deinem Wort und schütze vor Unrecht und Gewalt. Ich weine, wenn man Deine Gebote bricht. **137-144** Die Gesetze von Gott sind die Wahrheit und zeigen Gerechtigkeit, wenn man sich an sie hält, wird einem auch in schweren Situationen geholfen. **145-152** Ich will nach den Geboten leben, die Mahnungen halten. Gib mir Kraft dazu, nicht alle leben danach, obwohl sie wahr sind, ewig. **153-160** Barmherziger Gott, richte mich in meiner Gottesfurcht und meinem Tun. Du bist Wahrheit und sollst mir befehlen, auf dass ich nicht irre. **161-168** Fürsten verfolgen mich grundlos. Ich fürchte nur Dich. Lügen > No-Go > Dein Gesetz liebe ich. Ich befolge alle Deine Befehle. Du weißt alles. **169-176** Gott kann eine Stütze und Hilfe sein und einem den rechten Weg weisen, wenn man ratlos ist.

120 **1-7** Gott hilft mir in jeder Not. Er hilft mir, egal, was ich getan habe. Du hast nichts zu verlieren. Er ist immer bei denen, die Hilfe brauchen.

121 **1-8** Gott beschützt und errettet mich, er behütet mich jeden Tag und jede Nacht bis in Ewigkeit. Nie wird er mich verlassen, nie von mir weichen.

122 **1-9** Wallfahrtslied von David handelt von Jerusalem: Tolle, prächtige Stadt. David verspricht, zu Ehren Gottes sein Bestes für Jerusalem zu tun.

123 **1-4** Ein Wallfahrtslied: Ich schaue zu Dir auf, Herr! Sei uns gnädig, denn wir litten viel Verachtung und Spott der Stolzen.

124 **1-8** Ein Zeichen am Himmel: Eine Schwangere! Ein böser Drache. Das Baby wurde von Gott gerettet, ebenso die Frau. Gott warf das Böse hinaus.

125 **1-5** Wer auf Gott vertraut, wird leben, die Ungerechten bleiben nicht bestehen. Gott ist auf ewig bei seinem Volk. Schalom Israel!

126 1–6 Gott, irgendwann werden wir frei sein. Traumhaft frei. Lachhaft frei. Beneidet frei. Bewundert frei. Noch: Zornestränen. Bald: Freudentränen.

127 1–5 Ach, macht euch doch nicht ständig Sorgen um irgendwelchen Kleinkram. Ohne Gott geht eh nichts. Er gibt einem alles so nebenbei (wie Kinder).

128 1–6 Ehrfurcht vor Gott bringt Segen für Frau, Kinder und Enkel. Dem HERRN lebenslang Vertrauen schenken, bringt Freude und Glück. Und Frieden!

129 1–8 Sie haben mich oft bedrängt, aber nicht überwältigt. Gott hat der Gottlosen Stricke zerhauen.

130 1–8 Herr, hör auf mich! Ich warte auf den Herrn. Bei ihm ist alles gut.

131 1–3 Davids Wallfahrtslied. Mein Herz und meine Augen sind für einfache Dinge offen, denn meine Seele ist hoffentlich beim Herrn für ewig.

132 1–10 Weise die Dir Gesinnten um Davids Willen nicht ab, Herr. Ich will nicht ruhen, bis ich Dir eine würdige Stätte gefunden habe. 11–18 Solange Davids Nachkommen Gottes Bund und Gebote halten, werden sie gesegnet und Könige sein und Gott in der Stadt Zion, wie er versprochen.

133 1–3 Ein Pilgerlied von David: Klasse, wenn Geschwister keinen Zoff miteinander haben.

134 1–3 Wohlan, lobet Gott! Hebet eure Hände auf im Heiligtum und lobet den Herrn! Der Herr segne dich aus Zion, der Himmel und Erde gemacht hat!

135 1–12 Lobt Gott, denn er ist groß und hat Israel auserwählt. Er strafte seine Feinde und gab seinem Volk Land. 13–21 Gottes Name & Ruhm sind ewig. Er ist gerecht & gnädig. Götzen sind leblos. Darum lobt den Herrn, Halleluja!

136 1–12 Dankt dem Herrn, der alles geschaffen hat. Er führte Israel aus Ägypten. Seine Güte währt ewig. 13–26 Gottes Güte währt ewig, er rettete sein Volk aus Ägypten und schlug seine Feinde. Gott gibt den ihm Gesinnten und denkt an sie, immer.

137 1-9 Selbst in der Not dachten wir an Dich, Herr, lobten und priesen Dich. Wohl dem, der unsere Not rächt!

138 1-8 Ich danke Dir, denn Du erhörst mich und gibst mir Kraft. Du bist gerecht und Du hilfst in der Not. Gott, Deine Güte währt ewig.

139 1-13 Gott, Dein Röntgenblick ist mir unheimlich. Was geheim halten? Weglaufen? Geht nicht. Aber das ist nicht Kontrolle. Es ist Fürsorge. Liebe. 14-24 Danke, Gott, dass ich wunderbar bin und Du mich auch sahst, als ich noch nicht vollkommen war. Erkenne mich und prüfe mein Herz, Herr.

140 1-14 Psalm Davids: Herr, errette mich von den Bösen, behüte mich vor den Gottlosen und Bösen. Ich weiß, Du wirst den Spieß rechtzeitig drehen.

141 1-10 Herr, pass auf mich auf, dann wird alles gut!

142 1-8 David: Herr, hilf mir, niemand will mich kennen, sie legen mir Schlingen auf den Weg. Errette mich, dass ich preise Deinen Namen.

143 1-12 Der Herr sei bei mir. Ich möchte Gott gefällig sein, dann ist der Herr bei mir.

144 1-15 David lobt den Herrn, weil er ihn kämpfen lässt und schützt. Er bittet ihn, ihn zu erlösen und für sein Volk und Familie ein schönes Leben.

145 1-12 Gott, Du bist so groß! Jeder soll mit mir zusammen verkünden, was du tust und wie du bist, damit die Menschen dich kennenlernen. 13-21 Gott ist treu, gnädig und gerecht. Er sorgt für uns und ist uns nah, wenn wir ihn rufen. Lobet den Herrn!

146 1-10 Man soll den Herren loben, solange man lebt. Man soll den Gott ehren, weil er die Welt erschaffen hat und allen, egal was sie haben, hilft.

147 1–20 Gott loben ist toll. Gott gefallen die, die ihn fürchten. Gott gibt Gesetze und sendet sein Wort. Halleluja!

148 1–14 Alles auf der Welt schreit Dir entgegen: Halleluja, Gott ist super!

149 1–9 Lobt den Herrn, denn er liebt sein Volk und hilft den Elenden. Übt Rache unter den Heiden, lasst sie ihre Könige vor Gericht stellen.

150 1–6 Halleluja – Lobt den Herrn für seine gewaltigen Taten! Lobt den Herrn mit allen Instrumenten! Alles was lebt, lobe den Herrn!

Die Sprüche Salomos (Sprichwörter)

SEI KEIN STREITHANSEL

1 **1-6** Die Sprüche Salomos, der ja Davids Sohn ist, vermitteln Weisheit. Sie sind Ausdruck von Klugheit und Rechtschaffenheit – sehr lehrreich. **7-18** Die Furcht des Herrn ist der Anfang der Erkenntnis. Dies verachten die Tore. Mein Sohn, folge nicht den Versuchungen böser Buben. **19-33** Die Weisheit ruft laut auf allen Plätzen, auch im lautesten Getümmel: Kehrt euch zu meiner Zurechtweisung, meinen Geist zu bekommen!

2 **1-9** Mein Sohn, du wirst die Furcht des Herrn verstehen und Erkenntnis Gottes finden. Er behütet, die recht tun und bewahrt den Weg des Frommen. **10-22** Segenswunsch: Weisheit, Besonnenheit und Einsicht sollen dich leiten, dass du auf dem Weg der Gerechten bleibst.

3 **1-12** Gottes Weisungen und Gebote sollen wir befolgen, dann wird es uns gut gehen. Nicht eitel oder ungeduldig sein, sondern auf Gott vertrauen. **13-26** Weisheit und Einsicht sind wertvoller als Silber und Gold, edler als aller Reichtum. Strebe danach, mein Sohn. Der Herr ist deine Zuversicht. **27-35** Tu Gutes, sei kein Streithansel, bleib gewaltfrei und fromm – dann ist Gott Dein Freund. Die Gottlosen aber verflucht er.

LIPPEN DER FREMDEN FRAU SIND SÜSS WIE HONIGSEIM

4 **1-12** Erwirb Weisheit und Einsicht, indem du auf die Worte von Vater, Mutter und auf das Wort von Gott hörst. Du wirst den rechten Weg finden. **13-27** Väterliche Ermahnung: Bleibe in der Unterweisung, geh nicht auf den Pfad der Bösen. Denn der Pfad der Gerechten ist Licht und Glanz!

5 **1-14** Mein Sohn, merke die Lippen der fremden Frau sind süß wie Honigseim, und ihre Kehle ist glatter als Öl, hernach ist sie bitter. **15-23** Trinke Wasser aus der Zisterne. Mein Sohn, warum willst du dich an der Fremden ergötzen und herzest eine andere?

6 **1-9** Steh auf! Zeig Zivilcourage und Verantwortung deinem Nächsten gegenüber im Namen Gottes.

⊙ NIE MIT EINER LIIERTEN
FRAU, BITTE

10-19 Faulheit bringt Armut! Betrüger zetteln Streit an, die Folgen für sie sind schlimm! Gott hasst Lügen, Frechheit, Stolz und Brüderstreit! **20-28** Als Sohn sollst du Gebote des Vaters und Weisungen der Mutter streng beachten. Ratschläge der Eltern werden dich vor Versuchungen schützen. **29-35** Nie mit einer liierten Frau, bitte. Das bringt nur Ärger und Verderben. Der gehörnte Ehemann wird sich rächen, und nicht nur der.

7 **1-14** Behalte meine Rede und verwahre meine Gebote bei dir, so wirst du leben. Binde sie an deine Finger, schreibe sie auf die Tafel des Herzens. **15-27** Eine Frau verführt einen Mann zum Fremdgehen. Davor wird gewarnt.

8 **1-11** Weisheit, Klugheit und Vernunft sind die höchsten Tugenden, nach denen es zu streben gilt. Sie stehen über allem und machen vollkommen. **12-21** Weisheit = Klugheit + Rat + Verstand + Macht + Gerechtigkeit. Alle Rechtschaffenen können sie erlangen. Sie ist wertvoller als Gold. **22-30** Wir sind ein Teil Gottes, er ist in uns und wir ihn ihm, weil wir seit jeher Teil seiner Schöpfung sind. Er hat uns stets mitgeplant. **31-36** Hört auf mich & folgt mir ! Wer mich findet, findet das Leben. Wer mich hasst, findet den Tod.

9 **1-18** Entscheide dich! Leben oder Tod? Du hast die Wahl! Glaube Gott und finde Leben. Glaube allein an dich und die Schatten des Todes greifen zu!

WER LIEBT, UNTERRICHTET ANDERE ⊙
DARIN, GUTES ZU TUN

10 **1-15** Tipps fürs Leben: Unrecht Gut hilft nicht. Wer weise und gerecht handelt, findet Zuneigung. Abneigung, wer faul ist und dummes Zeug redet. **16–32** Wer gerecht und tugendhaft ist, wird von Gott belohnt; die nicht tugendhaft und gerecht sind, werden früher oder später vom Leben bestraft.

11 **1–10** Es ist wichtig, gerecht und bescheiden zu sein, denn Gottes Schöpfung beschützt die Gerechten und bestraft die Gottlosen. **11–21** Gläubige bauen auf und Gottlose reißen ab. **22–31** Wer viel gibt und nach Gutem strebt, wird reich belohnt werden. Wer aber Böses tut, geizig und ungerecht ist, wird bestraft.

12 **1–12** Gerechtes und tugendhaftes Verhalten ist fruchtbar, jedoch ist das Streben danach ein Lernprozess, der Gehorsam, Demut und Disziplin verlangt.

13 **1–12** Wer weise ist, nimmt Zucht und Ordnung an. Das Licht der Gerechten leuchtet, die Gottlosen werden verlöschen. Gier wird bestraft! **13–25** Wer gerecht ist, ist weise und tut Gutes. Wer liebt, unterrichtet andere darin, Gutes zu tun, auch wenn dies Ordnung und Disziplin verlangt.

14 **1–24** Wenn man versucht, den anderen zu verstehen, wird man von ihm lernen. Wer den anderen verachtet, bleibt allein. **25–35** Du sollst dich deines Nächsten erbarmen. Dann wirst du bei Gott sein.

WARNUNG, IN ALLZU MENSCH-
LICHE FALLEN ZU TAPPEN

15 **1–17** Liebe, Zuversicht und Gerechtigkeit sorgen für ein angenehmes Leben, das auch Gott gefällt. **18–33** Das Gemüt bestimmt das Verhalten, deshalb muss man diszipliniert danach streben, die Gemütskräfte zu beherrschen. Gott hilft dabei.

16 **1–15** Aufrichtig im Sinne Gottes und seiner Schöpfung handeln ist, was der Gerechte tut. Tugendhaftes Verhalten stimmt ihn froh und bedeutet Leben. **16–33** Geduld, Selbstbeherrschung und Weitsicht ermöglichen gute Erkenntnis. Was gesagt wird, muss von Substanz sein. Nur dann wird man Gott gerecht.

17 **1–13** Es gibt nichts Gutes, außer man tut es und wird dafür mit der Gnade Gottes belohnt.

Wer Böses sät, wird Böses ernten. **14-28** Warnung davor, in menschlich allzu menschliche Fallen zu tappen: üble Nachrede, Streitsucht, Bestechung, Jähzorn, andre ungerecht bestrafen.

18 **1-12** Wer nur der Leidenschaft und Emotion frönt und dabei ein Frevler ist, sollte besser schweigen. Demut ist eine Tugend, die Gott schätzt. **13-24** Toleranz, sich auch in Widersprüchlichkeit auszuhalten. Erst denken, dann reden und stets aufrichtig sein. Treue gegenüber Weisen und Lieben.

GUTER RUF IST WICHTIGER ALS GELD

19 **1-12** Es ist manchmal schwierig, ethisch korrekt zu handeln – aber bemüht zu sein, sich stets klug und nachhaltig zu verhalten, zahlt sich am Ende aus. **13-29** Tugendhaft zu sein bedeutet lebenslanges Streben in Gehorsam und Disziplin. Wer nicht auf weisen Rat hört oder ihn erteilt, kommt vom Weg ab.

20 **1-14** Gott mag die Fleißigen und verabscheut Menschen,

die mit zweierlei Maß messen. **15-30** Klarheit, Zuverlässigkeit, Treue, Aufrichtigkeit, Eindeutigkeit und Konsequenz zeichnen den Gerechten und sein tugendhaftes Verhalten aus.

21 **1-14** Niemand wird glücklich werden durch rücksichtslos erworbenen Reichtum. Gottes Liebe ist bei den Gerechten und Mitfühlenden. **15-31** Dumm ist, wer Dummes tut und wird weilen in der Schar der Toten. Der Weise und Gerechte baut sein Fundament für das Himmelreich. Gott regiert.

REICHTUM IST BETRÜGERISCH

22 **1-16** Der gute Ruf ist wichtiger als Geld. Du wirst ernten, was du gesät hast. Der Herr erzieht dich, wenn du verständig bist, wenn nicht: Problem! **17-29** Hör zu: Bau auf Gott, sei sozial gerecht, halt dich von Cholerikern fern, bescheiß nicht durch Kredite, verändere nicht alte Verträge.

23 **1-16** Verachte Reichtum, Reichtum ist betrügerisch! Rede nicht mit Unverständigen, denn sie verstehen dich nicht. Erziehe Kinder hart und gerecht. 17-35 Lebe anständig und mache deinen Eltern Freude. Und trinke nicht zu viel Alkohol.

24 1-16 Sei ohne Neid, jedoch mit Weisheit und Verstand. Helfe denen, die in Not sind, denn nur mit reinem Herzen kannst du vor dir selber bestehen. 17-34 Statt sich in Schadenfreude zu ergehen, soll man darauf achten, seine eigenen Sachen gut und gerecht zu machen.

> ### ALLES STEHT IN RELATION UND IST VERBUNDEN

25 1-14 Man strebe bescheiden danach aufzusteigen. Wer dabei übermütig ist, wird fallen. Weniger ist mehr, Reden ist Silber und Schweigen Gold. 15-28 Hier stehen weitere Lebensratschläge Salomos, von Männern des Königs Hiskia von Juda gesammelt. Sei bescheiden, verlässlich, maßvoll. Geduld und Sanftmut werden gewinnen!

26 1-14 Gott behält den Überblick. Wie gut, dass ich mich nicht um alles selbst kümmern muss. 15-28 Nicht jeder ist so, wie er aussieht, es kommt auf das Innere, nicht auf das Äußere an!

27 1-12 Tipps fürs Leben: Nicht voreilig sein, Eigenlob stinkt, echte Freunde sind viel wert, Weitsicht hilft Schaden vermeiden, Weisheit erfreut ... 13-27 Alles steht in Relation und ist verbunden. Wir hinterlassen Spuren im Leben von Menschen. Das ist Chance und Gefahr. Lebe vorausschauend.

ORIENTIERE DEIN HANDELN AM VERHALTEN DER TIERE ⊙

28 1-14 Wer seine Sünde leugnet, dem wird's nicht gelingen; wer sie aber bekennt und lässt, der wird Barmherzigkeit erlangen. 15-28 Sprichwörter: Warnung vor Mord, Habgier, Zerstreuung, falscher Freundlichkeit und Gottlosigkeit. Seid weise und barmherzig.

29 1-13 Jede Tat hat eine Konsequenz, aber alle Menschen werden von Gott unterstützt und gegebenenfalls auf den rechten Weg gebracht. 14-27 Weise Worte für Könige, Kindererziehung, Umgang mit

Untergebenen, Hochmütige. Menschenfurcht bringt zu Fall, nur Gott beschützt.

30 1-8 Agurs sprach: Ich habe versucht und muss es lassen, denn ich bin nicht gebildet genug. Ich weiß nicht, wer Du bist, aber ich glaube. 9-19 Es gibt immer 2 Seiten. Man kann sagen: Ich kenne Gott nicht. Oder: Ich stehe im Namen Gottes. Man kann verspotten oder lieben. Zwei Seiten. 20-33 Ob dumm gelaufen oder recht überlegt – Hand auf Mund legen!

31 1-14 Hüte dich vor Vielweiberei und übermäßigem Alkohol. Setze dich ein für Stumme, Arme und Gerechtigkeit. Eine gute Frau ist besser als Perlen. 15-31 Eine tugendhafte Frau tut Gutes für ihr Heim und ihre Lieben. Sie ist unermüdlich und großmütig. Deshalb wird sie verehrt.

Der Prediger Salomo
(Kohelet)

DAS STREBEN NACH WEISHEIT
IST VERGÄNGLICH

1 1–10 Ein Prediger regt sich über die Eitelkeit der Menschen auf und darüber, dass nichts Neues erfunden oder gefunden wird. 11–18 Das Leben ist Streben nach Weisheit und Gerechtigkeit. Das Sein ist ein Projekt, ein Prozess, an dessen Ende die Erlösung steht.

2 1–11 Ich habe Leben und Besitz wirklich genossen: Prachtbauten, Lustgärten, Edelmetalle, Künstler, Frauen, Feiern. Aber alles ist Eitelkeit! 12–19 Salomo erkennt, dass auch das Streben des Gerechten nach Weisheit vergänglich ist. Eben dies in Frage zu stellen, erscheint ihm jedoch eitel. 20–26 Wirklich weise und verständig ist, wer trotz der Vergänglichkeit selbst des guten Wirkens auf Erden Gutes tut. Gott dankt ihm dies.

3 1–10 Alles hat seine Zeit und seine Stunde: geboren werden, sterben, pflanzen, bauen, reden, lieben … Alles hat seine Zeit. 11–15 Gottes Werke sind unergründbar. Seine Gabe macht den Menschen fröhlich und gut. Seine Werke sind für die Ewigkeit. 16–22 Alles eitel, alle Menschen wie Vieh, alle werden dahin gehen, daher das Beste: arbeiten und fröhlich sein!

4 1–12 Geteiltes Leid ist halbes Leid, doch kann nur wirklich glücklich werden, der sein Glück teilt. Gemeinschaft gibt Sicherheit und Geborgenheit. 13–17 Jung und arm, aber weise, ist besser, als ein dummer und alter König zu sein.

LASSET UNS FRÖHLICH
SEIN – DENN MORGEN
SIND WIR TOT

5 1–6 Mach nicht viele Worte, wenn du betest. Gott weiß, was du brauchst. Was du gelobst, das halte, sonst lass es lieber; fürchte Gott! 7–13 Ohne Mühe ist der Lohn nichts wert. 14–19 Lasset uns essen und trinken und fröhlich sein, denn morgen sind wir tot!

6 1–6 Wer alles im Leben besitzt, alt werden darf und doch nicht glücklich ist, der lebt ein Leben in Finsternis und Ruhelosigkeit. 7–12 Für den Menschen gibt es nur hier und jetzt. Er muss nehmen, was er bekommt, das Beste daraus machen, um weder Kraft noch Zeit zu vergeuden.

7 1–9 Die wahre Weisheit ist es, an den Tag des Todes zu denken. Das Ende zu bedenken, macht weise und vorsichtig im Urteil über andere. 10–19 An guten wie an schlechten Tagen nach dem Guten und der Gerechtigkeit streben, auch wenn es schwer fällt. Gott hält das für uns bereit. 20–29 Kein Mensch tut nur Gutes und sündigt nicht – aber suche in deinen Fehlern Weisheit und Einsicht.

8 1–8 Gott mag Frevel und Übertreibung nicht, man soll gerecht und tugendhaft der Dinge harren, die da kommen. Weise ist es, abzuwarten.

9–14 Häufig kann man beobachten, dass es den guten Menschen schlecht und den schlechten Menschen gut geht. 15–17 Der Mensch kann nicht Gott werden, so sehr er sich müht, aber er soll die Freude des Essens, Trinkens und Fröhlichseins genießen.

9 1–6 Alles Tun ist in Gottes Hand, auch Liebe und Hass. Den Guten geht es wie den Sündern, alle sterben – und ihr Andenken wird vergessen. 7–12 Lass es dir gut gehn. Iss & trink. Gott findets gut. Kleide dich schön. Genieße die Liebe. Sei fleißig. Erfolg liegt aber oft an Glück & Zeitpunkt. 13–18 Weisheit ist besser als Kriegswaffen und Stärke, aber des Armen Weisheit wird verachtet und ein einziger Bösewicht verdirbt viel Gutes.

10 1–10 Ein wenig Torheit wiegt schwerer als Weisheit, doch Gelassenheit wendet großes Unheil ab. Wer eine Grube gräbt, kann selbst hineinfallen. 11–20 Genieße mit Bedacht und nach getaner Arbeit. Fluche nicht den Oberen und Reichen, andere werden es erfahren.

11 **1-10** Teile, säe, ernte, achte auf den Wind und Wolken, doch nie wirst du um Gottes Tun wissen. Darauf soll auch der Jüngling achten.

12 **1-7** Denk an Gott, solang du jung bist – bevor dein letztes Stündchen schlägt. Denn dein Körper muss wieder in die Erde und dein Geist zu Gott. **8-14** Ein Prediger sagt: alles eitel, Worte der Weisen sind Stacheln. Gottes Gebote müssen geachtet werden. Gott prüft alle Werke, gut und böse.

Das Hohelied Salomos

1 **1-7** Komm mein liebster Seelenfreund, gib mir einen Kuss. Sag mir, wo du lebst und lasst uns dort hinlaufen, denn deine Liebe ist besser als Wein. **8-17** Er: Ich bin voll scharf auf dich. Sie: Ich auch. Beide: Lass uns poppen!

2 **1-9** Yeah! Ich will kuscheln, knutschen, rumfummeln. Und wehe, es stört uns jemand, bevor wir damit fertig sind! Da kommt er schon! **10-16** Der Winter ist vergangen, ich seh des Maien Schein, ich seh die Blümlein prangen, des sich mein Herz erfreut. Tandaradei!

3 **1-11** Ich konnte nicht schlafen ohne ihn. Die ganze Stadt hab ich abgesucht, bis ich ihn fand. Und dann sind wir zu mir ins Bett. Sex ohne Ende!

4 **1-8** Du bist so schön, ich begehre dich über alles! Verlass doch deine Unnahbarkeit. Lass uns miteinander ganz nahe sein, ganz nahe. **9-16** Du machst mich richtig an: Sehe ich dich, denke ich an einen Lustgarten von Granatäpfeln mit edlen Früchten, Zyperblumen mit Narden ...

5 **1-6** Typisch Mann: erst die Mädchen verführen – und dann einfach abhauen! **7-16** Sie ist außer sich vor Sehnsucht, weil er weg ist. Der Geliebte erscheint ihr als höchstes und teuerstes Gut, er scheint unfehlbar.

6 **1-12** Du schöne Frau, wo ist dein Freund? Er ist im Garten, dort kommt er! Du schöne Frau, meine allerliebste Freundin.

WEIN TRINKEN UND KUSCHELN

7 1–7 Wiege dich sinnlich im Tanze, o Sulamith! Voll Lust sehe ich dich an. Du reizt mich, du lockst mich, stolz und geschmeidig. Liebeswonne! 8–14 Du bist wunderschön. Deine Brüste sind fest und prall. Komm, lass uns gemeinsam die Nacht verbringen. Ich will dir meine Liebe geben.

8 1–7 Wenn ich dich sehe, muss ich dich küssen. Ich stell dich meiner Mutter vor. Wir trinken Wein und kuscheln. Die Liebe ist unauslöschbar. 8–14 Sie ist noch heiratsfähig, hat sich jedoch alleine dem verlorenen Geliebten verschworen und will außer ihm niemanden an sich heranlassen.

Der Prophet Jesaja

OPFERGABEN NERVEN GOTT

1 1-8 Dies ist die Offenbarung Jesaja: Der Herr ist wütend, denn Israel erkennt ihn nicht, obwohl schon alles vernichtet ist bis auf Zion. 9-16 Gott an die Bewohner von Sodom und Gomorra: Eure Opfergaben nerven mich. Opfert nicht mehr, lasst stattdessen endlich eure bösen Taten. 17-23 Seid gut, gerecht und rechtschaffen. Helft denen, die Hilfe brauchen. Gott verzeiht allen, es sei denn, ihr verweigert euch Gottes Wort. 24-31 Zebaoth sagt: Ich werde Rache üben. Sünder werden vernichtet werden.

2 1-10 Jesaja berichtet, dass viele Heiden auf den Berg des Herrn steigen werden, um die Lehre seiner Wege zu erfahren, denn Gott wird richten. 11-22 Alles Hohe wird erniedrigt werden. Aus Stolz wird Demut, denn der Mensch ist nur ein Hauch.

3 1-12 Gott wird Mutwillige über Jerusalem und Juda herrschen lassen. Das Heil wird nur den Gerechten gelten. Den Gottlosen wird es schlecht gehen. 13-26 Gott wird die Töchter Zions, die Schickimicki sind, erniedrigen. Statt nach Parfum zu duften, werden sie stinken. Sie werden Glatze tragen.

EIN ENGEL SPRICHT REIN

4 1-6 Wer nach der Reinigung in Israel übrig bleibt, wird heilig sein. Geschützt wird, was herrlich ist, vor Hitze, Kälte, Regen.

5 1-6 Ein Freund hatte einen guten Weinberg und pflegte ihn vorbildlich. Er brachte trotz großer Mühe schlechte Trauben, daher wurde er verwüstet. 7-13 Jesaja sieht es kommen: Das Reich Israel wird dramatisch untergehen wegen materieller Raffgier und wirtschaftlicher Ungerechtigkeit. 14-24 Gott richtet gerecht. Die Gläubigen werden zur Weide geführt. Wehe denen, die

Böses gut und Gutes böse nennen. Wehe allen Sündern. **25-30** Der Zorn Gottes ist über sein sündiges Volk entbrannt und niemand kann entkommen.

6 **1-7** Als König Usija starb, sah ich Gott. Ich hatte Angst, dass ich unrein sei. Ein Engel sprach mich rein. **8-13** Gott sendet einen Boten, der dem Volk sagen soll: Sie werden nichts hören + sehen können bis alles kaputt + leer ist. Dann wird alles neu.

7 **1-4** Rezin, der Aramäer und Pekach, der Sohn des Königs von Israel, verbünden sich gegen Juda, aber Jesaja spricht König Ahas von Juda Mut zu. **5-15** Gott gibt ein erbetenes Zeichen. Und was für eines: Eine Jungfrau wird schwanger werden. **16-25** Gott wird große Plagen schicken. Und wer übrig bleibt, wird genug zu essen haben. Doch es werden Dornen und Disteln über den Wein ragen.

8 **1-10** Der Sohn der Prophetin soll Raubebald-Eilebeute heißen. Doch ehe er Vater und Mutter nennt, wird alles genommen. Hier ist Immanuel. Flieht! **11-21** Unter der Erde sind Trübsal, Finsternis, Angst und Verwirrung. Das kann sich ändern. Er wird ehren das Meer jenseits des Jordan. **22-23** Auf die Dunkelheit wird das Licht folgen. Aus der Schmach wird Ehre werden.

9 **1-5** Dadurch, dass dem unerlösten Volk ein Kind, der Heiland, geboren wurde, wird es befreit von aller materialistischen Herrschaft. **6-13** Der Herr führt die Aramäer und Philister in den Kampf gegen Israel, denn sie wenden sich mit Hochmut gegen ihn. **14-20** Die Elite ist der Kopf, die falschen Lehrer der Schwanz. Gott kann diese Bosheit nicht walten lassen, denn jeder sucht gegen jeden Vorteil.

AM TAG DES ZORNS

10 **1-11** Weh der ungerechten Justiz, die die Armen und Elenden unterdrückt. Am Tag der Heimsuchung könnt ihr euch vor dem Unheil nicht verbergen. **12-19** Der Gott Israels wird den Hochmut der Assyrer bestrafen und ihr Land und ihren Reichtum zerstören. **20-26** Die Überlebenden der 12 Stämme werden Jahwe vertrauen und er wird sie befreien von der Unterdrückung durch Assur. **27-34** Herr Zebaoth: Assurs Joch wird von deinem, Israel, Halse genommen werden. Assur zieht zwar herauf, aber wird vom Herrn geschlagen werden.

11 **1-9** Es wird Neues wachsen aus altem Stamm und die Welt wird sich ändern, weil Gerechtigkeit und Friede regieren, Friede zwischen allen und allem. **10-16** Gott wird die Völker Israels aus allen Himmelsrichtungen zusammenbringen und in Frieden vereinen, damit sie gegen ihre Feinde vorgehen.

12 **1-6** Danke, Herr, dass Du mir den Weg gezeigt hast und auf Deinen Zorn nun Trost folgt. Lobsinget dem Herrn, der so herrlich ist.

13 **1-12** Die Last Babels ist seine Vernichtung durch die Armeen Gottes. Der reiche Mann wird nichts mehr wert sein. Der Mensch hingegen viel. **13-22** Am Tag des Zorns wird unbeschreibliches Leid über Babel kommen. Es wird völlig zerstört und zur Geisterstadt werden, in der Tiere streunen.

GOTT ZERSCHMETTERT DIE GOTTLOSEN

14 **1-11** Gott zerschmetterte die Gottlosen. Nun hat die Welt Ruhe und Frieden. Sogar die Natur hat ihre Ruhe vor bösen Taten. **12-22** Grausame Herrscher, die das Volk quälen u. ausnutzen, werden einen ehrlosen Tod sterben. Und die Söhne werden gleich mitbüßen. **23-32** Gott will Babel mit dem Besen des Verderbens hinwegfegen. Das ganze Philisterland soll ebenfalls erzittern.

15 **1-9** Moab ist verwüstet und am Ende. Die Menschen sind verzweifelt und fliehen, aber Unheil und Katastrophen holen sie auch in der Ferne ein.

16 **1-7** Die Moabiter werden Zuflucht finden, der Unterdrücker muss raus, auf den Thron kommt einer, der für Recht sorgt. Aber erstmal wird's schlimm. **8-14** Sie zogen durch die Wüste und alles war vertrocknet, in drei Jahren wird Moab wieder ein wenig besser sein.

17 **1-8** Nach dem Untergang Damaskus' wird der Mensch sich abwenden von seinen Götzen und wieder auf Gott schauen.

(>) **BEI DEN GÖTZEN
AUFLAUFEN LASSEN**

9-14 Wer uns beraubt und nicht glaubt, dem wird es dreckig gehen: Verwüstung, Vertreibung und unheilbare Schmerzen, oh ja!

18 **1-7** Die kriegerischsten Völker wie die Äthiopier werden am Tag des HERRN kommen, um dem Herrn Zebaoth am Berg Zion Geschenke zu bringen.

19 **1-6** Gott selbst wird in Ägypten hart durchgreifen: einen Bürgerkrieg anzetteln, den Nil austrocknen und sie bei ihren Götzen auflaufen lassen. **7-14** Große Dörre, keine Fische. Fürsten sind Toren, Räte werden zu Narren. Gott war's gewesen, mit Taumelgeist. **15-20** Ägypten versagt. Die bibbern vor Angst und fürchten Juda. Wegen Gott, nicht wegen euch. Gott setzt in Ägypten ein Zeichen. Seinen Retter. **21-25** Denn Ägypten erkennt Gott. Sie werden ihn preisen und ihm opfern. Und Gott heilt Ägypten, segnet

es mit Frieden, und Israel und Assur auch.

20 **1-6** Gott an Jesaja: Lauf nackt durch die Stadt zum Zeichen, dass mein Volk genauso nackt ins Exil geführt wird. Niemand entrinnt. Alles klagt.

21 **1-10** Gott: Geh hin, stelle den Wächter auf; was er schaut, soll er ansagen! Späher: Da kommen Männer mit Wagen und Pferden. **11-17** Rätselwort über Duma: Den Wächtern bleibt die Nacht. Über Arabien: Nächtigt im Gestrüpp der Steppe. Denn Vernichtung kommt.

22 **1-8** Übers Schautal: Warum auf den Dächern? Alles ist doch geflohen. Schau weg. Weine. Vernichtung der Rüstung.

**TOD UND VERDERBEN –
UND ZWAR BALD** (<)

9-13 Die Stadt David und die Stadt Jerusalem ist zerstört und man sieht keine Rettung mehr und aus dem Grund wird gesündigt. Hören den Herrn nicht. **14-19** Mir hat Gott gesagt: keine Vergebung. Geh zum

Hofmeister Schebna, sag ihm: Tod und Verderben. Und zwar bald. **20-25** Und Eljakim wird König. Er wird ein guter, fester, verlässlicher König sein. Aber seine Last ist unendlich schwer. Er bricht zusammen.

23 **1-10** Rätselwort über Tyros: Heult, ihr Fernhandelsschiffe. Denn es ist nur noch Zerstörung, überall. Alles klagt, versagt, verkriecht sich. Ende. **11-18** Gott beschließt, Phönizien soll nicht mehr fröhlich sein. Als Strafe für das Huren sollen sie umherwandern, ihr Lohn dem Herrn gehören.

DER MOND WIRD ROT

24 **1-12** Wir sitzen letztendlich in einem Boot. Wenn Menschen den Bund mit Gott brechen und er sich von uns abwendet, ist das unser aller Verderben. **13-23** Ihr Besinnungslosen vor Jubel, seht: Die Fenster der Hölle sind aufgetan, die Erde bebt! Gott wird die Mächtigen richten, der Mond wird rot.

25 **1-5** Du bist Gott, ich lobe und preise dich. Du hast Wunder getan, dein Rat ist immer perfekt, du schaffst Gerechtigkeit, schützt die Schwachen. **6-12** Völkerwallfahrt zum Zion: Festessen, Erkenntnis, Leben, Freude wird dann sein. Aber die Hochmütigen werden erniedrigt werden.

26 **1-11** Lied: Gott ist groß, wir warten auf Dich, von Dir lernen wir Gerechtigkeit, Deine Feinde werden vernichtet. **12-21** Aber uns, Herr, wirst Du Frieden schaffen!

SELBST DIE GEISTLICHKEIT LALLT NUR NOCH RUM

27 **1-8** Der Herr wird kommen und Israel gegen alle Ungläubigen beschützen. Aber zum Schutz wird er das Volk wegschicken. **9-13** Die Sünde Jakobs, andere Götter verehrt zu haben, wird vergeben, indem er die Götzenbilder zerstört. Die Verstoßenen werden den Herrn rufen.

28 **1-9** Wehe den betrunkenen Führungskräften! Sie werden zertreten. Gott ist umsonst gnädig. Selbst die Geistlichkeit lallt nur noch rum. **10-18** Sie lallen – und werden fallen, die Spötter. Mit dem Tod im Bund? Nun denn, sterbt! Aber

Gott legt den Grundstein des Lebens. Glaubt es. **19-29** Und so kommt Gottes Strafe gewiss, aber sie kommt gnädig daher. Wie der Drescher einen Rest zur Saat lässt, so schenkt Gott letztlich Leben.

⊙ EINEM TOTEN GESPENST GLEICHEN

29 **1-7** Wehe über die Stadt Ariel, die so gerne feiert! Ich will dich so besiegen, dass du einem toten Gespenst gleichst und die Tyrannen verjagen. **8-15** Wer Gott nur mit dem Verstand gehorcht, aber nicht mit dem Herzen liebt, wird niemals die Wahrheit und Wirklichkeit erkennen. **16-24** Gott prophezeit goldene Zeiten. Jakob wird vom Volk geliebt werden.

30 **1-8** Wehe denen, die ohne mich planen und statt auf mich auf Ägyptens Militär trauen. Das ist vergeblich. Ägypten hilft nicht. Das gilt. **9-17** Das Volk will nicht hören. Deshalb Gottes Wort: Weil ihr mein Wort verwerft und frevelt, Verderben! Ach glaubt doch! Hofft! Das ist stark. **18-25** Der Herr wird euch gnädig sein und euch Gutes tun, wenn ihr ihn ruft. Er wird euch in Trübsal Brot und in Ängsten Wasser geben! **26-33** Dann ist alles Licht, wenn Gott den Schaden des Volks heilen wird mit Zorn gegen die kriegsführenden Völker und Freiheit für sein Volk.

31 **1-4** Wehe denen, die auf militärische Stärke setzen! Sei sie auch aus Ägypten. Ägypten: Mensch, nicht Gott! Aber Gott ist Gott. Glaube rettet. **5-9** Gott wird Jerusalem beschützen und befreien. Kehrt um zu eurem Glauben! Bald werden eure Götzen verfallen – und Assur mit ihnen.

32 **1-9** Ein König wird kommen, der alles gut machen wird: alle Kranken gesund, Böse vom Thron stoßen. Gerechtigkeit wird siegen. **10-20** Wenn Israel seiner selbst sicher ist, wird es vergehen. Der Geist aus der Höhe muss es lebendig machen, Frieden und Gerechtigkeit schenken.

33 **1-8** Der Ungerechte wird nicht ungestraft bleiben. HERR, wir warten auf Dich, der Du Zion mit Gerechtigkeit und Furcht des HERRN erfüllst. **9-18** Vielerorts erodiertes Land & Versteppung. Wohl zu sehr mit Feuer gespielt. Gerechte Regionen dagegen leben gut versorgt (Wasser & Brot). **19–24** Jerusalem wird die sichere Stadt sein, der Herr wird uns helfen. Dem Volk, das in Jerusalem wohnt, wird vergeben.

34 **1–8** Gottes Rache tötet Tiere und Menschen. Gott ist zornig über Heiden und tötet sie. Daher: Bekehrt euch! **9–17** Edom wird verwüstet werden und nicht mehr von Menschen bewohnt werden – so ist es vom Herrn bestimmt.

(>) SONNE LÄUFT RÜCHWÄRTS

35 **1–10** Alles wird schön sein, Kranke geheilt – Wasser in der Wüste. Die Erlösten gehen auf dem heiligen Weg und es wird ihnen gut gehen.

36 **1–7** Assyrien erobert die Städte Judas und fordert Hiskia heraus: Auf wen verlässt du dich jetzt noch? Das wankelmütige Ägypten? Deinen Gott? **8–15** Ziemlich derbe Sprüche des Rabschaken, der ausgesandt wurde, ein Land zu verderben, und er prophezeit die Einnahme der Stadt. **16–22** Der König verspricht, sie in ein Land zu führen, das ist wie das ihre, nicht auf Hiskia zu hören. Eljakim überbringt die Worte des Rabschaken.

37 **1–7** Hiskia zerreißt seine Kleider und sucht den Herrn. Jesaja spricht: Fürchte dich nicht, der König von Assyrien wird heimziehen und sterben. **8–14** Rabschake wollte Hiskia von Gott abbringen, aber Hiskia sagte alles Gott. **15–20** Hiskia vertraute seinem Gott voll und ganz. Er betete voller Inbrunst zu ihm: Rette uns vor dem Feind und zeige allen, dass DU stärker bist! **21–25** Jesaja lässt Hiskia sagen: Ich habe dein Gebet gehört. Der König von Assyrien hat mich verspottet. Dafür wird er bestraft werden. **26–31** Was geschehen ist, war von Gott geplant. Aber weil der assyrische König stolz geworden ist, wird Gott ihn an die Kandare nehmen. **32–38** Gott stellt sich gegen den König von Assyrien und beschützt Jerusalem höchstpersönlich. Dann schickt er seinen Engel und 185 000 sind tot.

38 **1–11** Hiskia todkrank. Betet und weint im Bett. Gott erhört und rettet ihn & die Stadt. Zeichen: Sonne läuft rückwärts. Hiskia dankt Gott im Lied. **12-22** Ich leide Not, tritt für mich ein! Lass mich wieder genesen und leben! Herr, Du hast Dich meiner Seele angenommen und hast mir geholfen.

⊙ GEHEIMVERHANDLUNGEN
MIT BABYLON

39 **1-8** BREAKING NEWS: Prophet Jesaja kündigt Besetzung Israels durch Babylonier an. König Hiskia startet Geheimverhandlungen mit Babylon.

40 **1-10** Gott beruft den Propheten, sein Volk zu trösten: Das Volk wurde doppelt bestraft, aber die Schuld ist vergeben. Gott wird dessen Schicksal wenden. **11-21** Gegenüber Gott sind die Völker der Erde wie Staub. Und trotzdem wird er sich um sein Volk kümmern und es weiden wie ein Hirte. **22-31** Gott ist größer als die Erde. Das Schlechte bekämpft er. Aber die, die auf ihn vertrauen, lässt er nicht im Stich, sondern gibt ihnen Kraft.

41 **1-11** Gott spricht zu Jakob: Ich helfe dir! Leute, die mit dir hadern, sollen umkommen. **12-20** Gott macht dem elenden Handeln meiner Feinde selbst ein Ende. Er hilft mir. Ich soll mich nicht fürchten. **21-29** Ein Prophet wird angerufen und berichtet von seinen Taten. Er behauptet, der erste gewesen zu sein, der die Botschaften zu Zion brachte.

GOTT HAT SCHNAUZE ⊙
GESTRICHEN VOLL

42 **1-10** Gott spricht: Mein auserwählter Diener wird in meinem Auftrag auf der Erde für Gerechtigkeit sorgen und meinen Namen überall verbreiten. **11-17** Jauchzt, ihr Wüsten! Lobt Gott überall! Gott schwieg, jetzt kämpft er wie ein Held, macht Dunkel zu Licht, Schluchten zu Wegen. Freiheit! **18-25** Gott hat die Schnauze gestrichen voll von Leuten, die ihre Ohren auf Durchzug und auf »Augen zu und durch« schalten.

43 **1-7** Gott spricht: Fürchte dich nicht, ich gab dir einen Namen, du bist mein. Ich gebe alles für dich, auch Menschenleben, weil ich dich liebe. **8–18** Ich bin der Gott, euer Herr, der Einzige und Wahre, das Hier und Jetzt. **19–28** Gott schafft Neues! Auch wenn es noch nicht zu erkennen ist. Mit offenen Sinnen erkennen wir es am Ende ganz gewiss.

44 **1–8** Höre, Jakob und Israel: Außer Gott – niemand! Er ist der Fels, der Erste und der Letzte. Fürchtet euch nicht! **9–15** Die Menschen sollen sich keine Götzen machen. Das ist Sünde, die ins Verderben führt. **16–22** Dumme Leute: Die Hälfte von 'nem Stück Holz verbrennen sie, aus der anderen machen sie sich 'nen Götzen. Die raffen nix! Israel: Kehr um! **23–28** Auch wenn alles in Trümmern liegt, findet Gott Wege und Mittel, wieder Leben erwachsen zu lassen, denn er ist der Schöpfer der Welt.

⊙ DIE TOCHTER BABEL IST VERWÖHNT UND ZICKIG

45 **1–10** Der Herr spricht zu Kyrus: Ich bin der Schöpfer und keiner außer mir. Vertrau auf mich, zweifle nicht, ich bin bei dir und werde dich leiten. **11–17** Die Völker werden sagen: Verborgener Gott

Israels, Heiland, nur Du bist Gott! – Israel wird erlöst. **18–25** Gott ist der Schöpfer von Himmel und Erde. Er ist allein Gott. Ihm sollen sich alle Knie beugen.

46 **1–6** Götzen taugen nix! Die übrig gebliebenen Israeliten sollen sich sicher sein: Bis sie uralt sind, wird Gott sie begleiten, tragen & erretten. **7–13** Er sagt, er ist Gott. Ein Gott, dem nichts gleicht. Zitat: »Ich will zu Zion das Heil geben und in Israel meine Herrlichkeit.«

47 **1–8** Die Tochter Babel ist verwöhnt und zickig. Doch damit ist Schluss. Nun wird sie vorgeführt, vorbei ist die Zeit der Angeberei und Wolllust. **9–15** Tricksen und Betrug zahlen sich nicht aus. Plötzlich ist man allein, erlebt wird Übles und das Schlimmste: Keiner kann helfen.

48 **1–7** Höre Israel: Ich habe euch gesagt, was kommen wird. Nun werdet ihr von mir Neues vernehmen, was ihr noch nicht wusstet. **8–16** Ihr hörtet also nicht. Das hat mich nicht überrascht. Aber um meinetwillen bekommt ihr dennoch das Heil, und zwar satt. Der Messias kommt. **17-22** Israel, hieltest du meine Gebote, so ginge es dir besser, als ein Mensch zu denken vermag. Nur die Gottlosen haben keinen Frieden.

49 **1-6** Hört zu! Gott, der mich von Mutterleib an berufen hat, spricht: Richte die Stämme Jakobs auf und bringe das zerstreute Israel zu mir zurück. **7-12** Gott spricht zum Mensch, den keiner mag. Er sagt, dass er allen Menschen immer hilft und dass auch alle das würdigen sollen. **13-21** Gott hält uns in seiner Hand. Er schützt uns. Er schmückt uns. **22-26** Gott spricht: Selbst die Heiden werden vor dir niederknien. Du wirst erfahren, dass ich der Herr bin und für dich gegen Feinde eintrete.

50 **1-6** Gott fragt: Ist mein Arm nun so kurz geworden, dass er nicht mehr erlösen kann? Oder ist bei mir keine Kraft mehr zu erretten? Doch! **7-11** Dem, der von anderen abgestoßen wird, wird Gott helfen. Wer andere abstößt, wird selber bestraft und muss auf Gottes Gnade hoffen.

51 **1-6** Gott erinnert daran, dass er Abraham berufen hat, um ihn zu segnen und verspricht den Völkern seine Gerechtigkeit und sein Heil. **7-14** Gerechtigkeit bleibt ewig, du Volk! Wach auf! Erlöste kehren heim zum Zion/Freude ergreift. Gott, Tröster: Habe dich gemacht! Gefangene eilen. **15-23** Werde wach, mein Volk, ich, Gott Zebaoth, allein werde den Traumkelch des Grimms von dir nehmen und deinen Peinigern geben.

OHNE RAFFGIER WERDEN ALLE SATT

52 **1-7** Wach auf, Jerusalem! Schmück dich, mach dich von deinen Fesseln los! Denn an jenem Tag wird klar: Dein Gott ist König! **8-15** Alle werden es sehen, wenn der Herr nach Zion zurückkehrt. Denn er hat sein Volk getröstet und Jerusalem erlöst.

53 **1-7** Gott schickt einen Knecht, der wird besonders sein und ganz hässlich. Wie eine Wurzel aus dürrem Boden, doch total verachtet, trug er Krankheit und Schuld. Gott bestrafte ihn an unserer Stelle. Er aber schwieg. **8–12** Bis in den tiefsten Tod geht sein Weg der Solidarität. Aber er wird belohnt. Denn Gott wird durch ihn der Welt das ganze Heil bringen.

54 **1–8** Ein Bild: Die Frau ohne Kinder soll sich freuen. Ja, weil Gott sie nur kurz verlassen hat, sie nicht zur Schande wird und er sich ihrer erbarmt, spricht er. **9–17** Gott schwört: Ich will nicht mehr über dich zürnen und dich nicht mehr schelten!

55 **1–7** Sch... Kapitalismus, es bringt nix. Ohne Raffgier werden alle satt. Zeige allen, dass es anders allen besser geht, solange es noch geht. **8–13** Gottes Gedanken & Wege sind höher als unsere. Sein Wort kommt nicht leer zurück. Er gibt uns Freude & Frieden. Die ganze Schöpfung rühmt ihn.

56 **1–7** Jeder Mensch, egal welcher Herkunft, wird das Heil Gottes erfahren. Er wird jeden in sein Haus aufnehmen, der seinen Namen wahrt. **8–12** Gott will die Versprengten Israels sammeln. Ihre Wächter sind wie gierige Hunde. Sie kümmern sich nicht um ihr Volk, achten nur auf Gewinn.

57 **1–7** Entsetzen! Das Böse scheint zu siegen! Der Gerechte ist tot! Doch Gott lebt! Er wird siegen! **8–13** Menschen von Gott abgewandt, ihn unterschätzt. Nur weil er sich nicht zeigt, heißt es nicht, dass er kraftlos ist. Diese Taktik = Fail. **14–21** Machet Bahn! Bereitet den Weg. Zeit des Gerichts: vorüber. Ich will sie heilen und sie leiten & ihnen Trost geben. Friede, denen Nah & Fern.

58 **1–7** Ein Prophet wird berufen. Denn das Volk fastet oberflächlich und handelt ungerecht. Wahres Fasten ist: Armut und Unterdrückung abschaffen. **8–14** Gott ist da! Sein Heil bringt mir Heilung. Sein Licht schenkt mir Licht. Seine Gerechtigkeit macht mich gerecht. Führung. Sättigung. Stärke.

59 **1–8** Gott hat immer noch eine Lösung. Mag der Karren noch so sehr im Schlamm stecken! **9–15** Schrecklich! Es ist kein Recht da, keine Gerechtigkeit! Wir tappen wie Blinde ins Verderben! Nirgendwo Wahrheit! Gott sieht es widerwillig. **16-21** Gott wundert sich! Und er ergreift die Initiative.

60 **1-6** Der HERR ist dein Licht, geh ihm entgegen! Die Heiden werden zu dir kommen, ihren Reichtum zu bringen und den Herrn zu loben. **7-14** Alles wird gut. Jerusalem wird zum Zentrum des Friedens, Mauern und Tore sind nicht mehr nötig. Freiheit, Gleichheit, Versöhnung! **15-22** Und das alles ist für immer und ewig, denn ich, Gott selbst, bin jetzt dein Licht und dein Heil, Garant für Frieden und Gerechtigkeit. Amen.

61 **1-5** Aufgabe des gesalbten Propheten: den Menschen versichern, dass alles gut wird. **6-11** Ihr aber sollt Gottes Priester sein. Man wird euch versorgen und ihr werdet berühmt sein in aller Welt. So geht Gottes Gerechtigkeit auf.

62 **1-7** Um Zions willen will ich nicht schweigen, bis seine Gerechtigkeit aufgehe wie ein Glanz. **8-12** Gottes Zusage: Deine Feinde be-

kommen nichts mehr – es bleibt dir, was du erwirtschaftet hast – bereitet dem Volk den Weg! Ein heiliges Volk!

63 **1-5** Wer kommt denn da aus Edom? Prächtig und ganz in Rot? Ich bin's. Warum so rot? Es ist Blut der Völker, weil ich die Kelter getreten habe. **6-12** Die Gegenwart Gottes half, weil Gott liebte. Nach Umwegen und Widerspruch gegen Gott erinnerte sich sein Volk an diese Treue. Gott, wo bist Du? **13-19** Auf Gott war Verlass, darauf vertrauen wir. Nur – wo bist Du, Gott? Die Erinnerung hilft nicht weiter – heute brauchen wir Dich! Hilf uns.

LÖWE FRISST STROH

64 **1-5** Vertrauen in Gott tut wohl allen – und in allem, die sich IHM öffnen, auch wenn das Leben besudelt ist, auch wenn mein Herz fremdgeht. **6-11** Gott, es geht uns richtig schlecht! Hab doch Mitleid mit uns! Du bist doch unser Vater!

65 **1-9** Ich ging ihnen nach, warb um sie, obwohl sie ungehorsam waren. Aber wenn Hoffnung besteht, werde ich Barmherzigkeit und Zukunft schenken. **10-17** Wer als Nachfolger Gottes lebt, lebt in Vollendung: voll Freude – ohne Jammer. Ohne Gott geht's am Leben vorbei! Er macht den neuen Himmel. **18-25** Verheißung: Jerusalem zur Wonne, sein Volk zur Freude. Alle werden uralt. Gott in Rufnähe. Wolf und Schaf beieinander. Löwe frisst Stroh.

66 **1-6** GOTT ist immer ALLES in ALLEM und über ALLEM! **7-13** Das heilige Jerusalem wird verglichen mit der Geburt eines Kindes. Sind die Geburtsnöte überstanden, herrscht Freude, Frieden, Liebe und Trost. **14-18** Ihr werdet's sehen: Gott wird die Erde durch Feuer und Schwert richten, nur seine Knechte haben's dann gut und sind auf der sicheren Seite. **19-24** Gott schafft die Voraussetzungen – wir müssen die Entscheidung treffen – so oder so, es liegt bei uns – Gott hat seinen Teil erfüllt.

Der Prophet Jeremia

⊙ KOMPLETT NEU ANFANGEN,
STATT ZU FLICKEN

1 1-12 Jeremia erhörte das Wort Gottes. Gott wählte ihn aus, ein Prophet zu sein. Furchtlos soll er predigen im ganzen Lande, denn Gott ist bei ihm. 13-19 Gott: Die Völker des Nordens werden Unheil über das ganze Land bringen. Ob ihrer Bosheit werde ich sie richten. Jeremia, predige es ihnen.

2 1-6 Der Herr sprach: Früher war Israel ein heiliges Land. Warum habt ihr mich vergessen und seid mir untreu geworden? 7-13 Gott: Ich gab euch das Schlaraffenland und ihr macht es unrein. Ihr kehrtet euch von mir ab, so muss ich euch in 4 Generationen richten. 14-21 Ist Israel ein Sklave? Du bist selbst schuld. Deine Bosheit, dein Ungehorsam sind gotteslästerlich. 22-29 Du kannst deine Schuld nicht abwaschen, schon gar nicht durch Leugnen. Ihr huldigt den Götzen, aber in der Not schreit ihr nach mir.

30-37 Alle Ungläubigen und Sünder sterben nicht als Helden und werden nicht von Gott aufgenommen.

3 1-4 Soll es bei einer Scheidung etwa ein Zurück geben? Nach all der Hurerei? 5-12 Israel trieb Hurerei und wird bestraft, Juda sieht es und treibt auch Hurerei, doch Israel ist gerechter als das treulose Juda. 13-18 Erkennt eure Schuld der Gottesuntreue und kehrt um, so will ich euch Heimat und Führung geben. Ihr solltet dann die Bundeslade nicht missen. 19-25 Statt mich »Lieber Vater« zu nennen, weicht ihr ab und seid ungehorsam. Ich heile euch nur, wenn ihr bereut.

4 1-3 Wenn du dich bekehren willst, Israel, wende dich zu mir. Schließe mit deinem alten Leben voll ab und fange komplett neu an, anstatt zu flicken. 4-11 Beschneidet euch, damit euer Herz offen ist. Flieht in feste Städte vor dem Unheil des Nordens, das ich bringe. Herr, warum täuschst Du uns? **12-22** Jerusalem wird belagert und angegriffen als Strafe für seinen Wandel. Gott sieht seine Leute als toll und unbelehrbar. **23-31** Ich sah die Welt in Trümmern, wie von Gott gesagt. Er spricht: Was willst du tun, Überwältigte? Wer dich jetzt mag, wird dich verachten.

> ### LIEBER TOT ALS LEBENDIG

5 **1-7** Jerusalem hat sich von Gott abgewandt und ihm abgeschworen. Dennoch wird ihr vergeben, findet sich einer, der Recht übt und wahr spricht. **8-16** Du sollst nicht die Frau deines Nächsten begehren! Ihr zweifelt an meiner Strafe. Verbrennt! Ein fremdes Heldenvolk wird euch beherrschen! **17-22** Sie werden euch erobern und alles vernichten. Dient ihr fremden Göttern, so solltet ihr selbst Fremden dienen. **23-31** Mein Volk denkt nicht daran, zu mir umzukehren. Viele locken sogar noch andere ins Verderben. Aber ich mache dem ein Ende, spricht Gott.

6 **1-10** Zion, rüstet euch zum Krieg gegen die Nordfeinde. Sie kommen, weil in Jerusalem die Bosheit wohnt. Bessert euch, ehe ich mich abwende. **11-19** Die Wut über sie ist so groß, dass die Sünder vor Gott treten müssen und er sagt: Kehrt zurück auf meinen Weg. Sie weigern sich! **20-30** Gott: Eure Opfer gefallen mir nicht mehr. Gott sendet Krieger, um das Volk zu prüfen und zu strafen.

7 **1-11** Gott sprach zu Jeremia: geh und sprich: Bessert euer Leben! Keine Gewalt gegen Witwen und Fremde, kein Götzendienst! Ich kenne eure Sünde! **12-20** Schaut, was ich mit Silo gemacht habe. So soll es euch auch ergehen, weil ihr nicht hören wollt auf mein Wort. Ihr opfert fremden Göttern. **21-28** Dies ist das Volk, das auf die Stimme des Herrn, seines Gottes, nicht hören noch sich bessern will. Ihr seid halsstarrig und schlimmer als Dad. **29-34** Schneidet euch die Haare und pienst, denn Gott verstößt euch, weil ihr ganz und gar nicht hört und alles falsch macht.

8 **1-2** Gott spricht: Man wird die Gebeine der Bewohner Jerusalems aus ihren Gräbern werfen in die Sonne, die sie geliebt und der sie gedient haben. **3–11** Alle, die übrig bleiben, werden lieber tot als lebendig sein. Jerusalem hält fest am falschen Gottesdienst. Eure Wahrheit ist eine Lüge. **12–16** Die Menschen haben anderen Lebewesen oder der Natur Böses getan und werden dafür bestraft. Menschen und Natur werden vernichtet. **17–23** Schlangen sollen euch beißen. Euer Ungehorsam macht mich krank. Wäre mein Kopf eine Quelle, würde ein ständiger Fluss meinen Augen entrinnen.

9 **1–8** Wenn ich könnte, würde ich flüchten, denn meine Leute sind verdorben. **9–17** Gott spricht: Ich will die Städte Judas zur Wüste machen. Weil sie mein Gesetz verlassen, werden sie unter die Völker zerstreut. **18–25** Der Herr spricht: Rühmt euch nicht eurer Weisheit, Stärke oder Reichtums. Ihr sollt den gerechten Gott kennen, denn solches gefällt ihm.

⊙ JUDA UND JERUSALEM SIND FERTIG

10 **1–8** Gott sagt: Ihr sollt euren Glauben lieben und nicht glauben, was die Heiden sagen. Der Herr ist groß, habt keine Angst. **9–15**

Prunkvoll gestalten die Künstler die Götzenbilder. Doch Gott ist alles: Blitz, Donner, Regen, Wolken, Wind, Erde und Himmel. Ihr seid nichts. **16–25** Es will mir nichts gelingen. Ich bin verlassen. Züchtige mich, Herr, aber lass' mich am Leben. Töte aber alle Heiden, die Jakob vernichteten.

11 **1–8** Jeremias Worte Gottes: Hört auf den Bund. Gehorcht mir. Haltet die Gebote. Das sage ich euch nicht zum 1. Mal & ihr haltet euch nicht dran! **9–16** In Juda und Israel machen sie die gleichen Fehler, wie einst ihre Väter. Gott ist sauer, weil sein Volk andere Götter angebetet hat. Dafür will er es bestrafen. **17–23** Wie ein argloses Lamm wurde ich zur Schlachtbank geführt. Gerechter Gott, richte die Männer von Anatot vor meinen Augen.

12 **1–5** Herr, warum geht's den Bösewichten so gut? Und warum prüfst Du mich dagegen ständig, obwohl Du mich schon kennst? **6–12** Auch deine Familie spricht mit gespaltener Zunge. Verwüster wird übers ganze Land kommen und niemand wird Frieden haben. **13–17** Sie haben Weizen gesät, aber Dornen geerntet, weil der Herr zornig ist. Ich werde immer Zuckerbrot und Peitsche verwenden, zuerst die Peitsche.

13 1–10 Der Herr sagt zu Jeremia: Kauf Gürtel und behandle ihn, wie ich es dir sage. Nach langer Zeit löst der Herr das Gleichnis seines Handelns auf. 11–19 Israel und Juda sind an mich gebunden. Sie sollen DAS Volk sein, mir zum Ruhm, zu Lob und Ehren. Aber sie sind unartig. Ich komme ohne Mitleid. 20–27 Wer nur Schlechtes gewöhnt ist zu tun, kann nichts Gutes vollbringen. Jerusalem ist unrein, dies soll für alle sichtbar sein.

14 1–9 Juda und Jerusalem sind fertig. Das Volk trauert. Es gibt kein Wasser. Sie flehen Gott um Hilfe an! 10–15 Das Volk wird nicht gerettet, das falschen Propheten zuhört und dem Herrn nicht gefällt. Falsche Propheten sollen sterben. 16–22 In Jerusalems Straßen und auf dem Lande soll ein Massensterben stattfinden. Gott, wir erkennen unsere Sünden. Hilf uns, um deinetwillen!

15 1–5 Mose, Samuel – dieses Volk ist mir egal. Ich will ihnen vielerlei Plagen schicken, damit alle Königreiche den Schrecken sehen. Seid gewarnt. 6–10 Nun sind die Mütter dran. Sie sollen verderben. Weh' dem, dessen Mutter dem sündigen Israel angehört. 11–16 Gott: Etliche überleben, aber das Heer aus dem Norden plündert euch aus. Jeremia: Räche mich an meinen Verfolgern, dein Wort tröstet mich. 17–21 Warum quält es mich so lange? Tja, hältst du zu mir, halte ich zu dir, sprach Gott. Predigst du für mich, dann schütze ich dich.

16 1–8 Gott: Nimm' dir hier keine Frau, mach' hier kein Kind, denn sie alle sollen sterben. Hier spende ich keinen Frieden. 9–15 Ich will Not bringen. Sag dem Volk als Grund, dass ihre Väter andere Götter anbeteten. 16–21 Mit seinen Helfern sammelt Gott alle von überall her, deren Missetat und Götzendienst er vergibt, denn er ist der allmächtige Gott.

17 1-8 Wer sich nicht auf Gott verlässt, endet als vertrockneter Dornstrauch in der Wüste. Judas ist das beste Beispiel, wie man es nicht macht. 9-13 Das Herz ist ein verzagtes Ding. Niemand außer Gott kann es ergründen, Nieren prüfen und er gibt jedem nach seinem Tun. 14-22 Jeremia zu Gott: Lass den Tag des Unheils über meine Widersacher kommen. Gott hatte gesagt: Sag ihnen, sie sollen den Sabbat heiligen.

 DAS TÖPFERGLEICHNIS

23-27 Heiligt den Sabbat – und Juda und Jerusalem sind für immer prosperierende Städte. Missachtet ihr den Sabbat, werde ich alle Häuser anzünden.

18 1-10 Das Töpfergleichnis: Wie Ton in der Hand des Töpfers, so ist Israel in der Hand Gottes. Wenn es nicht Buße tut, wird Gott seine Güte bereuen. 11-16 Gott: Ich bereite euch Unheil, bekehrt euch, bessert euer Tun. Eure Antwort: Nix da! Kann man noch respektloser sein? 17-23 Ihr wolltet mir, Jeremia, Böses und mich mit meinen Worten schlagen, nicht auf mich hören? So soll Gott euch Krieg und Verderben schicken.

WEIL SIE STURE BÖCKE SIND UND NICHT ZUHÖREN WOLLEN

19 1-6 Gottes Warnung an Jerusalem: Weil ihr den Götzen Baal anbetet und ihm Kinder opfert, kommt großes Unheil und Zerstörung über euch! 7-12 Diese Stadt und die Bewohner sollen zerbrochen werden, wie ein Tongefäß. 13-15 Gott: Unheil komme über diese Stadt und ihre Orte, wie ich es vorhergesagt habe, weil sie sture Böcke sind und nicht zuhören wollen.

20 1-6 Paschhur lässt Jeremia frei. Paschhur soll mit ansehen, wie alles zugrunde geht. In Babel soll er sterben und mit allen Belogenen begraben werden. 7-11 Herr, Du hast mich überredet und gewonnen. Ich bin vielleicht der Spott der Nation, aber Du bist immer da und setzt Dich für mich ein. 12-18 Gott, lass' mich Deine Rache an ihnen sehen. Warum bin ich bloß geboren, wenn ich doch jeden Tag all das Leid sehen muss?

21 **1-7** Jeremia soll im Namen des Königs Gott wegen des Kriegs gegen Babel befragen. Gott bringt aber Pest *&* dem Rest Gefangenschaft in Babel. **8-14** Gott: Ich bin euer Weg zum Leben und zum Tode. Ich begegne euch nach der Frucht eures Tuns.

22 **1-10** Jeremia verkündigt dem König Judas, wenn er nicht Gerechtigkeit gegenüber Fremdlingen walten ließe, werde Gott das Haus Judas zerstören. **11-16** Schallum wird nicht wieder zurückkehren. Er wird in Gefangenschaft sterben. Weh dem Ungerechten, der protzt und mich nicht mal erkennt. **17-23** Du bist ja nur darauf aus, für deinen Vorteil anderen Schlechtes zuzufügen, so wie Jojakim, der nicht auf Gott hörte und zuschanden kam. **24-30** Wäre Konja, Sohn Jojakims, mein Siegelring, würde ich ihn abreißen und den Hunden zum Fraß vorwerfen. Er wird sein Leben lang glücklos sein.

23 **1-7** Ihr falschen Führer habt das Volk nicht umsorgt. Dafür werdet ihr büßen. Ich werde neue Hirten einsetzen, die für das Volk da

sind. **8-15** Die Propheten und Priester Jerusalems werde ich vergiften, denn sie sind ruchlos. Sie sind wie Sodom und das Volk wie Gomorra. **16-24** Gott: Hört nicht auf die falschen Propheten. Keiner von ihnen verkündet das wahre Wort Gottes, keiner dient mir. Ich sehe und höre alles! **25-32** Gott: Ich höre diese Lügner, die nicht für mich sprechen und euch irreführen wollen. Ich habe sie nicht gesandt. Sie sind unnütz. **33-40** Fragen die Lügner dich: Welch Unheil wird der Herr schicken? Dann antwortet: Ihr seid die Last und Gott wird euch wegwerfen.

24 **1-3** Der Herr zeigt mir 2 Feigenkörbe, die vor einem Tempel stehen. Er fragt mich nach dem Inhalt. Ich sehe 2 gute und 2 schlechte Feigen. **4-10** Gott: Die Weggeführten aus Juda sollen mein Volk sein mit allen Annehmlichkeiten, der Rest soll an Pest und Hunger leiden.

BEKEHRT EUCH – SONST EXITUS

25 **1-7** Jeremia an Volk: 29 Jahre habe ich euch Gottes Wort gepredigt, doch ihr wollt nicht hören. Ihr erzürnt mich und den Herrn zu eurem Unheil. **8-14** Gott: Weil ihr nicht hören wollt, werde ich alle Nordvölker zum Krieg gegen euch aufhetzen. 70 Jahre dürft ihr dann Babel dienen. **15-27** Gott zu Jeremia: Lass alle Völker aus diesem Becher mit dem Wein meines Zorns trinken. – Jeremia reicht ihn allen Königen und Fürsten. **28-31** Gott: Ich zwinge euch zu trinken, bis ihr euch übergeben müsst. Speit das Böse aus. Mein Ruf wird bis an die Enden der Erde erschallen. **32-38** Die Plage wird von Volk zu Volk springen. Ein Unwetter wird kommen. Ihr werdet alle zerbrechen wie eine wertvolle Vase.

26 **1-9** Gott: Sprich im Vorhof zum Tempel: Bekehrt euch, sonst Exitus. Jeremia spricht. Priester und Volk fordern: Tod dem Defätisten Jeremia! **10-16** Jeremia soll von den Oberen Judas zum Tode verurteilt werden, weil er gegen die Stadt gepredigt habe. Jeremia bekennt sich aber als Prophet. **17-24** Die Oberen ließen schon mal einen Propheten, Uria, töten. Aber Jeremia gewährte man lieber Schutz und gab ihn nicht in Volkes Hände.

27 **1-8** Gott zu Jeremia: Lege ein Joch in deinen Nacken und schicke Boten zu allen Königen: Ich habe alles auf Erden gemacht, jetzt herrscht Babel. **9-15** Meinungsaustausch zu dem Thema, ob man sich dem König von Babel unterwerfen soll oder nicht. **16-22** Jeremia: Vertraut Gott, nicht aber lügenden Propheten. Die Geräte der Messe werden zur rechten Zeit nach Babel zurückkehren.

MEHRET EUCH

28 **1-9** Gott: Das Joch Babels wird zerbrochen. Alles Geplünderte wird von dort zurückkehren. Erfüllt Gott sein Wort, ist der Prophet groß. **10-17** So wie das hölzerne Joch Jeremias sei das Joch Babels zerbrochen. Nun bekommen alle Völker das eiserne Joch Babels, um ihm zu dienen.

29 **1-9** Jeremia an die, die nach Babel geführt wurden: Lasst euch nieder, mehret euch und hört nicht auf falsche Propheten. **10-18** Gott: Nach 70 Jahren babylonischem Exil, Heimkehr! Sucht mich von ganzem Herzen! Den Neuen in Jerusalem schicke ich die Pest. **19–23** Gott: Diese falschen Seher gebe ich in die Hände Babels, damit man sie totschlage und ihre Namen zu Schimpfworten werden für ihre Lügen. **24–32** Weil Schemaja falsche Briefe versandt hat, weil er schrieb, vom Herrn gesandt zu sein, werden er und sein Volk nichts Gutes erfahren.

GOTT WIRD ALLE TRAURIGEN TRÖSTEN

30 **1–9** Heilsverkündigung des Jeremia: Das Schicksal des Volkes wird sich wenden. Das Exil und die Unterdrückung werden ein Ende haben. **10–15** Fürchte dich nicht Jakob, Volk Israels. Ich will dich erretten. Ich helfe dir. Sündern und die sich Gott nicht zuwenden droht Strafe. **16–24** Wenn A von B erniedrigt wird und ein Leid hat, bestraft Gott B und hilft B danach wieder, »gesund« zu werden.

31 **1–9** Israel, Volk Gottes, gerettet aus der Wüste, getröstet, geleitet – freut euch, jauchzt! ER liebt uns ewig und holt uns zu sich aus lauter Güte. **10–17** Gott wird alle Traurigen trösten! **18–23** Gott straft

und erzieht zwar den Sünder, aber hält es kaum aus und will ihm viel lieber schnell vergeben, wenn er umkehrt. **24–30** Gott: Es kommt die Zeit, in der ich Israel und Juda nur Gutes tun werde. Und ein jeder wird nur nach seiner eigenen Schuld gerichtet werden. **31–35** Gott kündigt einen neuen Bund mit dem Hause Israel und Juda an. Dann werden ihn alle Menschen erkennen und er wird ihre Sünden vergeben. **36–40** Gott: Wird der Glaube an mich je verschwinden, wird auch die Existenz Israels enden. Jerusalem soll heilig sein.

VON BÖSEN GEDANKEN REINIGEN

32 **1–8** Babel belagert Jerusalem. Jeremia ist gefangen von Juda für seine Predigten, doch er verkündet weiter Gottes Wort. **9–17** Das Wort des Herrn riet mir zu einem Ackerkauf und so geschah es. Jeremia betete: Herr, Du hast alles gemacht. Nichts ist Dir unmöglich. **18–25** Der Herr gab ihnen ein Land, in dem Milch und Honig fließt, doch sie wandten sich ab. Darauf zürnte er ihnen. **26–33** Denn Gott, der alles Sehende, straft diejenigen, die sich von ihm abwenden und fremden Göttern huldigen. **34-39** Da ihr falsche Zungen predigen lasst, will ich das Volk Israels heimholen und sicher wohnen lassen. Solange sie mich ehren, geht es ihnen gut. **40-44** Ich will einen Bund mit Israel schließen, viel Gutes über sie kommen lassen und ihr Geschick wenden, spricht Gott, der Herr.

33 **1-9** Gott: Ich will Juda und Israel nun heilen und Frieden bringen, sie reinigen von bösen Gedanken und allen Sünden. Das soll mein Ruhm sein. **10-16** Auch wenn Jerusalem und Israel wüst und leer sind, werden sie bald wieder blühen. Und David wird einen Sohn haben, der Gerechtigkeit schafft. **17-26** Gott: Alles ist mit mir verbunden. Ich will Davids Geschlecht mehren und die Leviten, die mir treu sind. Wenn mein Bund bricht, endet alles.

34 **1-6** Gott: Ich gebe Jerusalem in Babels Hände. Er soll die Stadt verbrennen. Auch Juda soll fallen, doch der König darf im Frieden sterben. **7-11** Während der Belagerung schließt der König von Juda einen Bund, alle Sklaven freizulassen, aber danach fordern alle ihre Sklaven zurück. **12-17** Weil Israel Freiheit erfahren hat, sollen alle 7 Jahre die Sklaven freigelassen werden. Doch Israel hält sich nicht daran und wird bestraft. **18-22** Gott: Alle, die meinen Bund brechen, werden wieder belagert und ins Unglück gestürzt. Ich bringe den Krieg zurück, bis alles verwüstet ist.

35 **1-10** Bring die Rechabiter in den Tempel und gib ihnen Wein. Diese dürfen wegen eines Gelübtes keinen Wein trinken und kein Haus bauen oder säen. **11-14** Gott erzürnt sich über die Bürger von Juda und Jerusalem, weil sie seinen Worten nicht gehorchen wollen. **15-19** Gott spricht: Ich habe meine Propheten zu euch gesendet. Ihr habt euch nicht geändert. Deshalb wird nun Unheil über euch kommen.

DER KÖNIG VERBRANNTE WORTE JEREMIAS

36 **1-8** Gott: Jeremia, schreibe alles auf. Vielleicht bekehren meine Worte die Judäer, denn meine Drohungen sind große, falls sie nicht wollen. **9-16** Bei einem Fasten in Jerusalem liest Baruch aus Jeremias

Schriftrolle. Als es die entsetzten Oberen hörten, meldeten sie es dem König. **17–26** Der König bekam die Schrift, verbrannte sie, schickte Männer, Baruch und Jeremia zu ergreifen, doch diese konnten sich verstecken. **27–32** Der König verbrannte Worte Jeremias. Dafür sagte der Herr, wird Unheil über die Familie kommen. Jeremia schrieb es nochmals.

37 **1–9** König von Babel machte Zedekia zum König von Juda. Aber das Volk hörte nicht auf den Herrn. Als Strafe schickt Gott viele Feinde. **10–16** Der Herr spricht: Die Chaldäer werden abziehen. Jeremia kam durch ein Missverständnis zu den Bürgermeistern und wurde dort geschlagen. **17–21** Zedekia fragt Jeremia nach dem Wort Gottes. Jeremia verkündet dessen Ende. Da bekommt er Angst und tut, was Jeremia wünscht.

38 **1–6** Jeremia sagt den Tod aller Stadtbürger an. Die Oberen wollen Jeremia für seine Reden töten lassen und werfen ihn in den Zisternenschlamm. **7–13** Der Kämmerer des Königs beschwert sich bei diesem über die Behandlung Jeremias.

Der König lässt ihn befreien. **14–20** Jeremia sagt Zedekia, dass er nur leben wird, wenn er sich Babel ergibt. Zedekia hat Angst, doch Jeremia rät, Gott zu vertrauen. **21–28** Ergibst du dich nicht, müssen alle Frauen und Kinder hinaus und du wirst brennen. Zedekia und Jeremia bilden Pakt. Jerusalem wird erobert.

39 **1–9** Nebukadnezar belagerte Jerusalem – der König floh, wurde gefangen und seine Obersten zum Tod verurteilt. Alle anderen mussten nach Babel. **10–18** Nebukadnezar will Jeremia verschonen. Auch der Kämmerer soll nach Gottes Willen entkommen, weil er Gott vertraut hat. So kommt es.

40 **1–5** Nebusaradan, der Leibwachenchef, führt Jeremia aus der Stadt und stellt ihm frei zu gehen oder ihm nach Babel zu folgen. **6–11** Jeremia bleibt im Lande und kehrt zu Gedalja zurück, der nun herrschen soll. Viele kommen zu ihm. Der verspricht ihnen Wohlergehen. **12–41** Johanan berichtet Gedalja von einem Komplott. Dieser glaubt es nicht. Doch Johanan hatte recht. Gedalja wird erschlagen.

41 **3-10** Jischmael lockt auch andere Judäer und Chaldäer in die Falle. Alle Erschlagenen wirft er in die Zisterne und entführt die Übrigen. **11-18** Eine Streitmacht richtet sich gegen Jischmael, aber er entkommt. Aus Angst wollen die Übrigen und das Heer Johanans nach Ägypten flüchten.

⊙ JEREMIA – ALS LÜGNER
   BEZEICHNET

42 **1-10** Jeremia, bete für uns Übrige. Was sollen wir tun? Wir werden Gott gehorchen. Jeremia geht beten und kehrt nach 10 Tagen zurück. **11-16** Gott bereut das Unheil, das er über sein Volk kommen hat lassen. Er verspricht Hilfe und warnt davor, sich durch Bündnisse selbst zu helfen. **17-22** Der Herr ist immer und überall. Und wo immer ihr auch seid, er wird über euch richten, wenn ihr nicht auf seine Stimme hören wollt.

43 **1-6** Jeremia wird als Lügner bezeichnet. Und sie hören nicht auf die Stimme Gottes. Statt in Juda zu bleiben, ziehen sie nach Ägypten. **7-13** Gott lässt Jeremia verkünden, dass er Nebukadnezar senden wird, um Ägypten zu erobern und zu zerstören.

44 **1-8** Jeremia predigt über das Unheil, dessen Zeuge alle wurden und dass sie das nicht vergessen sollten, weil es sonst von Neuem beginnt. **9-14** Habt ihr die Sünden der Väter vergessen? Gott wird den Rest Judas und die, die nach Ägypten geflüchtet sind, vernichten. **15-20** Das Volk antwortet Jeremia, dass es mit dem Götzendienst fortfahren will. Jeremia antwortet: **21-25** Euch ist Unheil widerfahren, weil ihr nicht auf das Wort Gottes gehört habt u. seinen Gesetzen nicht gefolgt seid. Haltet nun euer Gelübde. **26-30** Gott: Kein Judäer in Ägypten soll meinen Namen aussprechen und sterben, bis sie erkennen, dass mein Wort die Wahrheit ist.

45 **1-5** Gott an Baruch: Du begehrst viel zu viel und jammerst auch noch. Dafür werde ich dir alles nehmen. Nur dein Leben darfst du behalten.

46 **1-9** Gott an alle Völker: Rüstet euch zum Krieg! Wer ergreift hier die Flucht? Der Schnelle kann nicht davonlaufen u. der Starke nicht entrinnen. **10-16** Lasst uns gehen, wohin wir gehören, wo unsere Heimat ist, zu unserem Vater: Vater, wir haben gesündigt vor Dir, wir sind Deiner nicht wert. **17-23** Gott: »Prahlhans« heißt dieser Pharao. Er wird gewaltig über das Land ziehen. Sein Heer ist nicht zu zählen. Es sind mehr als Heuschrecken. **24-28** Nach der Verwüstung soll Ägypten wieder werden wie früher. Fürchte dich nicht, Jakob. Ich bin bei dir, muss dich aber maßvoll richten.

47 **1-7** Jeremia verkündet, dass Gott auch die Philister verderben wird und dass Gaz erobert wird.

48 **1-10** Gott: Nebo, Kirjatajim, Heschbon, Madmen, Horonajim, Moab, Luhit, Kemosch – all diese Städte und Gebiete werden verwüstet und geplündert. **11-20** Moab wird vernichtet werden. **21-33** Gott sprach: Macht Moab betrunken, auf dass er sich übergibt. Wein ist aber rar und so sind Freude und Wonne hinweggenommen. **34-41** Die Menschen in Moab werden bestraft, weil sie Opfer für mehrere Götter bringen. **42-47** Gott: Moab war besonders böse. Darum wird überall nur Feuer und Schrecken sein. Danach wird es sich erholen mit meiner Hilfe.

DAMASKUS GIBT AUF

49 **1-6** Gott: Auch bei den Ammonitern soll Krieg herrschen. Milkom verlässt sich auf seine Bodenschätze und ist protzig. Dafür wird er bestraft. **7-15** Zebaoth vernimmt die Kunde und überbringt die Botschaft, dass sich das Volk zum Kampf bereithalten sollte. **16-21** Edom soll verwüstet werden und die Übeltäter sollen fliehen, bevor sie mit untergehen. **22-26** Er breitet die Flügel über Borza aus. Die Herzen der Helden werden hart. Hamat und Arpat verzagen, ihr Herz bebt. Damaskus gibt auf. TOD. **27-32** Damaskus wird verbrennen. Kedar und Hazor werden gewarnt, sie sollen fliehen. Vieh wird geraubt, sie selbst werden zerstreut. Not überall. **33-39** Hazor wird Wüste. Gott @ Jeremia: Elamiter werden vertrieben, getötet, entkönigt und entfürstet. Später wird's aber wieder besser.

50 **1-7** Nun wird auch Babel genommen und das Land der Chaldäer. Dann werden sie alle den Bund mit Gott suchen. **8-16** Babel soll zerstört werden, da die Stadt gesündigt hat und nun Vergeltung geübt werden soll. **17-24** Gott: Alle Feinde Israels, die ich schickte, werden nun ebenfalls vernichtet. Israel aber wird sich nun wieder erholen, weil ich vergebe. **25-32** Gott will Babel zerstören, da es stolz wider den Herrn gehandelt hat. **33-39** Gott wird Israel erlösen. Babel wird dagegen erzittern und das Schwert wird dieses Götzenland richten. **40-46** Grausame Nordkrieger werden über Babel herfallen und es zerstören wie Gott einst Sodom und Gomorra untergehen ließ.

51 **1-6** Herr: Wind gegen Babel, Angriff: Keine Gegenwehr, Gemetzel an den Chaldäern. Israel + Juda aber verschont. Also Flucht aus Babel. Herr: Rache. **7-13** Gottes Musterstadt Babel fällt tief und wehrt sich gegen Hilfe. Kämpft gegen Babel! Gott selbst will der Stadt ein Ende setzen. **14-24** Gott macht den Regen, den Wind und das Gewitter.

Er erschafft alle Dinge und Babel war seine Kriegswaffe, die er nun selbst vergelten wird. **25-32** Gott: Eine ewigen Wüste sollst du sein, Babel. Ich rufe alle Völker auf, sich gegen Babel zu erheben. Babel fällt. **33-41** Nebukadnezar hat Gott für seine Macht ausgenutzt. Der Missbrauch wird bestraft werden und Babel wird eine Wüste sein, ein Bild des Jammers. **42-50** Macht, dass ihr aus Babel rauskommt! Gewaltige Katastrophen werden diese Metropole, die den Götzen dient, auslöschen. **51-57** Babel ist verwüstet, die Vergeltung kommt. Wer flüchten kann, soll Jerusalem in seinem Herzen tragen. **58-64** Jeremia schreibt Buch darüber, dass Gott Babel zerstören will. In dem Buch stimmt Jeremia Gott zu.

52 **1-10** Zedekia regierte Jerusalem 11 Jahre, bis es Gott störte. Der König von Babel nahm es ein. Zedekias Söhne wurden getötet. **11-19** Unter Nebusaradans Führung brandschatzt und plündert das Heer Babels Jerusalem und nimmt Gefangene. Sogar der Tempel wird niedergebrannt. **20-29** Tempel: Säulen, alles sehr reich mit Granatäpfeln. König von Babel tötet die Obersten, viele von Juda & Jerusalem kommen ins Exil. **30–34** Alles wird gut für Jojachin, König Judas: Nach 37 Jahren darf er aus dem Kerker und von nun an mit Babels König, Evil-Merodach, schmausen.

VOM GEFÜHL, VERLOREN ZU SEIN

1 1-8 Es ist die Rede von der Stadt Jerusalem. Sie wurde von Fremden eingenommen und das Volk Israel wurde verjagt – Jeremia klagt darüber. 9-15 Die Tochter Juda war sehr egoistisch, so zeigt sie Gott, dass sie nie zufrieden war. Er nahm ihr alles, um zu zeigen, dass es so nicht geht. 16-22 Zion wurde ihrer Kinder beraubt und möchte, dass es ihren Feinden wie ihr ergehen wird und Gott sie für ihre Missetaten richtet.

2 1-6 Gott ist wie ein Feind geworden. Er zerstört Israel (Zion, Juda und die Wohnungen Jakobs) und bringt Leid über sie durch seinen Zorn. 7-12 Der Herr hat die Mauern der Tochter Zion vernichtet und auch andere Dinge zerstört. Sie finden sich nicht gut zurecht und sind traurig. 13-18 Das Volk Israel hat große Schande auf sich geladen. Gott hat seine Gnade entzogen, daher geht es ihnen schlecht. Weis-

sagte Jeremia. 19-22 Sucht Gottes Nähe, denn großes Leiden kam über euch. Hört auf, Schlechtes zu tun.

3 1-20 Der Mann ist durch Gott in die Finsternis gekommen, denn Gott hat sich gegen ihn gewendet. Gott missachtet ihn. 21-38 In Trübsal und Schmach ist dies unsere Zuversicht: Der Herr bestimmt Gutes und Böses und erbarmt sich dessen, der geduldig auf ihn hofft. 39-54 Die Erfahrung, Sünde zu begehen und dafür geradestehen zu müssen, führt Jeremia zu großem Leid & dem Gefühl, verloren zu sein. 55-66 Gott, Du sagtest mir, fürchte dich nicht, weil Du führst und mich erlöst. Nun geschieht mir Unrecht. Strafe sie, die mich verhöhnen.

4 1-8 Israeliten haben durch Sünden ihren immateriellen Reichtum verloren, diese Sünden waren schlimmer als die Sodoms. Sie wurden bestraft. 9-16 Die Juden und gerade ihre Priester bauen Mist. Daher straft Gott sie mit seinem

Zorn. **17-22** Wir warteten auf Hilfe, die nicht kommen konnte. Nun sind unsere Feinde da. Der Gesalbte ist gefangen. Der Herr schützt uns trotzdem.

5 **1-11** Es geht uns in jeder Hinsicht dreckig, schlimmer kann es gar nicht mehr kommen. Sieh doch, dass wir nicht mehr können, Gott. **12-22** Die Schandtaten sind Folgen unserer Sündigungen, da wir den Weg Gottes verlassen haben. Er soll uns zurückführen.

Der Prophet Hesekiel

⊙ **DER GENAUE ERNÄHRUNGSPLAN**

1 **1-11** Gott führte mich zum Fluss Kebar und tat den Himmel auf. Er zeigte mir Engel, die aus dem Himmel kamen. **12-20** Vier Gestalten gingen immer dorthin, wo der Geist sie trieb. Bei jeder stand ein Rad. Diese gingen immer mit ihnen, es war der Geist. **21-28** Der Prophet sieht eine menschliche Gestalt, die über den Engeln thront. Er erkennt die Herrlichkeit Gottes, wirft sich zu Boden und hört.

2 **1-10** Gott schickte mich zum abtrünnigen Volke Israel, um ihnen sein Wort zu predigen, wozu er mir eine Schriftrolle gab.

3 **1-8** Gott schickt den Propheten, um zu Israel zu sprechen. **9-15** Stärkung für einen zerschlagenen Propheten: Mit Gottes Kräften kann er den Feinden die Stirn bieten und Gottes Worte verkündigen. **16-20** Gott ermahnt den Propheten, dass er die Pflicht hat, seine Landsleute zu warnen – und schuldig wird, wenn er es nicht tut. **21-27** Wer auf dich hört, wird errettet. Aber ich will dich stumm machen. Du sollst nur noch das Wort des Herrn verkünden können.

4 **1-8** Gib Israel ein Zeichen durch eine Belagerung. Trage Israels Schuld auf deiner rechten Seite für 93 Tage und links die Schuld Judas 40 Tage. **9-17** Hier der genaue Ernährungsplan, während du die Schuld trägst. Auch das Volk soll damit seine Schuld sühnen.

5 **1-7** Schere Kopf und Bart, nimm je 1 von 3 Teilen zum Verbrennen, Zerschneiden, im Wind zerstreuen. Binde wenige Haare an den Mantelzipfel. **8-12** Gott sagt: Ich will dich hart bestrafen, weil du mir Schlimmes angetan hast. Jedes Drittel von dir soll einen grausamen Tod sterben. **13-17** Mein Zorn wird an euch ein Exempel statuieren!

6 **1-7** Gott gibt dem Propheten eine drastische Drohung ein, wie die Israeliten wegen ihres Götzendienstes erschlagen werden. **8-14** Die ich leben lasse, werden Reue zeigen. Mit Grimm werde ich die Strafe vollenden und sie werden alle sehen, dass ich der Herr bin.

7 **1-10** Das Ende kommt über Israel! Gott wird ohne Mitleid sein. **11-19** Zornig ist Gott über all die Kapitalisten. Sie werden alle sterben, denn Geld kann man nicht essen und Gott können sie damit nicht kaufen!!! **20-27** Israel ist voll Blutschuld. So will ich die schlimmsten Eroberer herbringen. Niemand wird einen Ausweg wissen.

(>) GOTT WIRD GEREIZT

8 **1-6** Erscheinung des Herrn, der mich zum Tor nach Jerusalem führte. Er warnte vor Gräueltaten, die mich von meinem Glauben abbringen sollen. **7-14** Er zeigt mir viele Götzen, die angebetet werden, weil sie sich von Gott verlassen fühlen und er zeigt mir noch viele andere Dinge. **15-18** Gott: Sie reizen mich, beten gegen Osten die Sonne an und riechen an der Weinrebe, an meinem Blut. Ich werde sie strafen.

9 **1-5** Sechs Männer und ein Schreiber kommen, um mit List die Jerusalemer zu töten: Wer jammert, bekommt ein Stirnzeichen. Diese schlagt ihr tot. **6-11** Verletzendes, lügnerisches Reden, wo herzvolle Liebe ist; Hass, wo bedingungslose Zuwendung sich ausschütten will. Nein bei allem Ja.

10 **1-6** Himmel, Cherubim, Thron. Aufgabe: Geh hinein und fülle deine Hand mit glühenden Kohlen, streue sie über die Stadt. So geschah es. **7-15** Die Cherubim zogen einen Wagen mit Räderwerk. Jedes Rad hatte vier Gesichter: Cherub, Mensch, Löwe und Adler. **16-22** Die Herrlichkeit Gottes begleitete die Cherubim auf ihrem Wagen auf allen Wegen.

11 **1-10** Gott zeigt dem Propheten in einer Vision, wie er die führenden Männer, die ihre Macht zu Ungunsten ihres Volkes einsetzten, vernichten wird. **11-16** Gott: Jerusalem wird nicht ihr Kochtopf. An der Grenze Israels werden sie gerichtet, denn auch die Vertriebenen glauben kaum an mich. **17-25** Menschen, die an Gott glauben, werden belohnt und erfahren Gutes im Herzen. Ungläubige werden bestraft und sollen zu Gott finden.

12 **1-7** Man soll zeigen, dass man selbstständig sein kann, wenn man sich nicht fürchtet, etwas anders zu machen. Man soll zeigen, dass man stark ist. **8-18** Gott will den Menschen zeigen, dass er der Herr ist und dass sie sich vor ihm beugen, deshalb schickt er ihnen Gräueltaten. **19-28** Der Prophet predigt über die Wirkung und Wahrheit von Gottes Wort.

13 **1-9** Gott warnt vor falschen Propheten und unterscheidet zwischen Propheten, die lügen und solchen, die wirklich von Gott ausgesandt wurden. **10-16** Die Menschen sollen keine Wand bauen, da Gott sie sonst einkreist und alle tötet, die sie bauten. **17-23** Die jungen Töchter fingen mit Binden die Seelen ein, die eigentlich dem Herren gehören sollten. Der Herr ist sehr erbittert.

14 **1-6** Gott: Sag' den Ältesten, die an Götzen glauben, sie sollen es sein lassen. Mehr habe ich ihnen nicht zu sagen! **7-11** Gott: Wer an Götzen hängt und trotzdem so frech ist, mich um Rat zu fragen, wird ausgerottet. Auch der Prophet hat dann zu schweigen. **12-18** Wenn die Menschen sterben würden, würden nur Noah, Daniel und Hiob gerettet werden. **19-23** Gott: Meine vier Strafen, Schwert, Hunger, Wildtiere u. Pest sollen in Jerusalem wenige überleben, die dann auf euch und damit mein Wort hören.

15 **1-8** Gott will die Einwohner Jerusalems verbrennen, so wie Rebholz verbrennt. Wir sollen ihn erkennen, wenn er sein Werk vollbringt.

16 **1-7** Es handelt von der Geburt, mein Leben war verachtet. Gott fand mich, er sagte: Ich soll wachsen. Später wurde ich groß und stark. **8-14** Eine verwundete und arme Frau wird von einem Mann auf der Straße wahrgenommen und mit schönen, wertvollen Kleidern und Essen ausgestattet. **15-26** Gott: Du Hure bist eine Verführerin, nahmst alles und jeden, und triebst die Kinder ab oder machtest sie selbst zu Huren! **27-34** Gott: Du Hure, und dann nimmst du nicht mal Geld, sondern bezahlst auch noch selbst für die Untreue an deinem Mann! **35-41** Gott versammelt alle Liebhaber der Hure, um vor ihnen ihre Blöße aufzudecken und sie wie eine Ehebrecherin zu richten. **42-48** Gott: Du musst büßen für das, was du getan hast und weil du nicht auf mich gehört hast. **49-55** Nimm den Platz deiner Schwester Sodom ein, denn du bist noch böser. Und Sodom war noch böser als Samaria. Ich will euch wieder reinigen. **56-63** Trage deine Schuld. Mein Bund wird dich auf dem richtigen Weg halten und du wirst dich für deine Taten schämen.

17 **1-8** Hier: ein Rätsel und Gleichnis für Israel – um einen Adler, einen Weinstock und Wasser. **9-15** Wer sich Gott verweigert, soll nicht erfolgreich sein und wird zu Grunde gehen. **16-20** Gott spricht: Weil er, als König, unseren Eid verachtet hat, will ich und nur ich derjenige sein, der mit ihm ins Gericht geht. **21-24** Hier: ein Gleichnis um einen Zedernbaum, Feldbäume und Vögel.

WEGGESPERRT VERLOR ER SEINE KRAFT

18 **1-9** Jeder der sündigt, soll sterben. Nur der Gerechte wird leben. **10-19** Der sündige Sohn soll sterben. Der aufrichtige Sohn des sündigen Vaters soll nicht um seinetwillen sterben, der Vater soll sterben. **20-28** Jeder ist für seine Taten selbst verantwortlich und muss mit den Konsequenzen seines Handelns leben. **29-32** Gott zu Israel: Ihr tut Unrecht, nicht ich. Ändert euch, seid gerecht. Ich will nicht den Tod des Sünders, sondern dass er sich bekehrt.

19 **1-7** Klagelied: Das Kind wurde mächtig und stark, da töteten sie es. Da zog die Mutter ein weiteres Kind auf, das Rache nahm. **8-14** Er wurde gefangen genommen und zum König von Babel gebracht, weil er zu einflussreich war. Weggesperrt verlor er seine Kraft. Traurig.

20 **1-7** Gott: Die Ältesten sollen mich nicht befragen, denn ihre Väter waren grausam. Ich führte sie aus Ägypten nach Israel, wo Milch und Honig floss. **8–14** Die Ägypter wollten ihre Götter nicht verlassen. Auch die Heiden wollten meine Gebote nicht annehmen. Ich wollte sie töten, ließ es aber. **15–22** Gott: Doch in der Wüste führte ich sie nicht weiter, weil sie lieber den Götzen folgten. Letztlich war ich gnädig, um meinetwillen. **23–30** Gott: Wer meine Gebote missachtet und die Treue bricht, wird bestraft – der Sohn, wie der Vater. **31–38** Gott: Ich will mit euch in Israel genauso umgehen, wie mit euren Vätern in Ägypten, wenn ihr nicht auf mich hören wollt. **39–44** Gott spricht: Wenn ihr wollt, dient euren Götzen. Aber ihr werdet sehen, dass ich euer Herr bin und ihr werdet euch schämen.

21 **1–11** Gott: Ich werde einen Waldbrand entfachen und niemand kann ihn löschen. Jerusalem werde ich ausrotten. **12–20** Gott rät dem Volk Israel, das Schwert zu nehmen, seinen Rat zu befolgen und so den Feind zu vernichten. **21–29** Gott: Ein Land – zwei Wege: 1 nach Juda, 1 nach Rabba. König von Babel am Anfang der Wege stehen und Götzen befragen – Los wird auf Jerusalem fallen. **30–37** Gott: Nichts bleibt, wie es ist.

SAMARIA UND JERUSALEM SIND
WIE HUREN, WEIL SIE SICH AN ALLE
RANSCHMEISSEN

22 **1–12** Gott: Jerusalem, ich mache dich zum Spott aller Länder, weil die Fürsten Israels ihre Macht missbrauchen in schändlichster Weise. **13–22** Gott: Was ich sage, werde ich auch tun. Israel werde ich in Jerusalem zusammenbringen wie Silber, Kupfer, Eisen, Blei und Zinn in einem Ofen. **23–31** Der Prophet warnt Jerusalem vor der Strafe Gottes. Könige, Beamte und andere Propheten haben versagt, sind schuldig geworden.

23 **1–11** Vergleich: Samaria und Jerusalem sind wie Huren, weil sie sich an alle ranschmeißen und nicht Gott treu bleiben. **12–21** Eine Frau wird zur Hure, und dass nur, weil sie sich nach ihrer Jugend sehnt. Und sie nutzt die Männer aus und macht sich und sie unrein. **22–25** Gott: Oholiba, die Liebhaber deiner Jugend, werde ich gegen dich vereinen, damit sie Krieg gegen dich führen. **26-35** Sie sollen dich plündern, deine Schande u. Buhlerei aufdecken, weil du dich lieber mit Götzen einlässt, statt meinem Weg zu folgen. **36-41** Der Herr sprach: Richte sie, denn sie haben mein Haus entweiht. Doch du tust es nicht, sondern bringst den Frauen meine Opfer dar. **42-49** Freude über die aus der Wüste. Sie huren und ihnen wird der Prozess gemacht → Steinigung für Unzucht, damit sie erfahren, dass er Gott ist.

24 **1-8** Babel belagert Jerusalem. Gott spricht ein Gleichnis über kochendes Fleisch in einem Topf. **9-18** Gott: Da mache ich glatt den Holzstoß größer, damit das Fleisch in Jerusalem gar stärker koche und die Knochen anbrennen. **19-27** Gott: Ich will mein Heiligtum vernichten. Hesekiel soll euer Wahrzeichen sein. Tut, was er tut!

⊙ ICH MACH DEINE STADT PLATT

25 **1-7** Gott ist zornig, er will beweisen, dass ihm, dem Schöpfer, niemand die Stirn bieten kann. Er ist mächtiger als alle Völker zusammen. **8-17** Gott kündigt an, dass

er mehrere Völker, die gegen ihn sind, ausrotten will.

26 **1-7** Am ersten Tag im 11. Jahr versuchte Tyrus, seine Macht auszuüben. Gott wies ihn in seine Schranken zurück, denn seine Macht ist größer. **8-15** Gott sagt zu Tyrus: Ich mach deine Stadt platt! Und die Stadt wird total zerstört und niemals wieder errichtet. **16-21** Gott: Du, Stadt am Meer, wirst veröden und untergehen. Niemand, der dich sucht, wird dich finden.

27 **1-9** Gott: Tyrus, du Stadt am Meer, du treibst Handel mit aller Welt, und sammelst Reichtum aus aller Welt, und fühlst dich wunderschön. **10-17** Viele Städte und Völker haben zu dem Wohlstand eines Volkes beigetragen. **18-25** Jemand hat mit vielen guten Gütern und Händlern gehandelt. Er ist sehr reich geworden unter Menschen. **26-36** Gott sagt: Du wirst auf die See hinausfahren, Tyrus, und dort untergehen. Und dann wird es Klagelieder über dich geben.

28 **1-10** Du, Fürst von Tyrus, hältst dich für Gott. Du Überheblicher. Ich werde fremde Völker zu deiner Vernichtung holen. **11–18** Der König von Tyrus hat Gottes Gaben wie Weisheit und Schönheit durch eine Sünde verdorben und wurde deshalb von ihm bestraft. **19–26** Gott ist mächtig, sagt der Prophet. Er wird die Feinde grausam vernichten und sein Volk erretten. Wunschtraum oder Wirklichkeit?

29 **1–5** Gott als Angler, wider den Pharao. **6–14** Gott: Ägypten, du stichst Israel in der Not. So werde ich dich zur Wüste machen, deine Städte zertrümmern, dein Volk zerstreuen, für 40 Jahre. **15–21** Gott: Ägypten soll kleiner sein als andere Reiche. Ich gebe Babel, das sich an Tyrus aufgerieben hat, Ägypten zum Plündern.

⊙ DOCH DANN WURDE ER GRÖSSENWAHNSINNIG

30 **1–9** Gott: Heult, ihr Ägypter. Euer Ende naht. Eure stolze Macht muss fallen. **10–19** Gott: Ägypten soll an Babel und an andere böse Leute fallen, die Frauen entführt werden, damit sie mich erkennen. **20–26** Gott: Ich will die Arme Babels

stärken, wie ich die Arme Ägyptens schwäche, damit das Schwert Babels Ägypten schlage.

31 **1–8** Gott sagt dem Propheten, er soll dem Pharao und den Ägyptern schmeicheln und ihm sagen, dass er der Zeder des Libanons gleicht. **9–14** Er war so hoch, dass ihn die Bäume Edens beneideten. Doch dann wurde er größenwahnsinnig und Fremde fällten ihn. Alle Menschen sind gleich. **15–18** Er ist tot. Die Natur trauert um ihn. Die Bäume sterben und die Flüsse fließen nicht mehr. Das alles wird dem Pharao & seinem Volk geschehen.

32 **1–9** Gott: Singt eure Klagen über den Pharao, der die Gläubigen verunreinigt. Finsternis soll über sein Land kommen und der Mond nicht erscheinen.

WARNE DEIN VOLK, ⊙ WENN DU KANNST

10–18 Gott: Babel wird dich, Ägypten, und alle deine Meerestiere vernichten, damit das Wasser klar werde und fließe. Singt dieses Klagelied. **19–25** Alle Unbeschnittenen, von denen einst Schrecken ausging im Lande der Lebendigen, werden durch das Schwert sterben und in der Grube liegen. **26-32** Sie liegen nicht bei den Helden großer Kriege, sondern als Unbeschnittene bei den durch das Schwert Getöteten. Welche Schande!

33 **1-7** Gott sprach zu ihm: Du bist der Wächter, also warne dein Volk, wenn du kannst. Tust du es nicht, so sündigst du und bist Schuld am Tod. **8-12** Es ist egal, wann welchen Glauben man glaubt. Wichtig ist, dass man nichts Böses tut. **13-19** Wer lange gerecht lebt, hat kein Recht, plötzlich Unrecht zu tun. Wer viel Unrecht getan hat, dem kann aber dennoch vergeben werden. **20-21** Jeder wird nach seinem Handeln gerichtet. In der Gefangenschaft kommt die Nachricht vom Fall Jerusalems. **22-28** Gott: Das Volk will Israel besitzen, wie einst Abraham, aber das Volk ist ungläubig und ungerecht. So sollen sie alle sterben durch das Schwert. **29-33** Gott: Wenn ich sie heimsuche, werden sie merken, dass ich Gott bin. Sie geben vor, meine Worte zu lieben, aber sie handeln nicht danach.

MIT GLEICHER MÜNZE HEIMZAHLEN

34 **1-6** Ein Gleichnis: Ihr seid nur auf den eigenen Vorteil bedacht und kümmert euch nicht um die Schwachen, Kranken und Armen. Ihr führt nicht. **7-14** Gott sagt: Die Hirten haben versagt. Ich nehme ihnen ihren Job weg und mache ihn selbst, ich hüte jetzt meine Schafe. Und sammele sie von überall auf die beste Weide Israels. **15-22** Gott: Ich selbst werde denen, die in Not sind, helfen und den rechten Weg zeigen. Die Gläubigen werde ich noch stärker machen. Ich richte! **23-31** Gott: David soll der Hirte Israels auf meiner Weide sein. Dann soll Friede, Wohlstand, Sicherheit u. Freiheit einkehren.

35 **1-8** Gott droht mit der Planierung des Gebirges Seir und der Erschlagung der Bevölkerung. Feinde der Israeliten entrinnen dem Blutbad nicht. **9-15** Gott: Ihr wollt das Land erobern, in dem ich wohne? Ich werde es euch mit gleicher Münze heimzahlen.

36 **1-5** Gott: Ihr Höhen und Berge Israels, der Feind ist über euch gekommen. Ich werde die Heiden plündern. **6-12** Gott schwört, das Volk Israel zu bestärken, zum Wiedererblühen des guten Lebens zu tragen und sich nie von diesem abzuwenden. **13-21** Gott: Du sollst deines Volkes Kinder in Ruhe lassen u. keine Schmähungen der Heiden ertragen. Da tat mir mein heiliger Name leid. **22-30** Gott sagt zu Israels Volk: Damit Heiden mich erkennen, gebe ich euch meinen Geist, Land und sorge für euch. Ihr haltet meine Gebote. **31-38** Gott: Die Selbsterkenntnis wird euch beschämen. Wenn ich euch reinige, werde ich auch wieder aufbauen. Aber ihr müsst mich bitten.

ISRAEL IST VOLL BLUTSCHULD

37 **1-7** Vor den Augen des Propheten gibt Gott den verdorren Gebeinen das Leben zurück. **8-14** der Odem Gottes stellt die Toten wieder auf die Beine und schenkt ihnen wieder Hoffnung. Gott holt seine Leute aus dem Grab und verspricht, sie ins Land Israel zu befördern. **15-22** Gott will die Israeliten wieder zusammen-

schweißen und aus den Heiden herausholen. **23-28** Gott will sein Volk von Süden erretten. Es soll in Israel wohnen und Gottes Gebote halten. Er verspricht ihnen einen ewigen Friedensbund.

38 **1-9** Gott: Gog, du sollst aufrüsten mit vielen Soldaten aus vielen Völkern und Krieg führen gegen das Volk auf den Bergen Israels. **10-16** Gott: Du, Gog, wirst Rache üben wollen und das sicher ruhende Israel plündern. Du wirst mein Exempel für die Heiden sein, damit sie mich erkennen. **17-23** Gott: Ein großes Erdbeben wird ganz Israel erschüttern, die Berge werden einstürzen, es folgen Pest, Blutvergießen, Hagel, Feuer und Schwefel.

39 **1-8** Gott will Gog in die Falle locken und den Tieren zum Fraß vorwerfen, damit die Heiden endlich merken, dass Gott der Heilige Israels ist. **9-16** Gott kämpft für die Israeliten, die verbrennen nur die Waffen – 7 Jahre lang. Das Land wird wieder rein sein, nachdem alle Heerhaufen von Gog begraben sind. **17-20** Tiere werden dazu aufgefordert, Fleisch der Starken zu fressen und das Blut der Fürsten auf Erden zu trinken. **21–25** Gott: Alle Heiden sollen meine Herrlichkeit erkennen, indem ich das Geschick Jakobs wende und mich Israel erbarme, dass ich wegen ihrer Missetat gestraft habe. **26–29** Sie sollen vergessen, dass sie von mir nichts wissen wollten und erkennen, dass ich heilig bin. Ich will in ihr Leben sprechen.

⊙ ISRAEL IST VOLL BLUTSCHULD

40 **1–7** Es war meine Berufung, nach Israel zu kommen und die Architektur zu lernen, um eine Tempelanlage bauen zu können. **8–16** Der Baumeister maß die Anlage aus, die Vorhalle, das Tor, die Pfeiler, die Nischen und jedes Detail – und ich merkte es mir. **17–23** Der Mann, der war wie Erz, zeigte mir Kammern und Pflaster und sieben Stufen, die nach oben führten, und er lehrte mich die Symmetrie. **24–33** Jedes Tor, jedes Fenster, jede Vorhalle, jeder Pfeiler und jede Palmwedeldarstellung waren gleich. **34–41** Auch im Norden war alles genauso. Doch im Osten gab es eine Kammer, einen Platz für Brand-, Sünd- und Schuldopfer. **42–49** Er erklärte mir die verschiedenen Kammern für die Priester mit ihren unterschiedlichen Aufgaben und zeigte mir den Altar vor dem Tempel.

41 **1–7** Er zeigte mir das Allerheiligste und maß sie aus: die Tempelhalle. **8–16** 100 Ellen war der Tempel lang, so wie der Hofraum und trotz verhängter Fenster kam das Licht hindurch. **17–26** Schnitzereien stellten Cherubim, Palmwedel, Menschengesichter und Löwengesichter dar. Und der Altar, der vor dem Herrn steht, war aus Holz.

42 **1–11** Ich wurde zu einem nördlichen Hof geführt. Es war ein komplexes Gebäude, wobei die Einrichtungen, wie Türen, überall gleich waren. **12–20** Er erklärte mir die heiligen Kammern für die heiligen Opfer und dass heilige Kleider nur an heiligem Orte getragen werden dürfen.

43 **1–8** Die Herrlichkeit Gottes kam von Osten, zog in den Tempel ein, und verlangte von nun an, dass die Götzendiener den einzigen Gott anerkennen. **9–13** Du sollst das Gesetz des Tempels, seine Architektur verkünden und sie sollen dem folgen und der Altar ist das Heiligste. **14-21** Die Stufen des Altars liegen nach Osten hin und zur Weihe soll er mit dem Blut eines Opfertieres besprengt werden, um ihn zu entsündigen. **22-27** Haltet die Opferfolge ein und lasst die Priester Salz streuen, 7 Tage und immerdar zu reinigen den Altar, so will der Herr gnädig sein.

◉ LAND DURCH LOS VERTEILT

44 **1-8** Das Osttor möge zugeschlossen bleiben. Nur der Fürst darf hier vor Gott das Opfermahl essen. Verkündet mein Gesetz und haltet euch daran. **9-15** Das Gotteshaus ist nicht für Fremde. Priester wird nur, wer Gott gehorcht. **16-23** Die Priester dürfen im Tempel nur Leinenkleidung und eine besondere Frisur tragen. Sie sollen dem Volk Gottes Gesetze lehren. **24-31** Priester sollen nach Gottes Gesetz richten, seine Regeln befolgen, kein Privateigentum besitzen, des Volkes Gaben empfangen, nur Reines.

45 **1-8** Land durch Los verteilt; heiliger Platz für Tempel bleibt. Gehört Priestern & Leviten. Und etwas für Fürsten, dass sie nichts mehr wegnehmen. **9-16** Gott bestimmt, die Fürsten haben eigene Untat zu stoppen und Recht zu tun. Der Herr allein bestimmt das Maß der Steuern und Opfergaben. **17-25** Und der Fürst soll von den Steuern die Opfergaben entrichten und den Tempel entsündigen und regelmäßig heilige Feste feiern.

46 **1-8** Gott: Das Osttor ist nur am Sonntag zu öffnen und nur für den Fürsten. Direkt hinter der Schwelle ist seine Grenze. Dort soll er beten. **9-15** Das Volk soll am Feiertag den Herren anbeten und Tiere opfern im Namen des Fürsten. **16-24** Gott: Dem Volk darf kein Eigentum genommen werden. Es gibt ein Erbrecht und in Vorhöfen des Tempels Küchen für die Schlachtopfer des Volkes.

47 **1-5** Der Baumeister schickte mich zum Messen in einen Fluss, der dem Tempel entsprang, bis zu einer Tiefe, in der ich schwimmen musste. **6-11** Wer Gott folgt, wird in seinem Strom mitgerissen und kann alles erreichen und verändern. **12-17** Gott spricht: Ich gebe euch das Land, euer Erbe. Geht gut damit um, dann werdet ihr davon ernten können und keine Not haben. **18-23** Die Grenzen des Landes werden festgelegt und die Gebiete, deren Einheimische geachtet seien, per Los unter den Stämmen Israels verteilt.

48 **1-11** Das Land wird an die Stämme verteilt. In der Mitte ist das Heiligtum des Herrn, das den Priestern gehören soll. **12-19** Heiliges Land darf niemals verkauft oder getauscht werden. Stadt- und Weideland ist kein heiliges Land. Die Stadt soll Arbeit ermöglichen. **20-28** Ein Viereck Land für den Tempel, der in der Mitte des Landes liegen muss. Was neben der Stadt übrig ist, soll des Fürsten sein. **29-35** So wünscht Gott die Aufteilung des Landes und den Bau des Tempels und die Stadt soll heißen: Hier ist der Herr.

Der Prophet Daniel

⊙ **KÖNIG HEULT UND IST BEGEISTERT**

1 1-7 Daniel & friends – hübsch und hochbegabt – werden als Kriegsbeute nach Babel verschleppt. Dort werden sie zu Dienern des Königs ausgebildet. 8-15 Sie wollten keine unreinen Speisen essen. Nach 10 Tagen Gemüse und Wasser sahen sie schöner und kräftiger aus als die anderen. 16-21 Von da an: veganes Essen. Macht anscheinend fit, denn am Schluss waren sie die besten Beamten des Königs. Und: Daniel konnte Träume deuten.

2 1-9 Nebukadnezar will sich einen Traum deuten lassen, bekommt aber nur ausweichende Antworten. 10-16 Weise: Keiner kann die Forderung erfüllen, außer ein Gott. Aus Zorn wollte der König sie töten. Daniel trat vor: Ich deute den Traum. 17-25 In der Nacht offenbart Gott Daniel den Königstraum. Er kann verhindern, dass die Versager-Traumdeuter getötet werden, und geht zum König. 26-34 Nur der Prophet des Herrn kann dem König die schreckliche Vision seines Traumes deuten: 35-42 Das ganze Standbild hin und der Stein ein Berg! So wird in einigen Generationen das babylonische Reich untergehen, nachdem es schwach wurde. 43-49 Der zermalmende Stein steht für ein neues unzerstörbares Reich. König heult und ist begeistert. Daniel (& friends) werden mächtige Männer.

3 1-7 König Nebukadnezar lässt ein riesiges goldenes Bild errichten, das alle Völker seines Reiches anbeten sollen. Aus Furcht tun es alle. 8-19 Drei Männer wollen den Gott des Königs Nebukadnezar nicht anbeten. Der König will sie deshalb verbrennen lassen. 20-26 Antipazifisten vollstreckten Todesstrafe. Der König erkannte die wahre Bedeutung der Todeskandidaten und rettete sie und sie blieben unversehrt. 27-33 Nebukadnezar holt die Mächtigen und sorgt dafür, dass diesem Gott, der im Feuer bewahren kann, niemand lästern darf. Karriere der 3 Männer.

4 **1-10** Nebukadnezars Traum: Ein riesiger Baum, reich an Früchten, der Nahrung und Schatten den Tieren gibt. Und ein Engel kommt vom Himmel herab. **11-16** Nebukadnezar hat schlecht geträumt: Ein Baum wird umgehauen, nur der Stumpf bleibt. Daniel soll ihm das deuten. Der ist entsetzt. **17-22** Deutung: Baum = König. Umhaun = König wird verstoßen. Mit Ketten aufs Feld = König obdachlos. Im Gras = Grasfressen. Warum: Gott anerkennen. **23-29** Nebukadnezar hätte sein Königreich behalten dürfen, hätte er ein gottgefälliges Leben geführt. **30-34** König Nebukadnezar wurde verstoßen und lebte wie ein Tier. Da fand er wieder zu Gott und lobte ihn. So strahlte auch Nebukadnezar wieder.

5 **1-7** Bei einem Festmahl entweihte Belsazar heilige gestohlene Gefäße. Eine Wandschrift erschien. Der König erschrak, versprach dem Übersetzer Lohn. **8-14** Auch die Weisen konnten sie nicht deuten. Die Königin Mutter sagte dem König, der

Gefangene Daniel könnte es. Sie holten und fragten ihn.

REICH FUTSCH ⊙

15-21 Daniel legt den Traum des Königs aus: Weil der König hochmütig wurde, wird er vom Thron gestoßen werden – bis er lernt, Gott zu ehren. **22-30** Daniel: Tempelschändung und Götzendienst werden dich töten: gezählt – gewogen – zu leicht befunden – Reich futsch. In der Nacht: Königsmord.

6 **1-8** Viel Neid auf Daniel als besten Fürsten in Darius' Reich. Einzig über Daniels Gottesverehrung glauben die Intriganten, ihn packen zu können. **9-15** Der König verbietet zu beten, Daniel tut es aber noch immer, trotzdem will ihn der König nicht töten, wie er verordnet hat. **16-22** Der König warf Daniel in die Löwengrube und Daniel überlebte, da Gott ihn beschützte. Der unausgeschlafene König findet Daniel am Morgen lebendig! **23-29** Der gläubige Daniel wurde zu Unrecht bestraft und man ließ die Familien, die Daniel angeklagt hatten, dafür in die Grube werfen.

7 **1-7** Traum von Daniel: 4 Tiere kommen aus dem Meer: 1 Löwenadler mit Herz, 1 verfressener Bär, 1 Panther mit 4 Köpfen, 1 Fressmonster mit 10 Hörnern. **8-15** Voll Fantasy: Tiere mutieren, der greise König auf dem Thron, Abgang der Monstertiere. Dann der Held runtergebeamt: wird zum Chef gemacht. **16-23** Die Vision war voll politisch. Die Tiere stehen je für ein Imperium, das noch kommt. Und das vierte ist das grausamste und schlimmste von allen. **24-28** Das mit den Hörnern bedeutet die Geschichte der Herrschenden im letzten Reich. Aber am Ende sind die Heiligen die Herrscher in Gottes Reich.

ÜBERWINDUNG DER ANGST VOR AUTORITÄT

8 **1-8** Ein zweihörniger Widder und ein einhörniger Ziegenbock kämpfen. Der Bock gewinnt, wird groß, sein Horn zerbricht in 4 Teile nach den 4 Winden. **9-18** Es wuchs ein am Anfang kleines Horn sehr schnell und viel. Viele wurden Opfer von diesem großartigen Phänomen. **19-27** Der Widder ist Medien und Persien, der Ziegenbock Griechenland, die Hörner sind die Könige. Einer wird Unheil anrichten, doch zerbrechen.

9 **1-8** Daniel an Gott: Herr, ich bekenne, die Völker Israels haben gesündigt, hören nicht auf Dich und müssen sich schämen. **9-15** Bei dir ist Vergebung, wir haben gesündigt. Deshalb erleben wir dies Unglück. **16-21** Lieber Gott, strafe Jerusalem und den heiligen Berg nicht wegen unserer Sünden. Wir beten zu Dir und hoffen auf Deine Barmherzigkeit. **22-27** Gabriel an Daniel: Gott liebt dich. In 70 Wochen ist die Schuld gesühnt. Dann herrscht ewige Gerechtigkeit. Es gibt weitere Weissagungen.

10 **1-9** Daniel träumt erst, begegnet dann dem Geheimnisvollen, Heiligen. Und wie viele vor und nach ihm erschrickt er, fällt zu Boden ohne Macht. **10-15** Gott kommt nach Widerstand eines Engelfürsten zu Daniel, um ihm über sein endgültiges Vorhaben mit den Menschen zu erzählen. **16-21** Überwindung der Angst vor Autorität und Ermutigung zur Verantwortungsübernahme.

11 **1-7** Der vierte König von Persien wird großen Reichtum bekommen. Sein Reich wird zerstört und geteilt. Eine Einigung ist erfolglos. **8-13** Aus Habgier wird Gewalt – dann Rache, der Mensch verlernt zu vergeben und hat den Zeitpunkt des Friedens verpasst. **14-20** Trotz der Macht der Könige schaffen sie es nicht, fremde Länder zu unterjochen. Denn alleine Gottes Liebe und seine Weisung erfüllen sich. **21-28** Es wird ein Bösewicht König und der König des Südens wird dagegenhalten. Beide werden bei Verhandlungen lügen. **29-36** Der König verlässt den Bund mit Gott und verfolgt die Anhänger Gottes. Zum Schluss jedoch wird Gott siegen, wie es geschrieben steht. **37-45** Er ehrt Gott, seine Ahnen kannten diesen nicht. In seinen Kriegen gegen Nord und Süd sterben viele. Er fällt später auch dem Krieg zum Opfer.

12 **1-2** Michael, der Chef der Engel, wird sich aufmachen. Und dann wird das Volk Gottes gerettet werden und alle, die im Buch des Lebens stehen. **3-7** Die Gottes Wort lehren, sind das Licht. Daniel, verbirg das Buch der Weissagungen, bis es Zeit ist. Wenn das Volk eins ist, wird es geschehen. **8-13** Die Gottlosen werden nicht verstehen. Daniel wartet nicht auf die Verwüstung, sondern geht bis zur Auferstehung, die am Ende steht!

Der Prophet Hosea

⊙ SEX UND ALKOHOL LASSEN
DAS VOLK DURCHDREHEN

1 **1-9** Gott befahl Hosea, eine Hure zur Frau zu nehmen und mit ihr Kinder zu zeugen als Zeichen gegen Israel, das vorm Herrn wegläuft.

2 **1-8** Gott ist sauer auf sein untreues Volk, gibt ihnen aber noch eine Chance, weil er es liebt. **9-16** Die Hure aber muss erkennen, dass Gott ihr auch alles geschenkt hat, was sie ihren Liebhabern geschenkt hat, dass sie zurückkehre. **17-25** Gott will ihr aber seinen Bund geben, dass sie nicht mehr den Baalen folgen, sondern sein Volk werden, das treu ist.

3 **1-5** Der Prophet nimmt sich als Zeichen für den Götzendienst Israels eine Hure zur Frau.

4 **1-10** Gott will das Volk der Israeliten auslöschen, da sie Gottes Gebote missachten. Jeder soll sich und nicht die anderen zurechtweisen. **11-19** Sex und Alkohol lassen das Volk durchdrehen. Töchter und Bräute werden zu Huren. Wenn Israel und Ephraim sich versündigen, bleibe Juda treu.

5 **1-6** Es geht um ein paar Persönlichkeiten, die durch einen Propheten die Strafe Gottes mitgeteilt bekommen, weil sie ihren Glauben verloren haben. **7-15** Ephraim und Juda sollen Strafe für ihr Handeln erfahren. Sie finden alleinige Rettung durch Sühne bei Gott.

6 **1-5** Wir wollen zurück zu Gott, denn so, wie er uns geschlagen hat, kann er uns heilen – aber Gott kann dieser Zusage nicht mehr glauben. **6-11** Gott liebt – aber die Liebe zu ihm und nicht das Opfer, sie aber wurden untreu und sein Volk abtrünnig.

7 **1-8** Ephraim sagt dem Volk Israel, dass alle Könige nicht Gutes tun, sondern das Volk ausbeuten. Allerdings will ihm keiner glauben. **9–16** Das Volk ist alt geworden. Es hat sich nicht bekehrt. Es ist unentschlossen. Gott bestraft es. Er will es erlösen. Aber es sündigt viel.

recht zu allen Menschen dieser Welt, egal welcher Herkunft.

11 **1–11** Früher war Israel Gott zugeneigt wie ein Sohn, aber sie sehen die Hilfe Gottes nicht mehr. Jetzt strafe ich, damit ihr Gott wieder findet.

> GOTT WIRD SIE SCHLAGEN

8 **1–6** Gott: Ihre Opfer nehme ich nicht an, denn sie tun nicht meinen, sondern ihren Willen. Und so vergeht, was sie schaffen. **7–14** Alles, was sie tun, soll sinnlos sein und Israel soll untergehen. Ephraim aber tut so, als ob – und folgt Gott nicht mit dem Herzen wie Israel.

12 **1–6** In Ephraim ist Lüge und auch Juda ist Gott nicht treu. Der Herr wird auch Jakob heimsuchen, der mit dem Engel kämpfte und siegte. **7–15** Komm zurück zu Gott, ich bin bei euch, rede durch Propheten und begleitete schon die Urväter. Jetzt aber vergelte ich euch euer Tun.

9 **1–8** Alles was Israel hat und tut, soll nichtig sein und vergehen, denn jetzt ist die Zeit der Vergeltung, da sie keinem Propheten geglaubt haben. **9–17** Israel ist von mir zu den Baalen gegangen, deshalb werde ich Israel und Ephraim aus dem Haus stoßen und verwerfen.

13 **1–7** Ephraims Nachfahren beteten Götzen an und opferten Menschen. Gott will dies nicht und wird sie zur Rede stellen. **8–15** Gott wird sie schlagen. Auch wenn Ephraim sich nützlich macht, wird er schrecklich bestraft werden für seine Sünde.

10 **1–8** Je besser es Israel ging, desto geringer wurde die Furcht vor Gott und desto mehr lief das Volk zu den Götzen, deshalb werden sie vernichtet. **9–15** Seid gerecht und seid nicht böse. Seid ge-

14 **1–10** Israel, bekehre dich zu deinem Herrn! Und schwöre den Götzen ab. Denn nur Gott wird dafür sorgen, dass dieses Land blühen wird.

Der Prophet Joel

1 1-10 Der Herr ließ dem Volk durch Joel sagen: Ein Volk wird ins Land kommen, das Felder und Weingärten vernichtet! Dann wirst du bitter weinen. 11-20 Es ist Dürre und so werden die Menschen zum Fasten gezwungen. Menschen und Tiere leiden und rufen Gott an.

2 1-10 Am Tag des Herrn wird Unheil über die Menschen kommen, die aus Angst vor ihm erzittern und versuchen zu fliehen, die Welt ist dunkel. 11-19 Bekehrt euch zu Gott, damit die Gottlosen nicht über Gläubige lachen – dann werdet ihr belohnt. 20-27 Der Feind aus Nord wird vertrieben, der Herr entschädigt die Kinder Zions. Sie sollen ihn preisen, er wird sich zeigen und euch beschützen.

3 1-5 Will meinen Geist über euch ausgießen und Wunderzeichen geben. Wer den Herrn anruft, wird gerettet, auf Zion, in Jerusalem, bei den Entronnenen.

4 1-10 Die Schwachen sollen sich wehren und nicht von den starken Völkern unterdrücken lassen. 11-21 Kommt ihr Heiden, dass ihr den Tag der Entscheidung seht und den Segen, den Gott über Jerusalem und über Zion bringen wird.

Der Prophet Amos

⊙ SÜNDEN MÜSSEN
GESÜHNT WERDEN

1 **1–7** Amos ist Schafzüchter und hat die Zukunft gezeigt bekommen. Er kündigt ein schweres Gottesgericht wegen zahlreicher Verfehlungen an. **8–15** Gefangene sind gegen den Willen Gottes weggeführt worden. Gott schreitet ein. Die Anführer werden wegen des Ungehorsams bestraft.

2 **1–2** Gott spricht: Um 3, ja um 4 Frevel willen der Moabiter vernichte ich sie, weil sie die Gebeine des Königs von Edom verbrannt haben zu Asche. **3–8** Auch Jerusalem wird das Gericht Gottes treffen. Herrscher und Obere werden getötet. Eine Verfehlung gegen Gesetze war unsoziales Verhalten. **9–16** Gott erinnert, wie er Israel gegen die Amoriter geholfen und er das Volk aus Ägypten geführt hat.

3 **1–7** Gott offenbart, was geschehen wird. Israel ist erwählt und deshalb wird Gott seine Missetat bestrafen. Die Sünden müssen gesühnt werden. **8–15** Amos kündigt ein Gottesgericht über Samaria an wegen zu unrecht erworbener Schätze. Nur ein kleiner Teil der Israeliten wird überleben.

4 **1–7** Amos prangert die Scheinheiligkeit der Reichen in Samaria an. Sie beuten die Armen aus und bringen gleichzeitig Opfer. Gott hat gewarnt.

GERICHT DES ALLMÄCHTIGEN ⊙

8–13 Katastrophen und Kriege halfen nicht, dass Israel den falschen Weg verlässt. Jetzt folgt das Gericht des Allmächtigen über den Rest Israels.

5 **1–10** Falsche Opfer helfen jetzt nicht. Nur wer Gott wirklich sucht, wird leben. Das angekündigte Gericht wird viele Menschen töten. **11–17** Amos prangert die sozialen Verstöße an. Die Armen werden ausgebeutet und vor Gericht benachteiligt. Jetzt wird Gott selbst richten. **18-27** Der Tag des Herrn wird finster sein, denn eure Musik ist schrecklich, eure Versammlungen sinnlos. Recht und Gerechtigkeit sind immer da.

6 **1-7** Euch Sorglosen sei Strafe gewiss. Ihr mästet euch, seid faul und egoistisch und lasst die, die in Not sind, wie Josef im Stich. **8-14** Gott will ein Volk gegen Israel schicken. Frühere Siege helfen nichts, denn da war Gott bei Israel. Alle, die gesündigt haben werden sterben.

7 **1-9** Gott bringt allerlei Plagen über das Land, doch ich bat ihn darum, dem schwachen Jakob zu helfen und Gott stoppte die Plagen. **10-17** Amazja an Jerobeam: Amos ist unglaubwürdig. Amazja an Amos: Verschwinde! Amos: Der Herr schickt mich, dir zu sagen, dass Israel in Not gerät.

8 **1-6** Betrug, Ausbeutung und Unterdrückung: Gott ist sauer und zeigt als Warnung einen Korb mit überreifem Obst, das weggeschmissen werden muss. **7-14** Gott wird Ägypten verdunkeln, Trauer bringen, eure Köpfe scheren, Hunger und Durst bringen – nach seinem Wort. Doch ihr werden nichts finden.

9 **1-4** Gott hat zu Amos gesprochen. Keiner kann dem Gottesgericht entfliehen, es gibt kein Entrinnen oder Versteck. Es droht den Sündern der Tod. **5-9** Gott ist alles möglich, er hat Israel aus Ägypten geführt. Weil es jetzt ungehorsam ist, folgt ein Gericht, aber nicht alle werden getötet. **10-15** Dem zerschlagenen Volk wird eine wunderbare Aussicht vor Augen gestellt: Die Städte werden wieder aufgebaut und das Land wird fruchtbar sein.

Der Prophet Obadja

⊙ **LETZTEN WERDEN DIE ERSTEN SEIN**

1 **1–9** Obadja: Gott hat Krieg gegen Edom ausgerufen, zur Strafe seines Hochmuts. Gutes, Starkes und Reichtum werden dort verschwinden. **10–14** Du warst ein Feigling und hast Jakob im Stich gelassen. Schande über dich. Du wirst still in der Ecke stehen und nur noch zusehen. **15–21** Was du nicht willst, das man dir tu', das füg' auch keinem andern zu. Jeder bekommt, was er verdient. Die Letzen werden die Ersten sein.

Der Prophet Jona

⊙ UND GOTT LÄCHELT LIEBEVOLL

1 1-7 Jona will Gott nicht verteidigen und flieht lieber auf See. Gott schickt ein Unwetter und die Besatzung gibt Jona die Schuld. **8-16** Jona merkt, dass er Mist gebaut hat und lässt sich zur Wiedergutmachung über Bord werfen. Und dann hört der Sturm auch auf.

2 1-11 Ein Gebet Jonas im Bauch des Fisches. Er schildert seine Not und bedankt sich bei Gott für seine Rettung. Der Fisch spuckt ihn wieder aus :-)

3 1-10 Jona predigt Untergang: Menschen und König in Ninive glauben, bereuen, fasten. Gott lässt sich beeinflussen und bereut seine bösen Gedanken.

4 1-6 Jona ist sauer auf Gott, weil Ninive verschont wurde. Außerhalb der Stadt schmollt er in einer Hütte. Gott lässt einen Wunderbaum wachsen. **7-11** Der Wurm tötet die Staude – Jona will auch sterben! Gott lächelt liebevoll: Dir tut die Staude leid – und mir soll Ninive nicht leid tun?

Der Prophet Micha

⊙ **EHRLICH SEIN UND DEN NÄCHSTEN LIEBEN – DANN KLAPPT ES AUCH MIT DEM LIEBEN GOTT**

1 **1–7** Der Herr spricht zu allen Völkern. Er belehrt die Sündiger, indem er die Taten dieser zunichte macht & zum Guten verändert. **8–16** Klagen muss ich, denn die Plage des Herrn ist unheilbar. Sie erreicht jeden Ort. Schere dir eine Glatze vor Trauer.

2 **1–10** Wehe den Mächtigen, die Böses wollen. Lasst meine Gläubigen zufrieden und flüchtet. Ich zerstöre die Stätte, eure Zuflucht. **11–13** Das Volk soll geeint werden und nach Gottes Geboten leben. Nur so werden sie stark sein und das Joch abwerfen.

3 **1–6** Gott wird euch Jakobiner und Israeliten nicht hören, denn ihr solltet rechtschaffen sein – und zerfetzt mein Volk. Euer Tag wird dunkel sein. **7–12** Weil sie unaufrichtig und gierig sind, werden alle im Hause Jakobs und im Hause Israels für ihre Schandtaten bezahlen.

4 **1–7** Viele Völker wandern zum Haus des Herrn. Denn er besiegt seine Feinde. Er macht die Außenseiter wichtig. Der Herr herrscht über alles. **8–14** Das Volk Israel wird leiden, aber am Ende wird es sich lohnen und Israel wird errettet.

5 **1–5** Vorhersage: Der Messias wird aus Bethlehem kommen und Frieden nach Israel bringen. **6–14** Manche aus Jakob bleiben übrig und mischen sich unter die Völker, wo sie wüten. Gott bekämpft sie jedoch trotzdem, weil sie nicht gehorchen.

6 **1–7** Gott ruft sein Volk auf zu erkennen, was er alles für es getan hat. Nun fragt man sich, wie man die Fehler wiedergutmachen kann. Opfer? **8–16** Ist doch eigentlich alles klar, Mensch: Ehrlich sein und den Nächsten lieben – dann klappt es auch mit dem lieben Gott.

7 **1-7** In Zeiten des Egoismus' und des Hasses, in denen jeder gegen jeden kämpft, verlasse ich mich auf Gott. Er wird mich erhören. **8-13** Wer zuletzt lacht, lacht am besten! Gott wird meine Feinde bestrafen. **14-20** Die Gläubigen müssen gepflegt werden, die Heiden sollen Gott fürchten lernen. Gott ist gnädig und barmherzig, er ist der Beste!

Der Prophet Nahum

GOTT HAT ELEFANTENGEDÄCHTNIS

1 **1-5** Gott hat Elefantengedächtnis und vergisst nichts. Er merkt sich, wenn wir Fehler machen. Er ist geduldig, zornig und von großer Kraft. Er kann viele Sachen. **6-14** Der Herr schützt, die ihm vertrauen und vernichtet, wer Böses gegen ihn plant. ER ist die größte Macht.

2 **1-6** Du bist befreit und im Frieden, Juda. Das gewaltige Heervolk glänzt in Purpur und kommt mit roten Schilden auf rasenden Rossen wie Blitze. **7-14** Auch wenn du lange Zeit stark bist, kann auch eine Zeit der Schwäche kommen. Nutze deine Stärke niemals aus, sondern nutze sie sinnvoll.

3 **1-10** Der Sündenpfuhl wird ausgerottet. Die Huren werden gebrandmarkt, die dreckigen Städte unterworfen und der Schmutz entfernt. **11-19** Es gibt keinen Ort, der vor mir sicher ist. Schütze dich mit aller Macht, du wirst doch erwischt werden. Du böser König Assud bist dran.

Der Prophet Habakuk

> DIE WELT IN BRAND UND ASCHE

1 1–10 Habakuk sieht: Das Gesetz ist schwach, Gewalt ist stark. Die Chaldäer werden eventuell erweckt und legen dann die Welt in Brand und Asche. 11–17 Bitte lass nicht zu, dass den guten, gläubigen Menschen durch die Ungläubigen Schlechtes widerfährt. Kannst du dabei zusehen?

2 1–7 Gott antwortet: Halsstarrige Raffzähne bleiben nicht lang. Bis sich das Problem von selbst erledigt hat, muss man sie aber ertragen. 8–14 Die beraubten Völker werden den Spieß umkehren. Ungerechter Gewinn bleibt nicht, bringt nur Unheil auf das Haus Raffzahn. 15–20 Am Ende richtet der Herr über alle, und wer Schande über sich bringt, wird auch nur Schande ernten. Götzen bringen keine Erlösung. Wenn die Folgen der bösen Taten den Täter einholen, bietet der selbst gemachte Gott keine lebendige Zuflucht. Er ist tot. Der Herr aber lebt.

3 1–11 Gebet des Habakuk nach der Art eines Klageliedes. 12–19 Gott geht gegen die sich gottlos Verhaltenden vor. Gott stellt dadurch Gerechtigkeit wieder her. Wir können uns auf Gott verlassen.

Der Prophet Zefanja

◉ **GRAUSIGER TAG**

1 **1–10** Der Prophet Zefania berichtet von Drohungen des Herrn gegen alles, was in Juda lebt. **11–18** Gott wird alle Menschen töten, die sich nicht um ihn kümmern. Es wird ein grausiger Tag werden, voll Finsternis und Angst.

2 **1–8** Wer gerecht und demütig ist, den verschont der Herr vielleicht. Doch auch vielen Nachbarvölkern droht er mit Auslöschung. **9–15** Untergehen werden die, die Gott und den Menschen verraten und gegen Geld und Macht ausgebeutet haben. Freuen werden sich die Zufriedenen.

3 **1–7** Wer den Herrn respektiert und seinen Anweisungen folgt, der wird verschont. **8–12** Nach dem letzten Gericht wird nur ein kleines, aber gottesfürchtiges Volk übrig bleiben. **13–20** Happy End: Gott vergibt. Fürchte dich nicht. Freue dich. Jauchze! Gott ist bei dir. Er ist freundlich, bringt Lob und Ehre. Gott liebt dich!

Der Prophet Haggai

HIMMEL UND ERDE WERDEN ERSCHÜTTERT

1 **1-10** Der Prophet Haggai sagt: Solange des Herren Haus karg ist, ist auch euer Leben karg. Gottes Fülle habt ihr, wenn ihr seinen Tempel heiligt. **11-15** Als Gott eine Dürre schickte, gehorcht das Volk ihm und seinem Propheten Haggai. Und sie alle arbeiteten wieder am Tempel.

2 **1-8** Haggai: Wie sieht das Haus des Herrn heute aus? Sagt dem Volk, Gott ist mit euch. Geht brav arbeiten. Er wird den Reichtum bringen. **9-13** Durch Berührung mit Heiligem kann man keine Speise heilig machen, aber wer nach einem Toten die Speise anrührt, macht sie unrein. **14-18** Haggai predigt: Ihr wolltet Gott nicht erkennen, obwohl er euch plagt. So passt gut auf, wie es sein wird, wenn sein Tempel erst fertig ist. **19-23** Himmel und Erde werden erschüttern, die Heiden werden vertilgt. Du, Serubbabel, sollst mein Knecht und Siegelring sein.

Der Prophet Sacharja

⊙ FREIGESPROCHEN VOM ENGEL

1 1-6 Gott durch Sacharja an das Volk: Seid ihr für mich, bin ich bei euch. Macht nicht die gleichen Fehler wie eure Väter. Lernt daraus. 7-11 Engel an Sacharja: Ich sah rote, braune und weiße Pferde im Tal. Es sind Kundschafter, die durch das Land ziehen. 12-17 Obwohl Gott zornig war auf Jerusalems Volk, kehrt er zurück mit Barmherzigkeit und will das Beste für seine Stadt.

2 1-3 Ich sah 4 Hörner und fragte den Engel: Was bedeuten die? Engel: Diese haben Juda, Israel und Jerusalem zerstreut. Dazu zeigte der Herr mir vier Schmiede. 4-8 Die Engel kommen, um die Feinde Judas zu vernichten und Jerusalem vorzubereiten. 9-17 Gott spricht seinem Volk zu: Mache dich auf, ich begleite dich. Ich bin mit dir und will bei dir wohnen. Alle Völker erkennen mich.

3 1-5 Der Hohepriester Joschua, vom Satan vor Gott angeklagt, wird von Gottes Engel freigesprochen von seinen Sünden und rein emporgehoben. 6-10 Der Engel bestätigte: Du gehst auf seinen Wegen. Ihr seid ein Zeichen für die Ankunft Jesu und Vergebung aller Sünden.

4 1-6 Der Engel weckte mich – und ich sah heilige Objekte, ohne sie zu kennen. Es ist das Wort Gottes und es soll nur durch seinen Geist geschehen. 7-14 Glück zu! – das ist der Ruf, mit dem der letzte Baustein eines Hauses gesetzt wird. Zwei goldene Röhren der Ölbäume sind die Gesalbten Gottes.

NICHT KASTEIEN ⊙

5 1-3 Sacharja sieht eine Schriftrolle, von der Gott sagt, dass nach dieser alle Diebe und Wortbrüchigen vernichtet werden sollen. 4-11 Die Sünden des Landes sind eine Tonne und die Gottlosigkeit eine gefangene Frau darin, die hinfort geflogen wird.

6 1–7 Ich sah 4 Wagen, jeder von andren Rossen gezogen und der Engel sprach: Dies sind die vier Winde! Gehet hin und durchzieht die Lande. 8–15 Krönt Jeschuas zum Hohepriester, denn er sei der Spross, der den Tempel bauen, für Frieden sorgen und euren Geist bereichern wird.

7 1–10 Du brauchst dich nicht zu kasteien, um deinen Glauben zu leben. Achtsamkeit gegenüber Fremden und Außenseitern, zeiget Nächstenliebe. 11–14 Sacharja verkündet, er möchte alles Unrechte, was die Stämme Israels begingen, verbannen.

8 1–8 Jerusalem soll die Stadt des Glaubens sein, voller Leben und der Berg ein heiliger Berg. Es soll mein Volk sein und ich ihr gerechter Gott. 9–15 Der Herr Zebaoth will jetzt den Rest der Menschen gut behandeln, damit sie seinen Tempel bauen, sie sollen sich nicht fürchten. 16–23 Die Menschen sollten sich zusammenschließen und Gott suchen, jedoch nur friedlich und ehrlich, weil er es nicht anders mag.

9 1–9 Die Last kommt über das Land. Gott wird gierige Kapitalisten stürzen. Zion und Jerusalem, freut euch: Der gerechte Herr kommt! 10–17 Gott wird den Völkern Israels Frieden gebieten und sie für ihren Glauben belohnen. Er wird ihr Schild und ihr Pfeil sein gegen ihre Feinde.

GOTT WIRD JUDA UND JERUSALEM BESCHÜTZEN

10 1–5 Glaubt nicht irgendwem, sondern vertraut auf Gott, denn er wird aus den Schwachen die Stärksten machen. 6–12 Ich will das Volk erretten und bringen nach Gilead und Libanon. Ich will ihm den Weg bereiten, damit es in meinem Namen gestärkt wird.

11 1–9 Gott schont die Völker Libanons, Baschans, Jordans nicht, denn sie leben maßlos. Mit den Stäben »Huld« und »Eintracht« hütet Gott die Seinen. 10–17 Doch Gott zerbrach »Huld« und beendete den Bund. Und er zerbrach »Eintracht« und löste die Bruderschaft zwischen Israel und Juda.

12 **1–6** Gott: Jerusalem soll die Last aller Völker sein und wer sie wegheben will, wird daran zu Grunde gehen. Doch Juda will ich schützen. **7–14** Gott wird Juda und Jerusalem beschützen. Aber einer des Hauses Davids wird durchbohrt werden und alle werden trauern.

13 **1–5** Gott: Alle Unreinheit soll verschwinden, alle falschen Propheten sterben. **6–9** Gott will die Menschenherde in drei Teile zerschlagen. Ein Teil soll überleben, durchs Feuer gehen und geläutert sein. Sie sind sein Volk.

14 **1–8** Ich werde Jerusalem von den Heiden erobern lassen. Dann wird der Herr die Heiden schlagen und den Ölberg spalten. Und Gott wird wiederkommen. **9–14** Gott wird der einzige Herr sein und das Land wird geeinigt sein. Jerusalem wird seine Stadt. Und der Stadt Feinde werden vernichtet. **15–21** Gott wird allen Heiden und ihrem Getiere große Plagen schicken, wenn sie nicht zu ihm beten und das Laubhüttenfest feiern.

Der Prophet Maleachi

1 1-8 Gott durch Maleachi: Ich liebe Jakob (= Juda), hasse Esau (= Edom), verwüste es. Die Priester opfern Minderwertiges. Ihnen fehlt Gottesfurcht. 9-14 Gott: Bittet um meine Gnade. Euer Opfer entheiligt mich, denn es ist euch nichts wert.

2 1-8 Gott an Priester: Höret mein Wort, sonst seid ihr verflucht. Ihr habt Levi verdorben und weicht vom Wege ab. Soll ich euch mit Exkrementen bewerfen? 9-13 Gott ächtet die, die seinen Weg nicht halten, und er will kein Opfer von ihnen empfangen. 14-17 Gott: Du hast den Bund mit deiner Frau vor Gott gebrochen. Ihr seid Frevler, wenn ihr Böses in Gottes Wort legt oder Böses von ihm verlangt.

3 1-4 Gott: Mein Bote wird meinen Weg bereiten und der, den ihr sucht, wird in den Tempel kommen. Wer wird vor ihm bestehen? Wer wird an seiner Seite sein? 5-11 Gott: Alle Betrüger, Schläger, Rassisten und Lügner werde ich richten. Bekehrt euch und haltet euch an meine Gebote. Tut nicht scheinheilig. 12-20 Die Gottlosen reden gegen den Herrn, aber die Gottesfürchtigen zweifeln nicht. Gott sagt zu: Sie gehen auf wie die Sonne der Gerechtigkeit. 21-24 Der Herr sagt, dass ihr eines Tages die Gottlosen töten werdet und die 10 Gebote befolgen sollt. Davor werde ich euch Elia schicken.

Das Neue Testament

Das Evangelium nach Matthäus

⊙ **HEILIGER GEIST FÜHRT
JESUS IN WÜSTE**

1 **1–16** Seine Vorfahren sind zahlreich und dies ist die Geschichte von Jesus Christus, aufgeschrieben in diesem Buch. **17–25** Maria war schwanger – nicht von Josef, im Traum erschien ihm der Engel Gabriel. Er überbrachte Gottes Wort und die Bestimmung des Kindes Jesus.

2 **1–6** Weise folgen Stern nach Jerusalem, gehen König fragen: Neuer König hier geboren? König Herodes erschrickt, forscht, wo Christus geboren werden soll. **7–12** Herodes schickt die Weisen, um den Geburtsort des Kindes zu finden. Die Weisen sehen den Stern und finden das Kind, sagen aber Herodes nichts. **13–18** Engel erscheint Josef im Traum: Flieht nach Ägypten! Die drei fliehen. Herodes zornig, da von Weisen betrogen, lässt alle Kleinkinder töten. **19–23** Nach dem Tod Herodes sprach ein Engel zu Josef: Gehe heim, die Feinde sind tot. Und Josef kehrte mit seiner Familie heim nach Nazareth.

3 **1–8** Johannes der Täufer predigte vom Kommen Jesu. Viele Menschen ließen sich daraufhin taufen, aber die Schriftgelehrten sollten Buße tun. **9–12** Johannes: Die Abstammung von Abraham hilft Israel nicht, wenn die Werke fehlen: Gericht. Ankündigung Christi, der Feuertaufe und Gericht. **13–17** Jesus ging zu Johannes, um sich taufen zu lassen. Nach der Taufe sprach Gott zu den beiden: Dies ist mein Sohn, an dem ich Wohlgefallen habe.

4 **1–11** Heiliger Geist führt Jesus in Wüste > 40 Tage fasten > Satan verführt und provoziert ihn > Jesus widersteht problemlos > Satan weicht > Engel kommen. **12–17** Jesus erfuhr, dass Johannes im Gefängnis war. Da zog er nach Kapernaum in Galiläa. Dort fing er an zu predigen: Kehrt um!

WENN EUER HORIZONT IRDISCH BLEIBT – NIX MIT HIMMEL

18-22 Unter den Fischern fand Jesus seine ersten 4 Jünger: Simon, genannt Petrus, seinen Bruder Andreas, Jakobus und seinen Bruder Johannes. **23-25** Als Jesu Gefolgschaft immer größer wurde, ging er auf einen Berg und setzte sich; und seine Jünger traten zu ihm.

5 **1-12** Jesus: Selig sind die Armen, die Sanftmütigen, die Barmherzigen, die Friedfertigen, die Verfolgten. Seid froh, euer Lohn ist im Himmel. **13-16** Ihr seid das Salz der Erde und das Licht der Welt. So lasst euer Licht leuchten, damit man eure guten Werke sieht und um Gott zu preisen. **17-20** Ich komme, die Schrift zu erfüllen. Alles muss so geschehen. Ihr sollt nichts daran ändern. Wenn euer Horizont irdisch bleibt > nix mit Himmel. **21-26** Gebotsverschärfung Jesu: Nicht erst wer tötet, sondern schon wer zürnt, ist des Gerichts schuldig. Übt Versöhnung! **27-32** Gebotsverschärfung Jesu: Nicht erst wer ehebricht, sondern schon wer begehrt, ist des Gerichts schuldig. Keine Scheidung.

33-37 Sei aufrichtig und authentisch. Dann braucht es weder Schwur noch Eid noch irgendein beglaubigendes Wort. Sagt ja, ja oder nein, nein. Es genügt. **38-48** Gebotsverschärfung Jesu: Feindesliebe. Darum sollt ihr vollkommen sein, wie euer Vater im Himmel vollkommen ist.

LIEBE ÜBERWIEGT BOSHAFTIGKEIT BEI WEITEM

6 **1-5** Jesus: Bete aus freiem Willen und stell dein Gebet nicht zur Show. **6-15** Wenn ihr beten wollt, redet nicht zu viel, Gott weiß schon, was ihr wollt. Betet einfach das Vater Unser. **16-18** Fasten muss man im Verborgenen, ohne dass jemand davon weiß oder erfährt. Denn Gott allein sieht es dann, das muss genügen! **19-25** Habt keine Angst und sorgt euch nicht. Ihr braucht weder Reichtum noch Schätze. Das höchste Gut habt ihr geschenkt bekommen: euer Leben. **26-34** Sorgt euch nicht immer erst um die materiellen Dinge wie Essen und Kleidung, sorgt euch erst darum, dass ihr Gottes Gnade erlangt.

7 **1–6** Jesus: Urteile nicht über andere, bevor du deine Fehler nicht korrigiert hast. Gehe sorgfältig mit dem um, was du hast und denke erst, bevor du handelst. **7–11** Wer bittet, der bekommt! Liebe überwiegt Boshaftigkeit bei weitem. Gute Gaben immerdar, vor allem vom Vater im Himmel. Ihr müsst nur bitten. **12–14** Das alte Gesetz vergilt Gleiches mit Gleichem. Ihr aber sollt durch das enge Tor gehen – obwohl der Weg anstrengender ist, führt er zum Leben. **15–23** Ein guter Baum trägt gute Früchte, ein fauler Baum faule Früchte, aber nie andersrum. Viele berufen sich auf Dinge, an die sie nicht glauben. **24–29** Wer auf Jesu Worte hört und danach handelt, ist wie ein Mann, der sein Haus auf Felsen baut. Auch ein Platzregen kann ihm nichts anhaben.

⊙ **PANIK IM BOOT**

8 **1–4** Viele Fans folgten Jesus vom Berg. Ein Aussätziger bittet Jesus um Hilfe. Jesus heilt und sagt, er solle nichts sagen – der Priester werde schon sehen. **5–13** Hauptmann bittet Jesus um Fernheilung für seinen Knecht, Jesu Geist genügt für Heilung, persönliches Erscheinen unnötig. **14–17** Jesus besucht Petrus' kranke Schwiegermutter. Er heilt sie. Sie ist froh und macht Werbung. Mehr Menschen eilen herbei und lassen sich helfen. **18–22** Wer Jesus folgen will, muss auf allen Komfort und jede Bindung verzichten, denn Jesus ist mittellos, ungebunden und frei. **23–27** Orkan auf dem See, Panik im Boot. Jesus schläft. Geweckt rügt er Kleinglauben und Angst seiner Freunde, beruhigt das Meer. Stille – Staunen! **28–33** Anderes Ufer: Jesus treibt zwei böse Geister aus & in eine Schweineherde hinein, die darauf ertrinkt. Leute sauer, Jesus wieder nach Hause.

9 **1–8** Jesus sieht den Glauben der Helfer, vergibt dem Gelähmten seine Sünden, was Protest bei den Schriftgelehrten hervorruft. Dann heilt Jesus ihn auch! **9–13** Jesus wird kritisiert, weil er sich von Sündern nicht absondert. Er antwortet, dass er den Menschen nahe sein will, die ihn brauchen. **14–17** Jesus zu Jüngern des Johannes: Meine Jünger fasten nicht, weil ich, der Bräutigam, jetzt noch da bin. Kein neuer Wein in alte Schläuche.

⊙ JESUS HEILT EINEN BESESSENEN

18-26 Auf dem Weg zu einem todkranken Mädchen heilt Jesus eine Frau mit Blutfluss; danach erweckt er das inzwischen gestorbene Mädchen zum Leben. **27-31** Bei seiner Heimkehr heilte Jesus zwei Blinde durch seine Hände und den Glauben der beiden. Sie gaben Zeugnis trotz der Warnung durch Jesus. **32-38** Jesus heilt einen Besessenen. Einige sehen Jesus mit dem Satan im Bunde. Jesus aber predigt das Evangelium und ermutigt zur Nachfolge.

10 **1-8** Die 12 Apostel: Petrus, Andreas, Jakobus, Johannes, Philippus, Bartholomäus, Thomas, Matthäus, Jakobus, Thaddäus, Simon Kananäus und Judas. **9-15** Aussendung der Jünger: Armut. Als Gast wohnen bei jemandem, der es wert ist: Segen. Sonst dort fortgehen und den Staub von dort abschütteln. **16-23** Jesus: Ich schick euch wie Schafe unter Wölfe. Vorsicht mit allen Menschen. Aber keine Angst – ich bin bei euch! Dranbleiben – dann wirst du selig! **24-33** Jesus sagt: Folgt meinem Beispiel. Gottes Wahrheit soll jeder hören. Redet ohne Furcht davon! Wer zu mir steht, dem werde ich auch beistehen. **34-39** Nicht immer Friede/Freude/Eierkuchen. Auch mal Tacheles reden & Profil zeigen. Entscheidung fürs Kreuz ist radikal – schenkt aber ewiges Leben. **40-42** Wer Gott und Jesus folgt, der wird belohnt. Ebenso, wer ein gerechtes Leben führt.

DU WIRST SANFT SEIN ⊙

11 **1-9** Johannes aus dem Gefängnis zu Jesus: Bist Du's nun? Jesus: Erkenne mich an meinen Taten. Johannes: Anders als Könige, mehr als ein Prophet. **10-19** Johannes bereitet als Bote Jesus den Weg. An Johannes wurde die Askese kritisiert, an Jesus sein Genießen & sein Leben der Annahme anderer. **20-30** Jesus will alle Beladenen erquicken. Wenn sie ihr Joch auf sich nehmen, werden sie Ruhe finden für ihre Seelen.

12 **1-8** Jünger raufen Ähren am Sabbat: Kritik. Jesus: Wie David und Schaubrote. Barmherzigkeit. Der Menschensohn ist ein Herr über den Sabbat. **9-14** In der Synagoge heilte Jesus am Sabbat einen Kranken. Die Pharisäer wollten Jesus durch Fragen eine Falle stellen. Sie hatten keinen Erfolg. **15-21** Jesus heilt. An ihm erfüllt sich, was im Alten Testament steht: Dich habe ich erwählt, ich will dir meinen Geist geben! Du wirst sanft sein. **22-28** Jesus heilte einen Besessenen. Die Pharisäer sahen darin ein Werk der bösen Geister. Jesus sagte: Wie kann man Satan mit Satan austreiben? **29-37** Du bist verantwortlich für dein Tun und Reden. Drum gib acht! Ein guter Mensch bringt gute Taten. Wer nicht für Jesus ist, ist gegen ihn. **38-42** Wer nach Jonas Zeichen Buße tut, wird im Himmel Gottes Vergebung erfahren. Wer nach Salomos Zeichen lebt, wird diese nicht erfahren. **43-44** Ein unreiner Geist, der ausgetrieben wurde, kommt manchmal zurück, wenn er keine Ruhe findet. **45-50** Jesus: Das Geschlecht wird wie von 7 bösen Geistern besessen sein. Wer aber den Willen meines Vaters tut, ist mir Bruder, Schwester und Mutter.

> HERODES KERKERT JOHANNES EIN

13 **1-14** Gleichnis vom Sämann. Saat fällt auf Weg, Felsen, unter Dornen, auf Land. Gleichnisse sind für Verständige. Wer Ohren hat, der höre. **15-23** Gott hat uns Augen, Ohren und Herzen gegeben, um sich für ihn einzusetzen. Ein Wort, auf gutem Boden gesät, wird viele Früchte tragen. **24-30** Das Himmelreich ist Gnade: Unkraut darf mit dem Weizen wachsen. Erst zur Erntezeit wird es vom Weizen getrennt. Bringt Frucht! **31-35** Jesus lehrt in Gleichnissen. Das Himmelreich gleicht einem gesäten Senfkorn: Erst ganz klein, dann wird es zum Baum und bietet allen Schutz. **36-43** Das Gleichnis wird gedeutet: Same = Kinder Gottes; Unkraut = Kinder des Bösen; Feind = Teufel; Ernte = Ende der Welt; Schnitter = Engel. **44-53** Himmelreich = Schatz, verborgen im Acker. Am Ende der Welt wird sein: Engel scheiden Böse von den Gerechten. **54-58** Jesus unterrichtete in seiner Heimat, aber die Leute ärgerten sich über seine Weisheit und enttäuschten Jesus, so dass er keine Wunder tat.

14 **1-13** Herodes kerkert Johannes ein. Herodias brachte Herodes dazu, Johannes zu köpfen. Sie brachte den Kopf der Mutter. Jünger begruben Johannes und sagten es Jesus. **14-21** Jesus segnete 5 Brote und bekam 5000 Menschen damit satt. Als sie die Reste sammelten, waren noch 12 Körbe voll Brot übrig.

PETRUS VERSANK FAST IM WASSER

22-33 Jesus ging übers Wasser zu den Jüngern. Diese glaubten ihm nicht und Petrus versank fast im Wasser, weil er nicht an Jesus glaubte. **34-36** In Genezareth angekommen, wurde Jesus von den Menschen umschwärmt und alle Kranken wollten seinen Saum berühren – und sie wurden wieder gesund.

15 **1-11** Und Jesus sprach zu den Pharisäern: Du sollst Vater und Mutter ehren; wer aber Vater und Mutter flucht, der soll des Todes sterben. **12-20** Jesus deutet das Gleichnis: Das Essen mit dreckigen Händen macht die Menschen nicht unrein, sondern die bösen Worte aus dem Herzen. **21-29** Kanaanäische Frau bittet für ihre Tochter. Jesus: Sie ist nicht aus Israel. Sie: Aber wir bekommen Segen, der bei Israel übrig ist. Gesund. **30-39** Das Volk pries Gott, da Jesus Kranke heilte. Jesus verlangte 7 Brote und Fische, verteilte dies und alle 4000 wurden satt.

UMFRAGE: WER IST JESUS?

16 **1-6** Pharisäer und Sadduzäer wollen ein Zeichen von Jesus: verweigert. Kein Zeichen, es sei denn das Zeichen des Jona. Jünger kommen ohne Brot. **7-12** Als sie hörten, dass es nicht um die Brote ging, erkannten sie, dass es die Lehren waren, vor denen Jesus sie gewarnt hatte. **13-20** Umfrage: Wer ist Jesus? Wer ist er? Petrus: Christus. Jesus: Petrus ist der Fels, auf den die Gemeinde gebaut werden soll. Aber sagt es keinem. **21-28** Jesus @ Jünger: vor uns das Martyrium. Petrus: Gott muss dich davor schützen. Jesus: Wer das Leben erhalten will, verliert es, wer es aufgibt, gewinnt es.

TOLLES HIGHLIGHT AUF HOHEM BERG

17 **1-12** Tolles Highlight auf hohem Berg. Jünger: Wir wollen bleiben. Gott: Dieser Jesus ist mein Sohn, hört auf ihn. Weg zurück wird zum Leidensweg Jesu. **13-21** Jesus heilt einen Mondsüchtigen. Die Jünger fragen, wie er das geschafft hat. Jesus sagt: Glaube kann Berge versetzen. **22-23** Jesus sprach zu seinen Jünger und klärte sie auf über alles, was in den nächsten Tagen mit ihm passieren würde. **24-27** Als die Tempelsteuer eingefordert wurde, holt Petrus Rat bei Jesus. Der macht ein Fisch-Geldstück-Wunder. Und die Steuerschulden sind weg.

18 **1-6** Jesus: Wer aber Kinder zu unrechten Dingen verführt, für den wäre es besser, dass ein Mühlstein an seinen Hals gehängt und er ersäuft würde. **7-11** Besser behindert als ins Fegefeuer. **12-14** Jesus: Hundert Schafe. Eines hat sich verirrt. Dieses wird vom Herrn gesucht und gefunden und er freut sich mehr darüber als über die 99 auf der Weide. So freut sich auch Gott. **15-17** Tut ein Christ dir Unrecht, stell ihn unter vier Augen zur Rede. Bereut er nicht, wende dich an die Gemeinde. Bereut er nicht, ist er ausgegrenzt. **18-20** Was auf Erden ist, soll auch im Himmel sein. Jesus ist unter denen, die in seinem Namen versammelt sind. **21-28** Petrus fragt Jesus, wie oft er Sündern vergeben soll. Er antwortet: 490-mal, es ist wie bei einem König, der seinem größten Schuldner vergibt. **29-35** Wird dir vergeben, vergib auch

den anderen. Wenn du geliebt wirst, liebe auch die anderen. Halte es so und Gott wird dies auch an dir tun.

JESUS ERKLÄRT, DASS DEN KIDS DAS HIMMELREICH GEHÖRT

19 **1-7** Hochzeit = aus 2 × Fleisch wird eins. Was nun Gott zusammengebracht hat, das soll der Mensch nicht scheiden. **8-12** Es gibt Männer, die sollten nicht heiraten, sie werden ohnehin nicht klarkommen mit der Ehe. Jeder ist anders, mancher ist besser Single. **13-15** Als Kinder zum Segnen zu Jesus gebracht werden, verhindern die Jünger das. Jesus erklärt, dass den Kids das Himmelreich gehört. Und segnet sie! **16-26** Jesus antwortete, wahrscheinlicher geht eher ein Kamel durch ein Nadelöhr als ein Reicher in Gottes Reich. Doch bei Gott ist alles möglich. **27-30** Petrus ist mit seiner Gemeinde Jesus gefolgt und bekommt gesagt, dass die Ersten die Letzten sein werden und umgekehrt bezogen auf Israel.

20 **1-8** Himmelreich = Hausherr, der 5-mal am Tag loszog, um Arbeiter für Weinberg zu suchen und allen den gleichen Lohn gab. **9–16** Tja, das ist das Privileg des Chefs. Er bestimmt über die Gehälter, wer sich auf einen Preis einlässt, sollte später nicht motzen. **17–19** Auf dem Weg hinauf nach Jerusalem bereitet Jesus seine Jünger auf seine Festnahme und Kreuzigung und seine Auferstehung am dritten Tag vor. **20–28** Jakobus' und Johannes' Mutter bittet Jesus um eine Sonderstellung für ihre Söhne. Jesus: Wer der Größte sein will, der soll dienen. Wie er. **29–34** Zwei Blinde hinter Jericho sahen Jesus und baten ihn um Hilfe. Sie konnten wieder sehen und schlossen sich ihm an.

JESUS RAST UND VERJAGT
BANKER UND FLIEGENDE HÄNDLER
AUS DEM TEMPEL

21 **1–11** In der Nähe von Jerusalem bat Jesus zwei Jünger, einen Esel zu holen und ritt vom Volk bejubelt in die Stadt. **12–17** Jesus rast und verjagt Banker und fliegende Händler aus dem Tempel. Er heilte Blinde und Lahme, Kinder riefen Hosanna dem Sohn Davids, Hohepriester empört darüber. **18–22** Jesus zeigt den Jüngern am Beispiel eines Baumes, wie Glaube Berge versetzen kann. Wer im Gebet bittet und glaubt, der wird es empfangen. **23–27** Jesus lehrt im Tempel. Dort fragten ihn die Hohenpriester und Ältesten nach seiner Vollmacht. Die Diskussion war aber fruchtlos, und Jesus brach sie ab. **28–32** Jesus erklärte ihnen, dass es nicht darauf ankommt, gut zu reden, sondern wichtiger ist, gut zu handeln. Scheinheiligkeit ist fehl am Platz. **33–40** Ein Mann verpachtet seinen Weinberg. Die Pächter töten die Knechte und den Sohn wegen des Erbes und der Ernte. Was tun mit dem Besitzer? **41–46** Das Land der Chaldäer soll verwüstet werden und das Volk wird umherirren. Ihre Feinde werden sich im Recht sehen.

22 **1–14** Gleichnis von Jesus: König lädt zu Fest ein, alles vom Besten. Niemand kommt, viele Ausreden. König wütend und lässt alle bestrafen. **15–22** Die Pharisäer wollten Jesus überlisten: Müssen wir Steuern zahlen? Er erkannte die Falle: Wer auf dem Geld abgebildet ist, dem gehört es.

23-31 Auferstehung der Toten bedeutet nicht ein Wiederlebendigwerden des menschlichen Körpers. Der Körper stirbt, der Geist bleibt lebendig. 32-40 Jesus: Gott ist ein Gott der Lebenden! Das höchste Gebot ist, Gott vollumfänglich zu lieben – »Liebe deinen Nächsten wie dich selbst« auch! 41-46 Jesus fragt Pharisäer: Was denkt ihr vom Erlöser und wessen Sohn ist er? Pharisäer: Davids! Jesus: Und wieso nennt David ihn Herr? Pharisäer: Ähhh ...

23 1-12 Jesus sprach: Befolgt die Schrift, handelt nicht wie Pharisäer! Ihr seid alle Brüder, Gott / Christus ist Vater und Lehrer. Seid demütig. 13-22 Es geht nicht um euren Profit. Nutzt nicht die Unwissenheit der Menschen aus. Es geht um die Wahrheit vor Gottes Heiligkeit. 23-30 Jesus verdammt die Pharisäer als Heuchler, die äußerlich fromm sind und sich damit brüsten, dass sie die Propheten nicht getötet haben. 31-36 Jesus klagt die Nachkommen der Prophetenmörder an und erklärt, dass sie für diese Schuld zur Rechenschaft gezogen werden. 37-39 Jerusalems Taten sind schlecht, so werden sie allein gelassen, bis sie sich zum Herrn bekennen.

24 1-12 Jesus erzählt seinen Jüngern vom Ende der Welt. Schlimme Prophezeiung. Wer dem Glauben aber treu bleibt, der wird selig werden. 13-28 Wenn das Ende kommt, fliehe, wer in Judäa ist, in die Berge. Aber hütet euch vor falschen »Christussen«, die es geben wird. 29-31 Nach der Bedrängnis: Licht aus, Mond dunkel, Sterne fallen .... das ZEICHEN ... Menschen wehklagen, Auserwählte werden eingesammelt.

SEI ALLZEIT BEREIT ⊙

32-44 Erkennt die Zeichen der Zeit! Himmel und Erde werden vergehen, auch wenn ihr den genauen Zeitpunkt nicht kennt – seid bereit. 45-51 Der Knecht soll das ihm entgegengebrachte Vertrauen nicht missbrauchen, sonst wird er bestraft werden.

25 1-13 Wer zu spät kommt, den bestraft das Leben. Sei nicht töricht, sondern handle klug, vorausschauend. Bedenke, dass du die Spanne deines Lebens nicht kennst. Sei allzeit bereit. **14–22** Herr vertraut Knechten Geld an, die Menge entsprechend ihrer Tüchtigkeit. Diese vermehren, verdoppeln es. Herr erfreut, lobt, belohnt sie. **23–29** So will es der Herr: Wer viel hat, wird noch mehr bekommen; wer wenig hat, dem wird alles genommen. **30–38** Wenn Jesus wiederkommt, wird er für Gerechtigkeit sorgen. Wie ein Hirte, der den anderen das gegeben hat, was sie brauchen. **39–46** Einem Mitmensch Gutes tun? Wer's probiert, merkt, dass Jesus im anderen steckt. Kranke pflegen, Gefangene besuchen: Auf geht's! Er wartet.

⊙ NUR WER SICH WAS GÖNNT, MACHT DAS LEBEN LEBENSWERT

26 **1–5** Jesus spricht: In zwei Tagen ist Passah, danach werde ich gekreuzigt. – Hohe Priester überlegen, wie sie Jesus ohne Volksaufstand töten könnten. **6–15** Frau salbt Jesus, erkennt seine Größe. Jünger verärgert über Verschwendung, sie erkennen nichts. Jesus erklärt: Nur wer sich was gönnt, macht das Leben lebenswert.

Aber Judas versteht nicht. **16–19** Vorbereitung zum Abendmahl. Die Jünger gehen in die Stadt und sollen dort jemanden finden, in dessen Haus das Passahlamm zubereitet werden kann. **20–25** Am Abend saß er mit den Zwölfen am Tisch und aß. Als er sagte: Einer von euch wird mich verraten, sagte Judas: Bin ich's Rabbi – sagte er, ja. **26–30** Jesus verteilte Brot und Wein und sprach: Esset, das ist mein Leib und trinket, das ist mein Blut des Bundes zur Vergebung der Sünden.

JUDAS VERRÄT JESUS ⊙

31–35 Jesus spricht: In dieser Nacht werdet ihr mich verleugnen. Petrus schwört: Niemals! Eher sterbe ich. Jesus: Auch du, gleich 3-mal, noch bevor der Hahn kräht. **36–46** Jesus betet zu Gott, denn die Jünger haben ihn bereits verlassen, sie schlafen. Jesus: Gott, Dein Wille geschehe, nicht meiner, aber verschon mich. **47–56** Judas verrät Jesus durch einen Kuss. Er wird festgenommen. Ein Jünger ergreift das Schwert. Jesus: Stopp. Die Schrift muss erfüllt werden. **57–68** Jesus wird angeklagt, verteidigt sich aber nicht. Er bekräftigt seine Stellung als Gottessohn – und wird der Gotteslästerung verurteilt. **69–75** Dreimal verleugnet Petrus seinen Herrn, wie Jesus es ihm prophezeit hat. Da weint Petrus sehr.

27 **1–2** Morgens fassten alle Hohenpriester und Ältesten den Beschluss, Jesus zu töten, banden ihn und überantworteten ihn dem Statthalter Pilatus. **3–10** Judas bereut seinen Verrat an Jesus – zu spät! Er wirft Geld weg und erhängt sich. Hohepriester kaufen davon »Blutacker« – Prophezeiung erfüllt. **11–14** Jesus war vor dem Statthalter und sagte auf die Frage, ob er der König der Juden sei, du sagst es. Auf alle anderen Fragen antwortete er nicht. **15–25** Gegen besseres Wissen lässt Pilatus den unschuldigen Jesus kreuzigen und erweist dem schuldigen Barabbas Gnade.

⊙ DIE ERDE BEBTE

26–30 Sie geißelten ihn, zogen ihn aus und setzten ihm eine Dornenkrone auf. Sie spotteten: Gegrüßt sei der König der Juden. **31–44** Sie schlugen Jesus ans Kreuz. Verspottet, gedemütigt, gefoltert. »Der Juden König« –

gekreuzigt zwischen zwei Räubern. Rette dich doch! Wenn du kannst, rufen sie. **45–56** Mein Gott, warum hast du mich verlassen, schrie Jesus – und starb. Die Erde bebte. Alle, die dabei waren, wussten: Jesus ist der Gottessohn. **57–61** Josef legte den Leib von Jesus in seine Grabhöhle und verschloss diese mit einem Fels. Maria von Magdala und Maria waren auch am Grab. **62–66** Pilatus sprach zu den Hohenpriestern: Bewacht das Grab des Verführers, so dass seine Jünger ihn nicht stehlen und sagen, er wäre auferstanden.

28 **1–9** Am ersten Tag der neuen Woche: Das Grab ist leer. Ein Engel verkündet: Er wird euch vorausgehen. Fürchtet euch nicht! Siehe, da erscheint ER. **10–14** Jesus sprach: Geht und sagt, dass ich in Galiläa bin. Gleichzeitig bestach die Wache die Soldaten, um zu kaschieren, was geschehen war. **15–20** In Galiläa begegnen die Jünger dem Auferstandenen. Er sendet sie aus: Sagt das Evangelium weiter. Tauft. Lehrt. Und wisst: Ich bin bei euch alle Tage bis an der Welt Ende.

Das Evangelium nach Markus

1 **1-8** Markus beginnt sein Evangelium mit Johannes, dem Täufer. Der predigt und tauft im Jordan und ist Wegbereiter von Jesus Christus, Gottes Sohn. **9-13** Jesus wird von Johannes getauft. Der Heilige Geist (Taube) fährt in ihn und Gott sagt, dass er ihn liebt → 40 Tage Wüste inklusive Versuchung von Satan. **14-20** Jesus sagt: Gottes Reich ist da, tut Buße und glaubt! Simon, Andreas, Johannes und Jakobus wurden Menschenfischer nach Jesu Aufforderung. **21-28** Kapernaum/Synagoge: Jesus lehrt – alle schockiert über Jesu Power. Erst mal einen Dämonen vertrieben – Publikum noch mehr schockiert, aber überzeugt. **29-31** Sie gingen zu der Schwiegermutter Simons, die starkes Fieber hatte. Er heilte sie durch Handauflegen. Sie war sehr dankbar.

32-39 Jesus heilte Kranke, trieb Besessenen böse Geister aus, zog immer weiter in die Städte, um auch dort zu predigen und böse Geister auszutreiben. **40-45** Aussätziger zu Jesus: Hilf mir. Jesus: Sei rein, aber schweig davon. Geheilter erzählt allen von der Heilung. Viele Menschen strömen zu Jesus.

2 **1-12** Ein riesiger Menschenauflauf. Man bringt einen Gelähmten – und Jesus heilt ihn. Großes Erstaunen und Entsetzen. **13-17** Jesus bittet Levi, den Zöllner, ihm zu folgen. Die Leute entsetzt: einen Sünder? Jesus: Gesunde brauchen keinen Arzt, ich bin für Kranke da. **18-22** Jünger Jesu fasten nicht, da Festzeit ist, so lange Jesus noch bei ihnen ist. Keinen neuen Wein in alte Schläuche. **23-28** Am Sabbat ernteten die Jünger Korn, Jesus heilte. Das Gesetz ist für die Menschen gemacht, nicht umgekehrt! Sie wollten ihn dafür töten.

⊚ NICHT MEINE LEIBLICHEN VER-
WANDTEN SIND MEINE FAMILIE

3 **1–12** Um vor den Hilfe suchen-
den Menschen nicht bedrängt
zu werden, floh Jesus mit dem Boot
auf den See. **13–19** Jesus setzt die 12
Jünger ein und will sie aussenden, zu
predigen und Geister auszutreiben.
Simon wird Petrus genannt. Auch
Judas ist dabei. **20–30** Vorwurf, Jesus
triebe Geister mit dem Satan aus.
Jesus: Nein, sondern Geister gehören
doch zu Satan. Keine Sünde gegen
den Heiligen Geist. **31–35** Jesus: Nicht
meine leiblichen Verwandten sind
meine Familie, sondern wer Gottes
Willen tut, ist für mich Bruder,
Schwester und Mutter zugleich.

⊚ MENSCH BENÖTIGT RICHIGE
NEURONALE STRUKTUREN

4 **1–12** Wieder eine Predigt auf
dem See mit super vielen Leuten. Gelernt, wie wichtig es ist, die
Ohren auch mit Herz und Verstand
zu nutzen. **13–20** Der Sämann sät das
Wort. Um Gottes Wort zu verstehen
und sich entsprechend zu verhalten,
benötigt der Mensch die richtigen
neuronalen Strukturen. Nur wenige

haben sie. **21–25** Jesus: Versteckt
nichts. Nutzt eure Wahrnehmung.
Seid nicht zu kritisch mit anderen.
Seid großzügig. **26–29** Mit Gottes
Reich ist es so, wie wenn ein Mensch
sät & aus den Samen bald wie von allein Großes wächst, das dann geerntet wird. **30–34** Das Reich Gottes ist
wie ein Senfkorn. Jesus vermittelt
nur durch Gleichnisse seinen Zuhö-
rern die Botschaft – Auslegungen bekommen nur Jünger.

JESUS SCHLÄFT – UND ⊚
DIE CREW HAT ANGST

35–41 Sturm auf Meer: Jesus schläft
und die Crew hat Angst. Crew weckt
Jesus und er gebietet dem Sturm
Ruhe. Jesus zur Crew: Warum so
ängstlich, glaubt ihr nicht?

5 **1–11** Ein extrem kräftiger Be-
sessener (lebte in Höhlen) bittet Jesus um Heilung vom unreinen
Geist »Legion«. In der Nähe gab's
viele Schweine. **12–20** Jesus heilt Besessenen – lässt Geister in Säue fahren – Stürzen sich in Fluss – Furcht
– Jesus wird fortgeschickt – Geheilter
erzählt Wunder. **21–33** Während
Jesus zu Jairus und seiner todkran-

ken Tochter geht, berührt ihn eine Frau und wird dadurch geheilt. Jesus spricht sie darauf an. **34-43** Die Tochter eines Mannes ist gestorben. Jesus sagte: Fürchte dich nicht, glaube nur. Er sprach: Mädchen, ich sage dir, steh auf! Und sie stand auf.

6 **1-6** Jesus lehrt in der Synagoge und die Leute wundern sich. Sie kennen doch die Familie, aus der er stammt! Fazit: Der Prophet gilt nichts daheim. **7-13** Jesus lässt seine Apostel ausziehen, damit diese seine Worte in die Welt bringen und seine Taten vorführen.

⊘ JESUS IST TRAURIG

14-21 Jesu Taten konnten nicht eingeordnet werden – war es Johannes der Täufer, Elia oder Johannes, den Herodes enthauptete? **22-29** Herodes schwor, dem Mädchen einen Wunsch zu erfüllen. Sie wünschte sich das Haupt Johannes des Täufers und bekam es. Seine Jünger begruben ihn. **30-37** Die ausgesandten Jünger kehren zurück, berichten Jesus. Sollen ruhen. Viele folgen. Wie Schafe, die keinen Hirten haben: Jesus ist traurig. **38-44** Es waren hunderte hungrige Menschen. Jesus bekommt 5 Brote und 2 Fische. Er sah zum Himmel, brach Brot und Fische – und alle wurden satt. **45-52** Jesus betet auf einem Berg, während die Jünger vom Sturm bedroht. Er geht auf dem Wasser zu ihnen und erschreckt sie, dabei beendet er den Sturm. **53-56** Jesus steigt in Genezareth aus dem Boot. Da kommen viele Kranke. Wer von Jesus berührt wird, der wird wieder gesund.

DREI TAGE NIX ZU BEISSEN ⊘

7 **1-10** Die Jünger essen mit dreckigen Händen, schimpften Pharisäer. Ihr Heuchler macht euch Menschenregeln, brecht aber Gottes Gebote, sagte Jesus. **11-23** Gott sagt zu dem Volk: Keine äußeren Einflüsse machen einen Menschen schlecht, sondern nur die innere Einstellung. **24-30** Nicht-Jüdin verlangt von Jesus Heilung der Tochter. Jesus: nur Israel. Sie: Segen Israels ist übrig für alle. Tochter darauf gesund. **31-37** Jesus heilt einen Tauben & Stummen. Er wünscht, dass die Leute es nicht weitersagen – aber sie können es nicht für sich behalten.

8 **1–9** Hunger! Drei Tage nix zu beißen. Nur 7 Brote. Jesus dankt, gibt sie den Jüngern zum Austeilen. Alle werden satt und es bleiben sogar noch Reste. **10–12** Pharisäer kommen, um zu streiten und ein Wunder zu provozieren. Jesus seufzt und denkt: Nee, denen nun nicht! **13–21** Sie waren hungrig im Boot. Jesus sprach: Hütet euch vor dem schleichenden Einfluss des Falschen, sorget nicht, glaubt: Gott sorgt für euch. **22–26** Jesus macht einen Blinden vor den Toren Betsaidas sehend. Jesus schickt ihn heim und ermahnt ihn, Betsaida nicht zu betreten. **27–30** Jesus fragt Jünger: Was glauben die Leute und ihr, wer ich bin? Petrus: Du bist der Erlöser! Jesus: Ok, aber bitte nicht weitersagen. **31–33** Jesus fing an, sie die Prophezeiung zu lehren (Leid, Kreuzigung, Auferstehung). Petrus widerspricht. Jesus: Weg Satan, das ist menschlich gedacht. **34–38** Jesus: Um mir nachzufolgen in das Reich Gottes, müsst ihr Folgendes tun: Verleugnet euch meinetwegen, nehmt nicht an eurer Seele Schaden.

WIR AKZEPTIEREN ALLE MENSCHE – AUCH DIE MIT BEHINDERUNGEN. MIT FREUNDLICHEN GRÜSSEN, JESUS

9 **1–13** Verklärung Jesu. Elia und Mose mit Jesus. Gott bekennt sich zu Jesus. Ankündigung Auferstehung von den Toten. Elia ist gekommen. **14–20** Ihr Ignoranten! Bringt den Epileptiker zu mir! Wir akzeptieren alle Menschen, auch die mit Behinderungen. MfG, Jesus. **21–29** Glaube kann heilen: Vater kommt mit krankem Kind zu Jesus, der heilt. Jünger fragen: Warum klappte es bei uns nicht? Nur mit Gebet klappt's. **30–32** Jesus prophezeite den Jüngern seinen Tod und seine Auferstehung. Aber sie verstanden nur Bahnhof und hatten Angst, nochmals nachzufragen. Klingt wirr. Aber so ist es nun mal. **33–41** Streit, wer der Höchste im Himmelreich. Der Erste soll nicht Diener sein wie ein Kind. Wer nicht gegen uns ist, der ist für uns. **42–50** Der Herr sagt: Was immer dich dazu bringt, dich von mir abzuwenden: Versuche dich davon zu entfernen oder zu trennen.

10 **1-12** Pharisäer: Ist Scheidung erlaubt? Jesus: Gott hat es erlaubt, weil ihr so hart seid, aber wer das tut und wieder heiratet, macht Ehebruch. **13-16** Kinder zu Jesus? Nein! Jesus: Doch! Kinder haben alles, um zu mir zu gehören. Werdet IHR wie die Kinder, sonst kein Heil. Jesus schmust sie. **17-23** Reicher Jüngling: Wie bekomme ich ewiges Leben? Jesus: Dann befolge die Gebote. Hat er getan. Jesus: Verkaufe alles für Arme. Kann er nicht. O je! **24-31** Entsetzen! Jesus: Eher Kamel durchs Nadelöhr als Reicher durchs Himmelstor. Entsetzen größer! Jesus: Gott ist's möglich. Ihr habt's gezeigt.

⊙ RANGSTREIT IM HIMMEL

32-34 Auf dem Weg nach Jerusalem wandte Jesus sich zu seinen Jüngern und sprach über alles, was in den nächsten Tagen mit ihm passieren würde: seinen Tod und seine Auferstehung. **35-45** Rangstreit im Himmel. Auch Jesus selbst will anderen dienen und sein Leben geben als Lösegeld für viele. **46-52** Ein Blinder ohne Selbstvertrauen und Hoffnung wagte, Jesus anzurufen. Sein Vertrauen heilte ihn und dann folgte er Jesus.

11 **1-11** Für einen stilvollen Einzug in Jerusalem wird ein junger Esel ausgeliehen, auf dem Jesus reitet. **12-14** Jesus hat Hunger. Er geht zu einem Feigenbaum; der trägt keine Frucht. Jesus verflucht den Feigenbaum auf Ewigkeit. Seine Jünger hörten es. **15-19** Jesus mischt den Tempel auf, weil ein »Konsumtempel« draus gemacht wurde. Hohepriester und Konsorten wollen ihn umlegen → Angst vor Jesu Macht. **20-26** Anhand eines Feigenbaums zeigt Jesus auf: Glaubt bei euren Gebeten, so werden sie euch erfüllt werden! **27-33** Darfst du das, Jesus?, fragten die Frommen. Und Jesus: Könnt ihr unterscheiden zwischen erlaubt und unerlaubt? Nein, ihr kapiert es nicht.

12 **1-6** Ein Bauer vermietet sein Rebenland. Er sc hickte Knechte, die sein Anteil holen sollten. Sie wurden alle geschlagen. Dann sandte er seinen Sohn. **7-12** Die Weingärtner bringen auch den Sohn um. Hoffen, dann alles zu erben. Aber der Herr des Weinbergs wird sie töten und den Berg anderen geben. **13-17** Herodes-Fans wollen Jesus eine Falle stellen, sie fragen: Steuern zahlen, ja oder nein? Jesus: Dem Kaiser geben, was ihm zusteht. Dasselbe für Gott. Verwunderung! **18-27** Jesus erklärt: Im Himmel wird Leben sein aus der Kraft Gottes und dieses Leben ist anders als alles, was wir hier auf der Erde kennen. **28-34** Liebe deinen Nächsten wie dich selbst.

WER WENIG HAT UND WENIG GIBT, GIBT MEHR, ALS DER REICHSTE MENSCH

35-37 Jesus spricht: Wieso sagen die Schriftgelehrten, der Christus sei Davids Sohn, wenn Christus doch der Herr ist? Und alle hören ihm zu. **38-40** Jesus warnt ernsthaft vor selbstverliebten und egoistischen Schriftgelehrten, die Arme verachten und die eigene Frömmigkeit zur Schau stellen. **41-44** Jesus sagt: Wer wenig hat und wenig gibt, gibt mehr, als der reichste Mensch je geben kann.

13 **1-11** In Zeiten des Unwohlseins wird euch der Herr beistehen. Stellt euch dem Ungewissen und fürchtet nichts, denn Gott ist bei euch, hilft euch. **12-23** Ihr werdet euch gegenseitig töten. Wenn die Strafen kommen, hütet euch vor falschen Propheten. **24-27** Nach dieser Bedrängnis kommt ein kosmisches Chaos und Jesus kommt in großer Kraft und Herrlichkeit und versammelt um sich ewig die Auserwählten. **28-37** Gleichnis am Feigenbaum: Wenn es blüht, ist Sommer. Himmel und Erde werden vergehen; Worte werden nicht vergehen. Ihr sollt wachen!

14 **1-2** Noch 2 Tage bis Passahfest. Hohepriester wollen Jesus hochnehmen und töten. Aber nicht beim Fest, wegen zu viel Aufruhr ... **3-9** Einige erboste, dass eine Frau Jesus mit teurem Öl übergoss, statt das Geld zu spenden. Doch Jesus verteidigte sie: Sie tat, was sie konnte! **10-11** Judas ging zu den Priestern und sagte zu, Jesus zu verraten. Die Priester versprachen ihm Geld dafür. **12-16** Ein Ort für das Passahlamm: auf wunderbare Weise vorbereitet. **17-21** Jesus isst mit den

Jüngern und sagt ihnen voraus, dass einer unter ihnen ist, der ihn verraten wird. Die Jünger sind entsetzt. **22-26** Jesus dankt beim letzten Abendmahl mit seinen Jüngern für Brot und Wein, lobt und geht in den Tod zu seinem Vater.

15 **1-5** Die Priester beschuldigten Jesus schwer und Pilatus forderte Antworten, doch Jesus schwieg eisern zu allen Anklagen. **6-15** Jesus ans Kreuz, schrie die Menge, als Pilatus fragte, ob Jesus oder der Mörder Barabbas frei sein sollte. Die Hohepriester freuten sich.

⊙ JESUS IN TODESANGST

27-31 Jesus: Ihr werdet alle Frevel begehen. Petrus und darauf alle verleugnen dies. Doch Jesus weiß, dass Petrus ihn dreimal verraten wird. **32-41** Im Garten Gethsemane: Jesus in Todesangst. Die Jünger schlafen – Geist willig, Fleisch schwach. Jesus betet, findet sich mit Schicksal ab. **42-52** Jesus wird von Soldaten festgenommen, verraten von Judas durch Kuss. **53-59** Die Zeugen im Prozess gegen Jesus vor den Hohepriestern widersprechen sich. Jesus ist unschuldig. **60-65** Der Hohepriester zu Jesus: Bist du Gottes Sohn? Jesus: Du sagst es. Daraufhin wird Jesus zum Tode verurteilt und gedemütigt. **66-72** Petrus wurde gesagt, dass er mit Jesus war. Doch er leugnete, der Hahn krähte. Jesus sagte damals, dass dies geschehen würde. Petrus weinte.

JESUS STIRBT AM KREUZ ⊙

16-20 Die römischen Soldaten verspotteten und quälten Jesus als König mit einer Dornenkrone. Dann führten sie ihn zur Kreuzigung. **21-32** Sie kreuzigten Jesus, beschuldigten ihn als König der Juden und erwarteten große Taten von ihm, die er nicht vollbrachte. **33-41** Jesus stirbt am Kreuz. Er fühlt sich todeinsam, selbst von Gott verlassen. Mein Gott, warum hast Du mich verlassen? Die Augenzeugen spürten die Größe und Souveränität Gottes. **42-47** Am Vorabend vom Sabbat wurde erlaubt, dass Jesus im Felsengrab des reichen Josef von Arimathäa beerdigt wird. Maria wusste, wo das Grab war.

16 **1-8** Und da die Frauen am Grab Jesus salben wollten, fanden sie ihn nicht. Sie fürchteten sich vor dem Jüngling und flohen. **9-14** Der auferstandene Jesus erscheint in neuer Gestalt, wird aber nur von denen erkannt, die sehenden Herzens sind. **15-20** Jesus: Predigt das Evangelium! Tauft, damit die Gläubigen selig werden! Sie vermögen alles! Sprach's und steigt auf in den Himmel. Jünger ziehen los …

Das Evangelium nach Lukas

⊙ **UNGEBORENES KIND HÜPFT VOR FREUDE**

1 **1-4** Lukas hat die Berichte über Jesus sorgfältig erkundet, damit er sein Evangelium für Theophilus gut begründet niederschreiben kann. **5-16** Zacharias + unfruchtbare Frau. Beide = fromm und alt. Zacharias hat Angst vor Engel, doch der sagt: Hast bald Sohn = Johannes, freu dich! **17-25** Der Engel Gabriel verkündigt dem greisen Zacharias die Geburt seines Sohnes Johannes: Wenn Gott Wunder wirkt, verstummt der Unglaube. **26-38** Engel Gabriel bringt Maria Info der Schwangerschaft: Kind ist Gottes Sohn. Auch Elisabeth wird schwanger. Gott kann alles. Maria glaubt ihm. **39-56** Maria besucht Elisabeth, deren ungeborenes Kind vor Freude hüpft. Maria verkündet, dass Gott sich um die Menschen kümmern wird. **57-67** Die spät gebärende Elisabeth nennt ihr Kind entgegen aller Konvention Johannes und wird durch Gottes Zeichen bestätigt.

68-80 Der Herr erlöst sein Volk, wie es einst die Propheten versprachen, durch den Heiland Jesus, der in der Wüste Gott erfuhr.

ENGEL ERZÄHLT: CHRISTUS, DER HEILAND IST GEBOREN ⊙

2 **1-7** Römischer Kaiser will blöde Volkszählung: Alle zur Geburtsstadt! Josef & Maria (schwanger) nach Bethlehem. 1. Sohn geboren in Armut (Krippe). **8-20** Engel erzählt: Christus, der Heiland ist geboren. Hirten eilen zur Krippe, finden alles wahr! Verbreiten Botschaft, preisen Gott. Maria glaubt. **21-26** Das Baby Jesus wird mit 8 Tagen in das Judentum aufgenommen und beschnitten im Tempel in Jerusalem und der fromme Simeon bezeugt es. **27-35** Simeon, der Priester, war schon sehr alt, als er Jesus im Tempel traf. Er wusste genau: Dies ist der Heiland! Er lobte Gott und segnete die Familie. **36-38** Bei Jesu Beschneidung ist auch die greise Prophetin Hanna zugegen, die am

Tempel dienend, die Ankunft des Messias verkündete. **39-52** Jesus, 12, geht mit Eltern Passa feiern. Verweilt im Tempel, dem Haus Gottes. Besorgte Eltern finden ihn, er erklärt es ihnen und kehrt heim.

⊙ MASSENTAUFE MIT JESUS

3 **1-10** Johannes der Täufer spricht zu denen, die getauft werden wollen: Wieso solltet ihr dem künftigen Zorn entrinnen? Macht rechtschaffene Buße. **11-20** Johannes verbreitet die Lehre vom Teilen und der Rechtschaffenheit und kündigt die Ankunft Christi an. Herodes wirft ihn dafür ins Gefängnis. **21-22** Massentaufe mit Jesus. Ganzes Volk + Jesus getauft: Himmel geht auf, Heiliger Geist (wie Taube) fährt nieder auf Jesus; Stimme aus Himmel: Du = mein lieber Sohn, habe Wohlgefallen. **23-30** Jesus wurde für Josefs Sohn gehalten und hatte deshalb auch dessen Stammbaum und stammt deshalb von David ab. **31-38** Alle Menschen stammen von Gott ab, weil alle von Adam abstammen. Der, der genannt wird, war ein Sohn von jedem und auch ein Sohn Gottes.

4 **1-13** Jesus kam vom Jordan zurück und der Teufel ließ ihn 40 Tage hungern. Er sollte einige Dinge tun, die ihm Jesus jedoch widerlegte. **14-21** Jesus (mit Heiligem Geist) liest in Synagoge in Nazareth aus Jesaja. (Da geht es um Geist und Sendung). Jesus sagt: Das ist durch mich erfüllt. **21-30** Jesus wird in seiner Heimat nicht anerkannt, das Volk will ihn töten, doch Gott beschützt ihn, denn es geht alles nach Gottes Plan. **31-37** Jesus lehrt die Menschen. Jemand widerspricht ihm. Jesus antwortet darauf und die Menschen sind von Jesus begeistert. **38-39** Als Jesus in Simons Haus kam, war dessen Schwiegermutter sehr krank. Sie baten um Hilfe. Jesus heilte sie sofort und die Frau bediente den Gast. **40-43** Jesus heilte die ganze Nacht Kranke. Morgens wollte er fort, die Leute halten ihn. Aber Jesus: Ich muss das Evangelium in allen Städten predigen.

SÜNDER ZUR BUSSE RUFEN ⊙

5 **1-11** Jesus predigt zu dem Volk, sieht aber Petrus in seiner Not und gibt ihm einen neuen Auftrag. Petrus nimmt ihn an und erlebt: Gott heilt. **12–16** Aussätziger trifft Jesus: Herr, reinige mich! Jesus heilt ihn, er soll's für sich behalten. Von wegen! Viele wollen zu Jesus – ab in die Wüste. **17–26** Pharisäer beschuldigen Jesus der Gotteslästerung, da er einem Kranken aufgrund seines Glaubens die Schuld vergibt. Jesus bewirkt Heilung. **27–32** Jesus beruft Zöllner Levi in seine Nachfolge und erklärt seinen verärgerten Gegnern seine Exklusiv-Mission: Sünder zur Buße rufen! **33–39** Jesus wurde gescholten, seine Jünger würden zu viel genießen und nicht fasten. Jesus verteidigte sie: Sie feiern, mich bei sich zu haben!

6 **1–11** Jesus tut am Sabbat, was nicht erlaubt ist: lehren und heilen. Das bringt die Pharisäer sehr auf. **12–16** Jesus ging auf einen Berg und betete die ganze Nacht zu Gott. Als es Tag wurde, wählte er die 12 aus, die als seine Apostel bekannt wurden. **17–19** Weiter Flur und Menschen von überall her. Heilung von Krankheit, Reinigung von Geistern wünschten sie sich. Anrührung bringt Heilung. **20–23** Jesus sprach: Selig sind die Armen, die Weinenden, die Ausgestoßenen. Freut euch,

der Vater im Himmel wird euch danken. **24–26** Dagegen: Weh euch Reichen: kein Trost. Weh euch Satten: Hunger. Weh euch Lachenden: Weinen. Weh euch Geschmeichelten: wie falsche Propheten.

JESUS HEILT ALLEIN DURCHS WORT (‹)

27–35 Jesus sagt: Liebt eure Feinde, tut Gutes und verleiht ohne Kalkül und Eigennutz. Dann ist euer himmlischer Lohn groß. **36–45** Sei barmherzig. Bedenke, dass du nicht besser bist als der andere. Und was du nicht willst, das man dir tu, das füg' auch keinem anderen zu. **46–49** Lasst Jesu Worten eigene Taten folgen, sonst spült euch die Flut weg wie ein Haus, das nicht auf Fels, sondern auf Sand gebaut ist!

7 **1–10** Hauptmann vertraut, dass Jesus allein durch das Wort heilt. Und so geschieht es. **11–17** Danach ging Jesus nach Nain, berührte den Sarg eines toten Sohns und sprach: Jüngling steh auf! Und der Jüngling stand auf. Voller Erfurcht pries die Menge Gott & ihn. **18–21** Johannes der Täufer schickt zu Jesus und lässt ihn fragen, ob er der

Richtige ist. Jesus ist gerade damit beschäftigt, Kranke zu heilen. **22-27** Jesus und Johannes sind in ihrem Wirken eng verbunden. Die Taufbotschaft von Johannes ebnet den Weg für Jesu wohltuendes Handeln am Volk. **28-35** Mit der Taufe geht man Gottes Weg. Jene, die Gottes Weisung folgen, finden Erfüllung & Zufriedenheit. Der andere Weg ist unharmonisch & zerrissen. **36-42** Einen Phari stört, dass Jesus sich von einer Hure die Füße salben lässt. Jesus: Je größer die Vergebung, desto größer Dank und Liebe, oder? **43-50** Jesus erklärt Simon, dass die Frau das größte Opfer gebracht und am meisten gegeben hat. Alle Sünden sollen ihr vergeben sein.

8 **1-3** Jesus zog durch das Land und erzählte die frohe Botschaft von Gott. Seine Jünger, Maria und andere Frauen waren bei ihm. **4-10** Jesus erzählt vielen ein Gleichnis: Samen fällt auf Weg, Fels und unter Dornen. Keine Frucht. Dann auf gutes Land. Erfolg! Nicht alle verstehen es. **11-15** Es bedeutet: Same = Wort Gottes. Dann nimmt Teufel Glaube weg. Auf dem Fels = keine Wurzel. Dor-

nen = zuhören und ersticken. Gutes Land = Frucht.

JESUS HAT ALLES IM GRIFF

16-18 Jesus: Licht ist dazu da, dass man es sieht, oder? Schaut, dass ihr das Licht meiner Lehre mitbekommt. Denn sonst bleibt ihr dumm und seid verloren! **19-21** Als seine Mutter und seine Familie ihn sehen wollten, sprach er: Mutter und Familie sind für mich die, die Gottes Wort hören und tun. **22-25** Jesus + Jünger im Boot, Seeüberquerung. Jesus pennt. Sturm & Wellen. Jünger ham Angst. Jesus stillt Sturm: Wo ist euer Glaube? Jesus hat alles im Griff. **26-32** Jesus will aus einem nackten Wahnsinnigen die 1000 Geister austreiben. Die betteln darum, dass sie in eine Schweineherde übersiedeln dürfen. **33-39** Jesus erlaubt es und die Geister fahren in die Schweine. Die stürzen sich ins Wasser und ersaufen. Der Mensch war gesund und wurde Bote Gottes.

40-47 Jairus' Tochter liegt im Sterben. Jesus kommt, um ihr zu helfen. Unterwegs berührt eine andere Frau (Bluterin) seinen Mantel und wird geheilt. **48-56** Er dachte, seine Tochter wäre tot, doch Jesus sprach, Kind steh auf – und sie ward lebendig. Jesus gebot ihnen, niemandem etwas zu erzählen.

9 **1-6** Jesus sendet seine Jünger in die Welt, damit sie sein Evangelium weiter predigen. **7-9** Herodes ist beunruhigt wegen Jesus. Ist Johannes auferstanden? Ist's Elia? Oder ein anderer alter Prophet? Dann wollte er ihn sehen. **10-17** Wenn jeder gibt, was er hat, dann werden alle satt ... Von 5 Broten und 2 Fischen ernähren sich 5000 – und es bleibt noch was über! Wow! **18-20** Jesus fragte seine Jünger nach seiner wahren Identität, weil viele Leute diese nicht kannten. Petrus: Du bist Gottes Sohn. **21-27** Jesus kündigt sein Leiden an und gibt den Jüngern eine Weisung: Nachfolge heißt Leidensnachfolge; Weltgewinn ist nicht vorgesehen. **28-36** Petrus, Johannes und Jakobus beobachteten, wie Mose und Elia Jesus erschienen. Sie konnten es nicht deuten und schwiegen darüber.

DIE MIT IQ 130 VERSTEHEN´S ◉
NICHT, ABER IHR DUMMIES

37-42 Ein verzweifelter Vater bat Jesus für seinen einzigen Sohn: dass er diesen vom bösen Geist befreie. Jesus machte den Jungen wieder gesund. **43-45** Jesus warnt seine Jünger, dass er gefangen genommen werden wird. Aber seine Jünger verstehen ihn nicht und trauen sich nicht nachzufragen. **46-50** Die Jünger stritten, wer von ihnen der Größte sei. Jesus zeigt auf ein Kind: Wer der Kleinste ist, der ist in Wahrheit der Größte. **51-56** Jesus und seine Jünger werden von den Samaritern nicht aufgenommen. Jakobus und Johannes sind deswegen sauer, aber Jesus weist sie zurecht. **57-62** Wer Jesus folgen will, folge ohne zurückzublicken. Doch muss er wissen, dass er nichts haben wird, worauf er sein Haupt niederlegt.

10 **1-12** Jesus schickt weitere 72 Jünger als Missionare los und sagt: Die, die euch abfahren lassen, haben bald echt nichts zu lachen. **13-16** Gerichtsansage: Chorazin – Betsaida – Kapernaum. Jesus: Wer euch hört, der hört mich. Wer euch verachtet, verachtet mich und den mich Sendenden. **17-24** 72 stolze Exorzisten. Jesus: Seid froh, dass ihr Gott gefallt. Jubeljesus: Die mit IQ 130 verstehn´s nicht, aber ihr Dummies – durch mich. **25-31** Das Leben findet, wer Gott und den Nächsten liebt. Wer ist der Nächste? Jesus: Da wird jemand überfallen. Ein Priester kommt und sieht weg. **32-37** Auch der Levit ging vorüber. Der Samariter aber half ihm. Der die Barmherzigkeit an ihm tat, ist der Nächste. Jesus sagt: Tu das gleiche.

⊙ RÜCKFALLGEFAHR BEI EXORZISMEN

38-42 Sie kamen in ein Dorf zu Marta und Maria. Marta arbeitete und Maria hörte Jesu Rede zu. Jesus hielt Marias Wahl für richtig.

11 **1-7** Jesus lehrt seine Jünger das Vaterunser. Er macht Mut: Zu Gott kann man jederzeit kommen wie zu einem guten Freund. Er wird einen erhören. **8-13** Er sagt: Wenn

ihr Hilfe braucht, dann betet und bittet im Gebet um Unterstützung und euch wird geholfen. **14-23** Nach einer Geistaustreibung wird Jesus unterstellt, durch Satan zu wirken. Er stellt klar, dass seine Macht von Gott kommt. **24-26** Rückfallgefahr bei Exorzismen: Ist ein böser Geist erst mal ausgetrieben findet er keine Ruhe und kommt mit 7 noch viel schlimmeren zurück. **27-28** Als Jesus so redete, pries eine Frau aus dem Volk ihn und seine Mutter selig. Jesus: Ja, wer Gottes Wort hört und es bewahrt, ist selig. **29-32** Die Leute heute sind dümmer als die Königin von Saba: Sie haben ein einmaliges Zeichen (das »Zeichen des Jona«) und wollen nicht Buße tun! **33-36** Wer leuchten soll, braucht Energiequelle.

IHR TÖTET DIE PROPHETEN ⊙

37-44 Jesus spricht: Es geht nicht um das Äußere. Gott hat Inneres und Äußeres geschaffen und man sollte ihm beides geben. **45-54** Jesus beschimpft die Schriftgelehrten: Ihr befolgt eure eigenen Forderungen nicht. Ihr tötet die Propheten. Ihr haltet die Leute für dumm!

12 **1-7** Zu einer großen Menschenmenge sagt Jesus: Die Pharisäer sind voll Heuchelei! Vertraut ihr auf Gott, seid ihr beschützt und umsorgt. Ihr seid besser! **8-12** Ein offenes und freies Bekenntnis zu Jesus, darum geht es. Jesus: Wer zu Gott steht, kann sich auf Gott verlassen – auch in schwierigen Lagen. **13-21** Vorsicht vor Habgier. Teile. Reichtum hilft dir nicht, du Narr! Diese Nacht wird man deine Seele von dir fordern. **22-28** Macht euch keine Sorgen. Gott versorgt, was lebt, auch wenn es bald vergeht. Niemand lebt länger, weil er sich sorgt. Vertraut auf Gott!

⊙ DANN FEIERT ER MIT EUCH

29-34 Jesus: Ihr müsst euch nicht an Regeln halten oder Reichtümer anhäufen, sucht nach dem Reich Gottes, dann werdet ihr alles bekommen – auch euer Herz. **35-41** Wach sein, wenn der Herr kommt! Dann feiert er mit euch. Wann er genau kommt, weiß keiner. (Gilt auch für Apostel). **42-48** Behandle Menschen, für die du verantwortlich bist, gut. Dann wird es auch dir gut gehen. **49-59** Durch meine Ankunft zerstreiten sich Familien! Ein Angeklagter muss jeden Heller bezahlen, um wieder freizukommen. Ihr seid nicht allmächtig!

13 **1-5** Wer ist schuld, wenn ein Unglück passiert? Ist das eine Strafe für die Sünden? Jesus verneint das, aber er ruft zur Buße auf.

GLÜCK WICHTIGER ALS REGELN

⊙

6-9 Gleichnis: Unfruchtbarer Feigenbaum wird mit Liebe und Mühe umgraben und gedüngt. Ein Jahr Frist, vielleicht bringt's was? – sonst Fällung. **10-17** Jesus machte eine Frau gesund und stärkte ihr den Rücken – und das am Sabbat Gottes. Für Gott sind Freiheit und Glück wichtiger als Regeln. **18-21** Gottes Reich ist wie ein Senfkorn, das man sät und das wächst → Baum, in dem Vögel wohnen. Wie ein Sauerteig, er durchsäuert das ganze Mehl. **22-30** Seid nicht so sicher, dass ihr durch die Türkontrolle kommt! Letzte werden die Ersten sein, und Erste werden die Letzten sein. Wie im Club. **31-35** Er wurde gewarnt, dass Herodes Jesus töten wolle. Er versteckte sich, bis auch die Letzten an die Gesandten Gottes glauben würden.

14 1-6 Jesus an Sabbat bei Pharisäer, um zu essen. Dort ein Kranker. Jesus fragt, ob ok, an Sabbat zu heilen. Keine Antwort. Jesus heilt. > In Not helfen immer ok. 7-14 Besser mit understatement unterwegs, als überheblich und du bekommst ne Abfuhr. Eh besser, mit Loosern zu feiern. Das gefällt Gott. 15-24 Gott lädt zum Abendmahl ein; jeder darf kommen, wie er ist. Wer nicht kommen mag, kommt nicht. Die Verantwortung dafür trägt jeder selbst. 25-35 Jünger kann nur jemand sein, der sich total und entschieden auf meine Seite stellt. Überschlage also vorher die Kosten!

15 1-10 Jesus, der Freund der Sünder und Zöllner, zu den Pharisäern: Ändert euch, indem ihr sucht, was verloren ist, zur Freude Gottes. 11-21 Jesus erzählt: Vater + 2 Söhne. Jüngster will Erbe. Geht weg, macht bankrott. Landet in der Gosse – kehrt um. Papa happy. 22-32 Riesen-Fete für den jüngeren Bruder. Älterer Bruder neidisch. Meint, er wäre zurückgesetzt. Aber der Vater liebt sie beide.

16 1-6 Gleichnis: Geldverschleudernder Verwalter vor der Kündigung. Erlässt schnell noch ein paar Leuten die Schulden. Als Vorsorge für später! ;-) 7-13 Jesus lobt betrügerisches Handeln, um seine Lebensexistenz zu sichern. Gott soll man dienen. 14-18 Jesus schimpft auf die hochmütigen Pharisäer. Dann etwas wirr: Das Gesetz geht bis Johannes, dann: Reich Gottes. Aber Scheidung bleibt. 19-24 Wer leidet und hungert im Leben, für den ist der Tod eine Erlösung. Wer reich und gesund ist, für den ist der Tod das Ende der Freude. 25-31 Jeder hat die Chance, in den Himmel zu kommen, man soll nur auf Mose/ Propheten hören. Die Lücke zwischen Himmel und Hölle ist unüberwindbar.

17 1-10 Bleibe im Guten, hilf deinem Bruder auf den rechten Weg. Verzeihe – immer wieder. Glaub' – und Wunder geschehen, wachse über dich hinaus. 11-19 Jesus begegnete zehn Aussätzigen und heilte sie, aber nur einer kehrte um und dankte Gott. Ihn segnete Jesus, der Glaube hat ihm geholfen.

(›)
WER LANGE GENUG NERVT, ERREICHT SEIN ZIEL

20-27 Jesus spricht zu den Pharisäern, das Reich Gottes kommt zu seiner Zeit. **28-36** Sodom ward zerstört von Feuer und Schwefel, nur die werden leben, die ihr Hab und Gut verlassen können und sie werden verglichen werden.

18 **1-8** Wer lange genug nervt, erreicht sein Ziel. Habe langen Atem und halte durch. Gib nicht auf, und du wirst dein Ziel erreichen. Sei beständig. **9-14** Seid keine arroganten Ärsche, die überall angeben, wie toll und fromm sie sind! Gott ist für den, der sieht, wo er Mist baut und echt bereut. **15-17** Man brachte Kinder zu Jesus, der zeigte auf sie und sagte: In Gottes Reich kommt nur, wer Gott so vertraut wie ein Kind. **18-30** Ein Reicher will das ewige Leben haben. Jesus sagt: Gib alles auf! Es wird sich lohnen. Das klingt unmöglich, aber Gott macht es möglich. **31-34** Jesus erzählte seinen Jüngern, dass er verspottet, misshandelt

und getötet werden würde und dass er auferstehen würde – doch sie verstanden nicht. **35-43** Ganz hinten in der Menge, die bei Jericho auf Jesus wartet, schreit ein Blinder um Hilfe. Er wird von Jesus geheilt und alle loben Gott.

DER TEMPEL WIRD ALS SHOPPING-PARADIES GENUTZT (‹)

19 **1-10** Der Zöllner Zachäus erhält das Geschenk, Jesus zu bewirten und verspricht, großmütig zu den Armen zu sein, auch er ist Abrahams Sohn. **11-17** Nahe Jerusalem spricht Jesus in einem Gleichnis, das besagt: Wer treu ist auch im Geringen, der wird reich belohnt werden. **18-27** Jesus erzählt von Leuten, die mit ihren Pfunden wuchern. Nur einer macht nichts aus dem, was ihm gegeben ist. Letzteres verurteilt Jesus. **28-38** Kurz vor Jerusalem lässt Jesus ein Eselfüllen holen zum Einzug. Die Leute sind seine Fans und werfen Kleider auf die Straße und loben Gott. **39-44** Jesus fordert die Pharisäer und Juden auf, dem Christentum zu folgen, weil es der einzige Weg zu Freiheit und Frieden ist. **45-48** Der Tempel wird als Shopping-paradies genutzt. Das geht gar nicht. Doch sogar die Priester hatten profitiert, wollen lieber Verkauf als Gebet.

20 **1-8** Priester fragt Jesus nach seiner Vollmacht. Er stellt Gegenfrage: War Taufe Johannes Himmel- oder Menschensache? Keine Ahnung. Also antwortet er nicht. **9-14** Gleichnis: Die Knechte im Weinberg bringen die 3 Boten des Gutsbesitzers um. Sie wollen auch die gesandten Sohn töten, um das Erbe zu haben. **15-19** Jemand wird vor dem Weinberg getötet. Die Täter werden zu Verantwortung gezogen werden.

(>) NACH DER AUFERSTEHUNG POLYGAM?

20-26 Sie wollten Jesus hereinlegen und fragten, wem das Geld gehört – er zeigte auf das Bild des Kaisers: Gebt dem Kaiser und Gott, was ihnen gehört. **27-40** Fangfrage der Sadduzäer: Bei serieller Monogamie auf Erden – ist man nach der Auferstehung dann polygam? Jesus: Drüben gibt es keine Ehe mehr. **41-44** Jesus: Warum nennt man den Christus »Davids Sohn«, wenn David ihn

doch in Psalm 110,1 seinen Herrn nennt? **45-47** Jesus sprach zum Volk: Werdet nicht wie die Schriftgelehrten, sie sind gierig, stolz, egoistisch & nur äußerlich fromm. Gottes Urteil trifft sie hart.

21 **1-4** Jesus: Die Witwe, die in ihrer ganzen Armut alles spendet, was sie zum Leben hat, legt mehr ein, als alle Reichen, die nur einen Teil geben. **5-16** Jesus sagt die Zerstörung des Tempels in Jerusalem und Christenverfolgung voraus. Er will ihnen aber helfen, sich mit Worten zu verteidigen.

SCHRIFTGELEHRTE UND **(<)** HOHEPRIESTER WOLLEN JESUS TÖTEN

17-28 Jesus: Irgendwann geht die Welt unter. Alle werden euch hassen. Dann kommt aber der Retter und ihr könnt ihm als einzige froh entgegensehen! **29-38** Achtet auf die Zeichen der Zeit und erkennt, wann Gottes Reich nahe ist. Seid wachsam, nüchtern und betet, damit ihr stark seid.

22 **1-6** Kurz vor Passahfest: Schriftgelehrte und Hohepriester wollen Jesus töten aus Angst vorm Volk. Judas will Jesus für Geld verraten & ausliefern. **7-18** Am Passahtag sandte Jesus Petrus und Johannes, das Lamm vorzubereiten. Beim Mahl sprach er: Dies ist mein letztes Mahl vor meinem Tod. **19-20** Erinnert euch an mich, wenn ihr dies Brot esst und diesen Wein trinkt, Alles, was ich tue, tue ich für euch. **21-23** Jesus: Mein Verräter sitzt hier mit am Tisch, wehe ihm. Aber das Beschlossene wird eintreffen. Sie rätselten, wer von ihnen so etwas tun würde. **24-30** Jesus selber zeigt den Jüngern, sie sollen auch Diener sein. Die Belohnung erhält man im Himmel. **31-38** Jesus kündigt Petrus an, er werde ihn verleugnen, noch bevor der Hahn kräht. Petrus widerspricht. Jesus gibt Anweisung für Zukunft: Wehrt euch!

(>) MIT EINEM KUSS VERRATEN

39-46 Als Jesus mit ihnen auf dem Ölberg war, betete er alleine zu Gott und sagte, dass er bereit wäre zu sterben, obwohl er sich fürchtete. **47-53** Mit einem Kuss, dem Symbol großer Nähe, wird Jesus verraten. **54-62** Jesus wurde gefangen genommen und er sagte, Petrus würde ihn ehe der Hahn kräht 3x verraten und das geschah auch, woraufhin Petrus weinte. **63-71** Jesus lässt sich von den Etablierten schlagen und verspotten. Am Ende ist klar: Er ist Gottes Sohn. Und sie glauben es.

23 **1-12** Pilatus und Herodes müssen über Jesu Schicksal entscheiden und die beiden werden Freunde. **13-25** Pilatus wollte Jesus freisprechen, doch das Volk wollte, dass Jesus gekreuzigt wird und Barabbas begnadigen. Er entsprach ihrem Willen. **26-32** Jesus warnt, das Kreuz geschultert: Nicht über mich, sondern um euretwillen solltet ihr weinen. Der Schrecken steht euch noch bevor. **33-43** Sie kreuzigten und verspotteten Jesus. Seine Leidesgenossen ermutigte er: Heute wirst du mit mir im Paradies sein. **44-49** Als Jesus verstarb, gab er Gott seinen Geist hin und alle Menschen, die dort waren, Frauen wie Männer, konnten das beobachten.

50-56 Josef aus Arimathäa bittet um den Leib Jesu und legt ihn in ein Felsengrab. Die Frauen folgen, kehren aber um und bereiten Salben und Öle.

24 **1-12** Sonntagfrüh wollten sie ihn salben. Aber er war weg aus dem Grab. 2 Engel sagten, er ist auferstanden. Jünger zweifeln. Petrus schaut nach. **13-24** Auf dem Weg nach Emmaus. Jesus erscheint 2 Jüngern. Sie erzählen dem Fremden (Jesus) von ihrer enttäuschten Hoffnung und Trauer und von dem leeren Grab. **25-35** Der Fremde erklärt ihnen aus der Schrift, dass alles so kommen musste. Beim Essen erkennen sie ihn, wie er das Brot bricht. Und erzählen es den 11en. **36-49** Die Jünger erschraken, als der tot geglaubte Jesus zu ihnen trat. Er sprach: Erzählt allen von meiner Auferstehung und Vergebung der Sünden. **50-53** Jesus segnete seine Jünger und fuhr auf zum Himmel. Seine Jünger beteten ihn an, kehrten nach Jerusalem zurück und priesen Gott im Tempel.

Das Evangelium nach Johannes

JESUS, DER LOGOS, DER DER WELT SINN VERLEIHT

1 **1-5** Jesus, der Logos, der der Welt Sinn verleiht: Der Schöpfer und er waren eins. Er ist Leben und Licht. Doch nicht alle be- und ergreifen es. **6-17** Gott sandte Johannes, damit er von Gottes Sohn Jesus Zeugnis ablege. Durch Jesus Christus ist Wahrheit und Gnade in die Welt gekommen. **18-28** Wer ist dieser Johannes, der am Jordan tauft? Johannes macht deutlich, dass er nicht der Christus ist, sondern dieser wird nach ihm kommen. **29-34** Jesus geht zu Johannes, dieser bezeugt, dass Jesus Gottes Sohn ist und nicht wie er mit Wasser, sondern mit dem Heiligen Geist tauft. **35-43** Johannes: Das ist Gottes Lamm. 2 Jünger folgen Jesus, u.a. Andreas. Er sagt zu Petrus: Er = Messias. Jesus: Du = Fels. Auch Philippus folgt. **44-51** Auch die Zweifler, die nicht an Jesus glauben, glauben ihm, sobald sie ihn sehen, weil sie die Herrlichkeit Gottes in ihm erkennen.

2 **1-12** Als bei einer Hochzeit in Kana der Wein ausging, wandelte Jesus Wasser in Wein. So offenbarte er zum ersten Mal seine Herrlichkeit. **13-25** Jesus vertreibt Kaufleute aus dem Tempel. Er sagte, er könne in drei Tagen einen Tempel bauen. Er meinte seine eigene Auferstehung.

WER SCHÜCHTERN STILL BLEIBT, GEHT LEER AUS

3 **1-11** Nikodemus (Oberchef der Juden) kam zu Jesus: Neues Leben??? Jesus: Ja, durch Wasser und Geist ins ewige Leben. **12-21** Gott hat Jesus geschickt, um die Welt zu retten. Aber viele Menschen ziehen das Böse dem Licht und der Wahrheit vor. Nur der Glaube hilft. **22-28** Johannes ist der Vorbote für Christus. Beide taufen. **29-36** Freude bei Hochzeit steckt an. Wer diese Freude (über Jesus) bezeugt, hat ewiges Leben. Wer schüchtern still bleibt, geht leer aus.

4 **1-12** Jesus verlässt Judäa. In Sychar, wo Jakobs Brunnen steht, wird er bei den Samaritern zunächst abgelehnt, weil sie ihn nicht erkennen. **13-25** Jesus sagt, wer mein Wasser trinkt, wird nicht dürsten. Er verkündet, dass die Zeit kommt, in der wahre Anbeter den wahren Vater anbeten. **26-30** Jesus sagte zu einer samaritischen Frau: Ich bin der Messias! Sie ging in die Stadt und sagte den Leuten, er sei der Messias. Die Leute kommen. **31-34** Die Jünger wunderten sich, dass Jesus keinen Hunger hatte. Aber Jesus sprach: Ich ernähre mich vom Geist Gottes, der mich gesandt hat. **35-38** Einer sät, ein anderer erntet. Jeder soll sich freuen. **39-42** Die Samariter glauben der Frau, die sagt, Jesus sei Messias, und behalten Jesus bei sich. Sie erkennen die Herrlichkeit Gottes in ihm und sehen, dass er der Messias ist. **43-54** Jesus kommt aus Judäa zurück nach Galiläa und wirkt dort sein zweites Wunder, indem er ein Kind heilt. Danach glaubt die Familie an ihn.

5 **1-15** Jesus heilte einen Kranken und forderte ihn auf, sein Bett zu tragen. Da es Sabbat war, wurde er kritisiert, aber es war egal, er war gesund. **16-23** Jesus bricht den Sabbat und macht sich dadurch Feinde. Jesus: Ich tue nur, was auch der Vater tut, den ihr ehren sollt wie mich. **24-29** Wer auf Jesus hört & Gott glaubt, lebt ewig. Leben ohne Ende auch für die schon Toten. Die Bösen prüft er für mehr Gerechtigkeit. **30-38** Jesus muss nicht von Gott zeugen, da Er ihn gesandt hat. Andere müssen dies tun und an ihn glauben, damit Gott in ihnen wohnt. **39-47** Jesus: Ihr glaubt, das Leben kommt aus der Schrift. Ihr glaubt euch gegenseitig. Aber mir glaubt ihr nicht, obwohl ich von Gott komme.

6 **1-9** Sie folgten Jesus über das Galiläische Meer und fragten, wo sie zu essen bekämen. Es ist ein Kind da mit 2 Fischen und 5 Broten. Zu wenig!? **10-15** Jesus @ 5000: Haut euch da hin. Nehmt Brote & Fische, dankt und teilt. Jesus macht aus nix den Überfluss. Alle begeistert. Jesus flieht vor Fans. **16-21** Sie fuhren über den See nach Kapernaum. Es kam ein Unwetter. Jesus ging über den See auf das Boot zu. Das Boot war sogleich an Land. **22-31** Die Menschen folgen Jesus, denn sie wollen seine

Zeichen sehen. Er aber verspricht ihnen ewiges Leben, wenn sie an Gott glauben.

DOCH EINER WIRD LOOSEN

32–40 Jesus spricht: Ich bin das Brot des Lebens. Wer zu mir kommt, den wird nicht hungern; und wer an mich glaubt, den wird nimmermehr dürsten. **41–50** Ich bin das Brot vom Himmel. Die Juden murrten, er war Josefs Sohn. Der Vater wird auferstehen. Wer glaubt, lebt ewig. **51–59** Jesus: Wer mein Fleisch isst und mein Blut trinkt, hat das ewige Leben. Und wer dieses Brot, das vom Himmel ist, isst, lebt in Ewigkeit. **60–66** Viele Jünger sind unzufrieden. Der Geist der Glaubenden wird in den Himmel fahren. Die, die nicht wirklich glauben, verlassen Jesus. **67–71** Jesus fragt die 12: Wollt ihr weg? Petrus: Nein! Du bist der Heilige. Jesus: Habe euch 12 erwählt, doch einer wird loosen. Er meint Judas.

7 **1–13** Jesus schickt seine Brüder alleine auf das Fest der Juden, aber er geht heimlich hin. Einige glauben nicht an ihn, sondern verleugnen ihn. **14–24** Das Wort Jesus kommt von Gott selbst. Die Menschen halten sich nicht an die Gesetze Moses. Sie sind nicht gerecht Jesus gegenüber. **25–32** Jesus: Ihr habt den Wahrhaftigen nicht gesehen, aber ich kenne ihn, denn ich bin von ihm. Zum Unmut der Pharisäer glaubt das Volk an Jesus. **33–39** Jesus kündigt seine Rückkehr in den Himmel an, aber seine Zeit ist noch nicht gekommen. Wer an ihn glaubt, dessen Geist wird lebendig. **40–53** Den Mächtigen war Jesus ein Dorn im Auge, weil das Volk den Messias in ihm sieht. Nur einer will ihn erst hören und sehen, bevor er urteilt.

8 **1–11** Gelehrte wollen eine ehebrüchige Frau steinigen. Jesus: Wer frei von Sünde ist, tue es. Alle gehen. Jesus: Frau gehe und sündige nicht mehr. **12–20** Jesus sagt: Ich bin das Licht der Welt. Quatsch, sagen die Pharisäer. Da sagt Jesus: Ihr kennt weder Gott, meinen Vater, noch mich. **21–30** Der mich gesandt hast, ist mit mir. Ich tue, was er mir aufträgt. Aber wer nicht an ihn glaubt, wird als Sünder sterben und gerichtet. **31–36** Wenn ihr bleiben werdet an meinem Wort, seid ihr wahrhaftig meine Jünger und werdet die Wahrheit erkennen, die euch frei macht. **37-47** Wäre Gott euer wahrer Vater, würdet ihr mich lieben, aber ihr glaubt meinen Worten nicht, weil ihr nicht von Gott seid. **48-59** Die Juden beschuldigen Jesus, weil sie glauben, er wäre nur arrogant. Er aber wird von Gott geehrt. Die Juden greifen ihn an, er geht.

⊙ DIE PHARISÄER SIND BLIND

9 **1-12** Jesus sieht einen blinden Menschen und öffnet ihm die Augen für das Licht der Welt, langsam öffnen sich die Augen seines Herzens zu IHM hin. **13-22** Jesus macht einen Blinden sehend. Die Pharisäer zweifeln und sehen ihre Gesetze verletzt. Die Eltern des Blinden haben Angst vor Verbannung. **23-34** Der geheilte Blinde erklärt den Menschen, warum Jesus von Gott kommen muss: Nur Gott konnte ihm die Macht geben, ihn zu heilen. **35-41** Beim geheilten Blinden bricht der Glaube aus. Jesus ist das Gericht. Die Pharisäer sind blind, obwohl sie sehen und dadurch Sünder.

10 **1-11** Gott schützt uns und geht vor uns her. Wir hören seine Stimme, weil wir sie kennen. Und Jesus verbindet Gott mit denen, die an ihn glauben. **12-21** Jesus: Ich bin der gute Hirte, kenne meine Schafe, kenne den Vater, andere Schafe gehören auch zu mir, ich würde für meine Schafe sterben. **22-29** Die Juden wollen Zeichen von ihm. Jesus: Ich habe es euch gesagt, aber ihr glaubt nicht. Ihr seid nicht meine Schafe, die ich behüte. **30-42** Die Juden beschuldigen Jesus der Gotteslästerung und wollen ihn steinigen. Er aber entkommt und geht fort. Dort glauben viele an ihn.

11 **1-8** Lazarus ist krank, das erfährt Jesus durch Maria und Marta. Trotz der Gefahr, die ihm dort droht, geht Jesus wieder nach Judäa. **9-18** Lazarus ist gestorben und Jesus will mit seinen Jüngern zu ihm gehen. Als er kommt, ist Lazarus schon 4 Tage begraben. **19-32** Im Glauben an Jesus haben wir das ewige Leben, denn wer an den Sohn Gottes glaubt, wird nicht sterben. **33-45** Jesus lässt Lazarus von den Toten auferstehen und dankt Gott dafür. Diejenigen, die bei ihm waren am Grab Lazarus', glauben jetzt an ihn. **46–57** Die Pharisäer und Hohepriester wollen Jesus töten, weil die Menschen an ihn glauben. Er ist mit seinen Jüngern in Ephraim. Das Passafest naht.

pheten Jesaja erfüllt wird. Und die, die an ihn glauben, bekennen sich nicht aus Angst. **44–50** Jesus ruft zum Glauben auf – nicht an ihn, sondern an den, der ihn gesandt hat. Wer sein Wort hört, wird nicht gerichtet, sondern gerettet.

RAUSCHENDER EMPFANG
FÜR JESUS

12 **1–8** Jesus speist mit Lazarus, dabei werden ihm die Füße gesalbt. Judas ist ein Dieb und beschuldigt die Armen, aber Jesus ist auf ihrer Seite. **9–11** Jesus hat Lazarus auferweckt. Das haben viele Juden mitgekriegt und deshalb an Jesus geglaubt. Daher wollten die Priester Jesus töten. **12–19** Rauschender Empfang für Jesus, der auf einem Esel nach Jerusalem kommt. Nur den Pharisäern stinkt's. **20–27** Jesus sieht die Zeit seiner Verherrlichung gekommen und rät: Hängt nicht an dem Leben, dann werdet ihr ewiges Leben erhalten. Ertragt Qual. **28–36** Der Tag, an dem Jesus in den Himmel zieht, naht. Die Menschen verstehen ihn nicht. Sie sollen an das Licht glauben, solange es noch da ist. **37–43** Die Menschen glauben nicht an ihn, damit der Spruch des Pro-

13 **1–8** Als Judas schon vom Verrat wusste, wusch Jesus den Jüngern die Füße. Petrus wollte nicht und Jesus sagte, dass er bald verstehen würde. **9–17** Jesus wäscht seinen Jüngern die Füße als Zeichen der Demut und fordert sie auf, ebenso miteinander umzugehen. **18–30** Jesus bezeugte, dass sie gesegnet seien, einer aber ihn verraten würde. So schickte er Judas Iskariot bald das zu tun, was er tun muss.

ÜBERSCHÄTZE DICH NICHT,
SONDERN GLAUBE!

31–35 Judas geht, Jesus sagt: Das Wort ist erfüllt. Ein wenig bleibe ich noch, ihr werdet mich suchen. Liebt euch, wie ich euch geliebt habe. **36–38** Jesus: Petrus, du kannst nicht mit, erst später. Petrus: Warum? Ich tu doch alles für dich! Jesus: Überschätze dich nicht, sondern glaube!

14 **1-14** Jesus sagt zu Thomas & Philippus, dass man ihm trauen & an ihn glauben muss, um an Gott zu glauben. Gott sei er & er sei Gott. **15-22** Die ihn lieben, halten seine Gebote ein. Er wird gehen, er wird sich seinen Jüngern offenbaren, aber nicht der Welt, denn nur sie lieben ihn. **23-31** Jesus geht – Vater sendet heiligen Geist = Tröster, Lehrer, Erinnerung; keine Angst vor dem, was kommt.

15 **1-8** Jesus vergleicht sich mit einem Weinstock und die Gläubigen mit Reben. Wer an ihm hängen bleibt, der wird viel Frucht bringen. **9-16** Wir sollen uns untereinander lieben, wie Jesus uns liebt. Die größte Liebe besteht darin, sein Leben für andere zu geben. **17-16** Liebe untereinander ist das Wichtigste. Aber ihr Hass auf mich übertragen sie auch auf euch. Und hassen dabei auch Gott. Passt auf euch auf!

16 **1-7** Jesus sagt seinen Jüngern die Verfolgung voraus. Ihr seid traurig, aber es ist gut, dass ich gehe, denn ich sende euch den Tröster. **8-15** Wenn Gott kommt, wird mal der Mund gehalten und getan, was er sagt; und keine Widerrede … **16-23** Ihr werdet traurig sein, wenn ich gehe, aber ich komme wieder und ihr werdet Freude empfinden. Um was ihr Gott bittet, wird er euch geben. **24-33** Ich rede bald Klartext. Jünger: Du kommst von Gott. Jesus: Bald werdet ihr allein sein, aber ich nicht, denn Gott ist bei mir. Jesus gibt Jüngern Zuversicht.

17 **1-10** Jesus: Ich habe dich verherrlicht und offenbart, oh Herr, ich bitte für die, die du mir gegeben hast! Mein ist dein und dein ist mein. **11-19** Gott soll alle bewahren, die mit Jesus sind, da er nicht mehr in der Welt ist, um bei ihnen zu sein. **20-26** Jesus bittet Gott, dass alle Menschen von seiner Liebe erfüllt werden und dadurch eins werden.

JESUS WIRD VERHÖRT
UND GEFOLTERT

18 **1-11** Dramatische Szene im dunklen Garten: Judas, der Freund, kommt mit Soldaten. Er verrät Jesus. Petrus will kämpfen, aber Jesus verbietet es. **12-18** Jesus wird von den Juden gefangen genommen, Petrus und ein anderer

Jünger gehen mit ihm. Als danach gefragt wird, verleugnet Petrus Jesus. **19-27** Jesus wird verhört. Er verweist auf seine Zuhörer als Zeugen, was er verkündigt hat. Doch selbst Petrus verleugnet ihn feige, wie befürchtet. **28-34** Jesus kommt zu Pilatus; Pilatus fragt, ob Jesus König der Juden ist; Jesus fragt, ob diese Frage von ihm komme. **35-40** Jesus erklärt Pilatus: Mein Reich ist nicht von dieser Welt. Pilatus findet keine Schuld an ihm. Aber das Volk will keine Gnade für Jesus.

19 **1-7** Pilatus lässt Jesus foltern und findet keine Schuld, doch das Volk fordert seine Kreuzigung als erlogener Sohn Gottes. **8-17** Kreuzige ihn!, schrien alle. Pilatus: Das ist euer König!? Volk: Nein! Ans Kreuz! Dann musste Jesus sein Kreuz nach Golgatha tragen. **18-23** Jesus wird gekreuzigt. Die Anklage lautet: Jesus von Nazareth, König der Juden (INRI). Die Soldaten rauben ihm seine Kleider.

◉ ES IST VOLLBRACHT

24-27 Das Gewand, das sie nicht teilen können, wollen die Soldaten untereinander verlosen. Der Jünger, der dort ist, nimmt Jesu Mutter zu sich. **28-37** Jesus stirbt am Kreuz, detailgenau wie es die Schrift vorhersagt. Statt Beinbruch durchbohrt. Wahrlich – für uns. Es ist vollbracht. **38-42** Josef, Jünger Jesu, nahm den Leichnam Jesu vom Kreuz, zusammen mit Nikodemus salbte er ihn, wickelte ihn in Tücher und legte ihn ins Grab.

20 **1-10** Maria Magdalena, Petrus und Johannes eilen zum Grab und sehen, dass Jesus weg ist – aber sie verstehen noch nicht, was das bedeutet. **11-18** Maria stand weinend am Grab. Jesus sprach sie liebevoll mit ihrem Namen an. Sie erkannte den Auferstandenen und sagte allen die gute Nachricht. **19-24** Jesus kommt zu den Jüngern, Thomas fehlt, und spricht: Nehmt hin den Heiligen Geist. **25-29** Der ungläubige Thomas braucht Beweise. Aber: Selig sind, die nicht sehen und trotzdem glauben! **30-31** In dem Buch stehen längst nicht alle Zeichen & Wunder, die Jesus tat. Aufgeführt sind ein paar, die glauben lassen, dass Jesus Christus Gottes Sohn ist.

21 **1-6** Simon und andere Jünger hatten nichts zu essen. Da offenbarte sich Jesus ihnen am See Tiberias und die Netze waren voll der Fische. **7-14** Jesus offenbarte sich zum dritten Mal seinen Jüngern, nachdem er von den Toten auferstanden war. Er teilte mit ihnen Fisch und Brot. **15-17** Als sie aßen, fragte Jesus Simon Petrus 3 ×: Liebst du mich am meisten? 2 × Petrus: Ja. Beim 3.: Ja, du weißt doch alles. Jesus 3 ×: Weide meine Schafe! **18-23** Jesus bezeugt Petrus seine Eigenwilligkeit, prophezeit seinen Tod, der gegen seinen Willen eintritt, und ruft ihn zur Nachfolge. **24-25** Wir wissen, dass alles wahr ist, was dieser Jünger geschrieben hat. Es gibt noch mehr, was Jesus getan hat – allerdings gäbe es auf der Welt nicht genügend Platz für alle Notizen.

Die Apostelgeschichte

⊙ **DANN WURDE ER IN DEN HIMMEL GEBEAMT**

1 **1-3** Lukas: Ich habe berichtet, was JESUS getan und gelehrt hat; noch 40 Tage lang nach seinem Leiden unterwies er, der lebendige Gott, die Jünger. **4-9** Jesus an Jünger: Wartet in Jerusalem. Ihr bekommt Geschenk (Heiligen Geist). Wann, ist Geheimnis. Dann wurde er in den Himmel gebeamt. **10-14** Zwei Männer in weißen Gewändern: Was steht ihr da? Wie er wegging, wird er wiederkommen. Die Jünger gingen nach Jerusalem zurück. **15-20** Judas verriet Jesus und hat Selbstmord begangen. In den Psalmen steht, dass sein Auftrag von jemand anderem ausgeführt werden soll.

⊙ **EINIGE ZEUGEN SPOTTETEN, SIE WÄREN BETRUNKEN**

21-26 Matthias wird durch Losverfahren zum 12. Apostel, als Zeuge des Lebens und der Auferstehung Jesu Christi.

2 **1-13** Der Heilige Geist kam mit Feuerzungen über die Jünger. Da verstand man sie in allen Sprachen. Einige Zeugen spotteten, sie wären betrunken. **14-23** Hört mich an, denn meine Worte sind wahr. An den letzten Tagen werden Wunder geschehen und die den Herrn anrufen, werden erhört werden. **24-36** Gott hat ihn auferweckt. Er ist der Hammer. Es ist nun gewiss, dass Jesus auferstanden ist. **37-47** Petrus erzählt von Jesus und 3000 Leute lassen sich taufen! Eine Gemeinde entsteht. Sie teilen alles, glauben und wohnen gemeinsam.

3 **1-11** Ein Gelähmter bettelt vorm Tempel. Zwei Apostel sehen den Kranken. Im Namen Jesu heilen sie ihn. Der Geheilte dankt Gott im Tempel. **12-18** Die Kraft kommt von Gott. Die Kraft ist in Christus – sie macht uns stark. Eine Kraft zum ewigen Leben.

19–26 Gott erweckte Jesus – schickte ihn auf Erden, um euch zu segnen. Jeder soll sich bekehren wegen Bosheit.

4 **1–12** Durch die Botschaft, dass Jesus wieder auferstanden ist, traten viele dem Glauben bei. **13–22** Als Petrus und Johannes von Jesu Wundern erzählten, wollten sie es ihnen verbieten. Der Rat traut sich nicht, sie zu bestrafen, aber bedroht sie, falls sie weiter predigen. Das schert Petrus und Johannes einen Dreck. **23–31** Zurück in der Gemeinde beten alle: Gott, gib uns den Mut, in allem Freimut Dein Wort zu predigen, auch wenn wir bedroht werden. Geist kommt. **32–37** Die Gläubigen und die Apostel teilten alle irdischen Güter, selbst Barnabas – ein Levit – verkaufte seinen Acker und brachte ihnen das Geld.

⊙ DAS ESTABLISHMENT IST SO SAUER

5 **1–5** Hananias verkauft seinen Acker, von dem Geld gibt er nur einen Teil den Aposteln. Damit hat er Gott belogen. Hananias stirbt daraufhin. **6–11** Seine Frau kommt und lügt die Apostel auch an und stirbt auch. Alle sind erschrocken. **12–15** Die Apostel sind einmütig beieinander und heilen viele Menschen. Sie haben einen guten Ruf in der Stadt. Das schützt sie – vorläufig. **16–26** Das Establishment ist so sauer über ihren Erfolg, dass es die Apostel in den Knast werfen lässt. Gott befreit sie – und sie machen weiter. **27–33** Die Apostel rechtfertigen sich vor dem Hohepriester: Man muss Gott mehr gehorchen als den Menschen. **34–39** Gamaliel rät ab, die Apostel zu töten: Wenn ihre Sache Menschenwerk ist, geht es eh unter. Ist es von Gott, dann sind sie nicht totzukriegen. **40–42** Sie verboten den Aposteln, im Namen Jesu zu reden. Die aber ließen sich nicht einschüchtern, sondern predigten unablässig das Evangelium.

6 **1–7** Die 12 wollten lieber predigen als Essen für die Oma austragen. Deshalb haben sie 7 fitte Kerle für den Gastrobereich ausgesucht: Diakone. **8–15** Der Diakon Stefan war voll der Unschuldsengel und Heilige und konnte super predigen. Deshalb schleppt ihn das Establishment vor Gericht.

7 **1-8** Stefan erzählt, wie er die Tradition Israels versteht: Er erinnert an Abrahams Weg nach Kanaan, die Verheißung des Landes und die Erzväter. **9-19** Er erinnert an Josef in Ägypten, das Familiengrab in Sichem und wie Josef in Ägypten vergessen wurde, das Volk Israel aber wuchs. **20-30** Er erinnert an Mose, weil er aufwuchs als Ägypter, wegen Mordes fliehen musste, und wie ihm Gott im Dornbusch erschien. **31-36** Wie Mose von Gott den Auftrag bekam, das Volk Israel aus Ägypten zu führen und es 40 Jahre durch die Wüste irrte. **37-44** Mose war der Mittler von Gottes Wille an das Volk. Aber sie wollten schon damals nicht hören und beteten das Goldene Kalb an. **45-53** Die Gebotstafeln nahmen sie zwar mit für den Tempel. Aber danach gehandelt haben sie nicht. Schlimmer noch: Die Propheten wurden getötet. **54-60** Stefan hat durch den Geist eine Vision von Jesus im Himmel. Sie steinigen ihn. Es beginnt eine große Verfolgung. Saulus ist immer dabei.

8 **1-13** Saulus versucht, Gemeinde zu zerstören. Zerstreute verkünden das Wort. Philippus predigt. Unreine Geister fahren aus. Philippus überzeugt. **14-25** Samariter werden getauft, aber der Geist kommt erst, wenn die Apostel die Hand auflegen. Simon würde diese Kunst gerne kaufen. Not for sale. **26-31** Der Engel Gottes schickt Philippus auf die Straße nach Gaza. Der Schatzmeister der Königin von Äthiopien liest Jesaja. Philippus hilft ihm, es zu verstehen. **32-40** Sie kommen am Wasser vorbei und Philippus taufte den Kämmerer. Der Geist erfasste ihn und er zog los, das Evangelium zu predigen.

EINE BLITZHEILUNG

9 **1-10** Mitten im Verfolgungswahn erscheint Jesus dem Saulus und schickt ihn zu einer neuen Aufgabe nach Damaskus. Aber noch ist Saulus geblendet. **11-18** Hananias zweifelt, ob Saulus das Augenlicht verdient hat. Doch Gott liebt alle. Als Saulus wieder sehen kann, lässt er sich taufen. **19-25** Saulus beginnt Jesus zu predigen, was erst keiner glauben kann. Er hat Erfolg. Weil er vom Tode bedroht ist, flieht er über die Stadtmauer. **26-31** In Jerusalem sind die 12 erst mal skeptisch über die Wandlung des Saulus. Aber er predigt gut, besonders auf Griechisch: Er soll nach Tarsus. **32-35** Petrus findet den gelähmten Äneas. Im Namen Jesu nimmt er eine Blitzheilung vor. Alle sehen, wie Äneas aufsteht. Alle bekehren sich zum Herrn. **36-43** Petrus erweckt in Joppe, mit Gottes Hilfe, die ehrsame Jüngerin Tabita wieder zum Leben. Dadurch kamen viele Menschen zum Glauben an Jesus.

10 **1-8** Ein Engel teilt dem gottesfürchtigen und sozialen Kornelius mit, dass seine Gebete vor Gott gekommen sind. Er soll Petrus holen lassen. **9-20** Petrus hat eine Vision: Gott befiehlt ihm, unreine Tiere zu essen. Petrus wehrt ab. Aber: Nur Gott urteilt, was rein oder unrein ist. **21-28** Petrus wurde vor den Hauptmann Kornelius geladen. Er empfing ihn und betete ihn an. Doch Petrus antwortete: Auch ich bin nur ein Mensch. **29-38** Kornelius erzählt von der Engelserscheinung, dass er Petrus holen lassen sollte. Petrus schnallt, dass Gott auch die Heiden bekehren will. **39-48** Und alle, die da standen, auch zufällig, wurden beseelt vom Heiligen Geist. Selbst Ungläubige. Das ist schon in Ordnung so, sagte Petrus.

BARNABAS MACHT KONTROLLE

11 **1-8** Heiden kommen zum Glauben – das sorgt für Streit. Petrus berichtet von einer Vision, die er hatte: Gott will, dass auch Heiden glauben. **9-17** Petrus erzählt, wie der Heilige Geist auf die Heiden gekommen war. Und da sollte er sie nicht auch mit Wasser taufen? Gottes Wille ist klar! **18-25** Viele Missionare gehen nur zu den Juden. Aber in Antiochia werden auch viele Griechen bekehrt. Barnabas macht Kontrolle und ist begeistert. **26-30** Barnabas findet Saulus, bringt ihn für 1 Jahr nach Antiochia. Hier werden Jünger zum ersten Mal Christen genannt. Prophetie: Hungersnot. Spende.

TODESENGEL SCHLÄGT HERODES K.O.

12 **1-9** Herodes misshandelte Christen, tötete Jakobus und nahm Petrus gefangen. Als er ihn dem Volk zeigen wollte, kam ein Engel und befreite ihn. **10-16** Aus dem Gefängnis befreit erkennt Petrus erst im Nachhinein, dass da ein Engel war. Bei den Freunden angekommen, können die es kaum fassen. **17-23** Herodes bekommt das alles nicht: Er bestraft die Wachen und benimmt sich wie ein Gottkönig. Innen wurmstichig schlägt ihn der Todesengel k.o. **24-25** Gottes Wort wurde weitererzählt. Barnabas, Saulus und Markus brachten die Geschenke nach Jerusalem und gingen dann zurück.

13 **1-3** Barnabas und Paulus werden vom Heiligen Geist als Missionare berufen und von der Gemeinde in Antiochia ausgesendet. **4-12** Sie verkündeten das Wort Gottes, trafen einen falschen Propheten, welcher erblindete, woraufhin der Statthalter gläubig wurde. **13-22** Paulus predigt in der Synagoge von Antiochia: über den Auszug aus Ägypten, die Wüstenzeit, die Landnahme, die Richter bis hin zu David. **23-31** Paulus: Jesus, von Johannes angekündigt, ist gestorben und auferstanden nach der Schrift. Denen er erschienen ist, sind nun seine Zeugen. **32-41** Der Herr ist wahrhaftig auferstanden und euch ist die Vergebung der Sünden verkündigt. Glaubet, dass ihr nicht zunichte werdet! **42-52** Paulus und Barnabas predigten das Wort Gottes, wie ihnen geheißen war – wurden deswegen aber von den neidisch gewordenen Juden angefeindet.

KAMPF FÜR GESETZESFREIE HEIDENMISSION

14 **1-7** Gleiche Geschichte in Ikonien: Erfolgreiche Predigt bei Juden und Griechen. Spaltung Neid und Aufruhr. Todesbedrohung. Flucht. Und so weiter. **8-13** Paulus heilt einen gelähmten Mann. Als das Volk das sieht, fühlen sie sich näher an Gott. **14-19** Juden steinigen Paulus, schleppen ihn aus der Stadt und behaupten, er sei gestorben. **20-28** Route des Erfolges: Derbe – Lystra – Ikonien – Antiochia – Pisidien – Pamphylien – Perge – Attalia – Antiochia. Da bleiben sie mal etwas.

15 **1-9** Wie haltet ihr's mit der Beschneidung? An dieser Frage scheiden sich die Geister. Petrus meint: Auf das Herz kommt es an.

10–21 Paulus und Barnabas kämpfen für ihre gesetzesfreie Heidenmission; Jakobus ist einverstanden, aber Heiden sollen Minimalforderungen einhalten. **22–26** Falsche Lehren kursieren in Syrien und Antiochia. Apostel in Jerusalem beschließen: Dogmen aufzuschreiben und per Rundbrief zu verbreiten. **27–35** Juda und Silas bringen mündlich die Botschaft nach Antiochia, nichts Schlechtes zu tun. Paulus und Barnabas bleiben, um zu predigen. **36–41** Paulus hatte wegen des untreuen Johannes als Begleiter Bedenken und stritt mit Barnabas. Sie trennten sich und zogen verschiedener Wege.

16 **1–4** Timotheus wurde wegen der Juden beschnitten und geht mit Paulus, um die Beschlüsse der Apostel zu verkünden. **5–9** Die Gemeinde der Christen wird größer und zieht durch die Lande mit Paulus, den ein Mann aus Mazedonien bei Nacht um Hilfe fragt. **10–14** Sie reisten weiter, weil Gott es wollte. Sie trafen Lydia, eine reiche und tolle Frau. Lydia begriff, was Paulus redete und hörte gut zu. **15–23** Paulus und Silas werden von den Römern gefangen und geschlagen, weil sie

das Wort Gottes verkünden und erfolgreich missionieren. **24–33** Als Gefangene lobten Paulus und Silas Gott. Da tat Gott ein Wunder: Erdbeben! Und noch eins: Der Aufseher ließ sich taufen und glaubte an Jesus. **34–40** Paulus erklärt, sie seien römische Bürger und unrecht behandelt worden. Die Stadtrichter schämen sich, weil sie schlecht zu ihnen waren.

ATHENER SIND GELANGWEILTE PHILOSOPHEN, HABEN LUST AUF RELIGIONSDEBATTE

17 **1–8** Paulus bringt in Thessaloniki etliche Juden, Griechen und Gattinnen zum Glauben an Jesus. Gegner inszenieren einen Pöbel-Aufstand. **9–14** Nichts wie weiter nach Beröa. Die sind netter und es bekehren sich einige vornehme Leute – bis die Thessalonicher kommen und Unruhe stiften. **15–21** Paulus kommt nach Athen und ärgert sich über die Statuen. Athener sind alle gelangweilte Philosophen und haben Lust auf eine Religionsdebatte. **22–27** Paulus sagt: Gott wohnt nicht in Tempeln und hat es nicht nötig, sich dienen zu lassen, er hat ja selbst alles erschaffen und ist allen nah. **28-34** In ihm leben wir. Und er ruft zur Umkehr, bevor der Auferstandene wiederkommt und richtet. Viele lachen, gehen weg. Einige wurden gläubig.

18 **1-10** In Korinth versuchte Paulus, die Juden zu überzeugen. Viele aber lästerten. Da ging er zu den Heiden. Und immer passte Gott auf ihn auf. **11-16** Gallio schickt die Leute weg, als sie sich über Paulus empören. Er sagt: Es sind Fragen über eure Lehren und Gesetze, so richtet ihr. **17-21** Nachdem sie Sosthenes gezüchtigt hatten, blieb Paulus noch etwas. Reiste aber dann über Ephesus weiter, nachdem er sein Gelübde erfüllt hatte. **22-28** Auf seinen Reisen machte er einen Abstecher nach Jerusalem. Wieder zurück traf er Apollos, der für die Gemeinde ein wichtiger Lehrer wurde.

> DAS VOLK MACHT STRESS

19 **1-6** Frage des Paulus in Ephesus: Habt ihr den Heiligen Geist empfangen? Antwort: Hä? Nie gehört! Auf Christus getauft bekommen sie den Heiligen Geist. **7-13** Drei Monate predigen und die Menge folgt ihm nicht. So verließ er sie und vollbrachte Wunder, denn Gott wirkte durch die Hände des Paulus. **14-22** Sieben Hohepriestersöhne versuchen einen Geist auszutreiben – das geht schief. Trotzdem wird Jesus dadurch verkündigt. Paulus will reisen. **23-31** Goldschmied Demetrius sieht durch Paulus' Predigt sein Göttin-Diana-Souvenir-Geschäft in Gefahr und zettelt eine Christenverfolgung an. **32-40** Das Volk macht Stress, Alex und co. wollen sich rechtfertigen. Bevor was passiert, löst der Kanzler zum Glück schnell die Versammlung auf.

20 **1-6** Seine Reise führte Paulus von Mazedonien nach Griechenland. Er lehrte 3 Monate, dann kehrte er über Philippi und Troas nach Syrien zurück. **7-11** Sonntag predigte Paulus zu lange. Luft schlecht. Jemand im Fenster pennte ein & stürzte. Paulus beschwichtigt. Der lebt ja noch. Redet weiter. **12-16** Paulus wollte Pfingsten in Jerusalem sein und reiste so von Assos aus über Mitylene, Chios, Samos und Milet an Ephesus vorbei. **17-27** Lukas: Ihr habt an mir gesehen, wie man in Jesu

Auftrag lebt. Ich werde mich nun dem Heiligen Geist anvertrauen und nach Jerusalem gehen. **28-38** Passt auf euch selbst und die Menschen um euch auf. Gebt das, was ihr nicht braucht, an Menschen, die es mehr brauchen als ihr.

21 **1-7** Paulus reist von Kos über Tyros nach Ptolemais, von wo er nach Jerusalem gehen will. **8-16** Ein Mann prophezeit Paulus eine Gefangenschaft. Dieser sagt: Ich bin bereit, für den Namen Jesu zu sterben. **17-25** Paulus wird gewarnt, weil er das Christentum predigt. Er soll Männer zu sich nehmen, die beweisen sollen, dass er nach den Gesetzen lebt. **26-31** Paulus' neue Praktiken versetzten die frommen Juden in Aufruhr. Mit Glück entkommt er ihrem Zorn. **32-40** Als Paulus vom Volk geschlagen wurde, führte ihn der Oberst auf die Burg. Dieser gab ihm die Erlaubnis, zum Volk zu sprechen.

22 **1-10** Paulus ist auf Missionsreise. Er erzählt seine Heilsgeschichte vom Verfolger der Christen zum Missionar und Märtyrer Christi. **11-21** Blind kam ich nach Damaskus. Hananias heilte mich und beauftragte mich, Zeuge Jesu zu sein. Im Gebet sprach Jesus: Sei mein Zeuge! **22-28** Paulus, zum Geißeln festgebunden, wirft sein römisches Bürgerrecht in die Waagschale. Im Unterschied zum Oberst ist er als Römer geboren. **29-23** Paulus – von Juden verklagt und von Römern verhaftet. Als er sich vorm Hohen Rat verteidigt, wird er auf Geheiß des Hohenpriesters geschlagen.

HOHENPRIESTER WOLLEN PAULUS UMBRINGEN

23 **1-10** Paulus diskutiert mit seinen jüdischen Volksgenossen. Das Thema »Auferstehung« spaltet die Geister. **11-16** Nachts sprach der Herr mit Paulus. Viele Juden wollten Paulus wegen seines Bekenntnisses töten, sogar mit List dessen Neffe ihn. **17-24** Ein Junge verrät dem Oberst einen Mordplan gegen Paulus. Der Oberst lässt Soldaten holen, um Paulus sicher zum Statthalter Felix zu bringen. **25-35** Paulus wurde verhaftet aufgrund innerjüdischer Streitfragen. Die Soldaten bringen Paulus nach Cäsarea. Felix will ihn verhören.

24 **1-8** Tertullus klagt Paulus vor dem Statthalter Felix an: Paulus habe Aufruhr verursacht und versucht, den Tempel zu entweihen. **9-15** Paulus verteidigt sich beim Statthalter: Ich komme in Frieden, sagt er. Aber ich bestehe darauf, an Gott und an die Auferstehung zu glauben. **16-22** Paulus verteidigt sich vor dem Statthalter Felix. Er hat ein reines Gewissen und fordert Beweise. Felix zieht den Prozess in die Länge. **23-25** Der Statthalter Felix behandelt Paulus freundlich, lässt ihn aber weiterhin gefangen halten. Die Hohenpriester wollen Paulus umbringen.

PAULUS WIRD FÜR
VERRÜCKT ERKLÄRT

25 **1-11** Festus sitzt gegen Paulus zu Gericht. Die Ankläger werfen ihm viel vor, können aber nichts beweisen. Paulus verteidigt sich geschickt. **12-21** Festus aber hatte Paulus noch nicht gerichtet, weil er von der Auferstehung Jesu sprach. **22-27** Festus: Da ist er, Agrippa. Paulus. Die Leute wollen ihm an den Kragen. Getan hat er nichts. Vielleicht geredet? Hör selber.

26 **1-11** Paulus erklärt sich vor Agrippa: Ich war ein strenger Jude. Jetzt werde ich als Christ angeklagt. Das passt nicht. Jesus ist Hoffnung. **12-16** Auf dem Weg nach Damaskus schlug mich ein Licht und die Stimme fragte, warum ich ihn verfolge. Und Jesus wählte mich zum Diener und Zeugen. **17-25** Paulus rechtfertigt seine Predigt zu Juden und König Agrippa. Festus erklärt darauf, Paulus sei verrückt. **26-32** Paulus bringt Agrippa beinahe zum Einsehen, und Paulus gibt nicht auf. Er will bekehren. Agrippa und seine Berater kommen in Gewissenskonflikt.

PAULUS STRANDET IN MALTA

27 **1-8** Hauptmann Julius sollte Paulus nach Italien bringen. Schlechtes Wetter ließ sie nach mehreren Stopps an dem Ort Guthafen anlegen. **9-13** Paulus warnte: Wenn wir weitersegeln, setzen wir unser Leben aufs Spiel. Niemand glaubte ihm und so machten sie sich auf nach Kreta. **14-20** Ein riesiges Unwetter auf See, länger als drei Tage in völliger Dunkelheit, lässt alle Hoffnung auf Rettung versiegen. **21-28** Hunger! Paulus: Hättet ihr auf mich gehört, dann hätten wir nicht von Kreta abgelegt. Es wird aber gutgehen. Nur das Schiff wird untergehen. **29-38** Paulus hindert Schiffsleute, vom Boot zu flüchten. Und alle sollen nochmal gut essen. Beiboot und Getreidevorräte gehen dann über Bord. **39-28** Schiffbruch, Gefangene sollen getötet werden, damit keiner entkommt. Aber der Hauptmann will Paulus retten und lässt alle an Land schwimmen.

28 **1-10** Paulus strandet in Malta und seit dieser Zeit gibt es Kirchen auf Malta. **11-15** Es geht um eine lange Schiffsreise von Alexandria nach Rom, wo die Apostel freundlich empfangen werden, wofür Paulus Gott dankt. **16-22** Paulus will in Jerusalem klarstellen, dass er nichts Böses getan hat und ruft alle wichtigen Juden der Stadt zusammen. **23-31** In der Herberge predigt Paulus über Jesus und die Gesetze Mose. Zwei Jahre tat er dies zu allen, die zu ihm kamen.

Der Brief des Paulus an die Römer

(> DESORIENTIERUNG PUR

1 **1-6** Okay, alles klar. Paulus ist ein ganz besonderer Typ mit besonderen Aufgaben. Er ist der, der uns Heiden – sind wir irgendwie alle – führt. **7-14** Paulus an die Gläubigen in Rom: Ihr seid geliebt und dadurch geheiligt. Darin kann ich euch nur bestärken und täte das am liebsten in eurer Mitte. **15-16** Ich möchte auch in Rom das Evangelium verbreiten, ich schäme mich nicht, da es die Kraft Gottes ist und alle selig macht, die daran glauben. **17-23** Schau dich um in der Schöpfung – darin erkennst du den ewigen Gott. Ihn selbst sollst du preisen, nicht das Geschaffene. **24-32** Weil Gott nicht Gott und Mensch nicht Mensch war, geriet alles ins Chaos. Drunter und drüber. Nichts stimmte mehr. Desorientierung pur.

2 **1-7** Entschuldigen geht nicht. Keiner kann's – und keiner darf andre aburteilen. Alle sitzen im gleichen Boot. Nur Gott urteilt. Und ist gnädig! **8-16** Wer sich ändert: Gut so – er hat das Heil. Wer nicht: Das ist mies, der sitzt im Unheil fest. Ohne Ansehen der Person. Gesetz ist Gesetz. **17-24** Es genügt auch nicht, Jude zu sein. Auch wer zu Gottes Volk gehört, muss tun, was das Gesetz sagt. Einfach so erlöst sein geht nicht. **25-29** Die Beschneidung ist vor allem eine innere Hinwendung zu Gottes Gesetzen. Die Beschneidung an sich macht keinen Juden, nur die Gesetzestreue.

NIX MIT GESETZ (<)

3 **1-8** Dennoch haben die Juden den größten Vorzug! Sie haben Gottes Wort. Das bleibt gültige Basis des Gerichts. Gott richtet nicht willkürlich. **9-19** Jeder Mensch ist ein Sünder. Gläubige wie Ungläubige. Gesetze regeln den Umgang unter- und miteinander, befreien uns aber nicht von Sünde. **20-31** Das Gesetz macht Sünde kenntlich. Nun aber! Freispruch ist da ohne Gesetz! Durch Christus am Kreuz und im Glauben haben wir daran Anteil.

4 **1-10** An Abraham zu sehen: Du bist richtig auf diesem Planeten, nicht weil du werweißwas darstellst, sondern weil Gott dir das Leben hier schenkt. **11-15** Man kann beschnitten oder unbeschnitten glauben, jedoch sollte man sich zur Beständigung beschneiden. Gott, nicht das Gesetz, bestimmt Welterben. **16-25** Wer glaubt, wird gerettet. NUR wer glaubt. Nix mit Gesetz. So war es schon bei Abraham und so soll es auch für uns sein.

⊙ DIE SÜNDE WIRD EUCH NICHT BEHERRSCHEN

5 **1-11** Habt Mut, wenn ihr wegen eures Glaubens gedisst werdet. Habt Hoffnung, denn ihr seid von Jesus gerettet. **12-16** Durch einen Mensch (Adam) kam das Schlechte in die Welt, durch einen anderen Mensch (Jesus) kam die Gnade, Vergebung und damit Rettung. **17-21** Wo die Sünde ist, wird auch immer Gerechtigkeit sein. Und sie wird gewinnen, weil sie der richtige Weg ist, auf dem wir Jesus Christus folgen.

6 **1-11** Wir sind fest verbunden Jesus Christus, unserem Herrn. Taufe und Vergebung der Sünden, Tod und Auferweckung durch Gott zum Leben teilen wir. **12-14** Sündigt nicht, sondern seid tätig für Gott. Denn die Sünde wird euch nicht beherrschen, sondern die Gnade Gottes. **15-23** Wir sind in Jesus frei von der Sünde und Knechte der Gerechtigkeit, wir werden heilig und werden das ewige Leben in Christus Jesus erben.

7 **1-6** Die Gläubigen sind nicht dem Gesetz unterstellt, sondern Jesus Christus, der sie vom Gesetz befreit hat. Sie dienen nun Gott in neuer Weise.

GROSSARTIG – KEINE VERDAMMNIS! ⊙

7-13 Das Gesetz ist Ausweis für die Sünde, die sich von ihm angestachelt fühlt. Nicht das Gesetz ist also Sünde, sondern allein die Sünde selbst. **14-20** Das Gesetz erfüllen kann nur der, der nicht mehr in der Sünde ist, sondern im Geist lebt. Wer sündigt, handelt als Sklave der Sünde. **21-25** Der Mensch ist nicht frei von Fehlern, trotzdem kann er Gott nach seinem freien Willen dienen.

8 **1-9** Großartig! Keine Verdammnis! Nur Gerechtigkeit! Allein durch Christus bewirkt! **10-17** Gott gibt uns Lebenskraft, weil er Jesus Christus von den Toten auferweckt hat. Wen Gottes Geist motiviert, der gehört wirklich zu Gott. **18-28** Glaubt! Hofft! Der Heilige Geist lässt uns Gott lieben. So wird mit Gott alles gut. Es wird so schön werden, dass wir das heutige Leid vergessen. **29-39** Vorherbestimmt, Jesus ähnlicher zu werden. Er als Bruder – was kann uns da noch passieren? Gar nichts kann uns trennen von Gottes Liebe.

⊘ ES IST ÜBER ALLEN DERSELBE HERR

9 **1-8** Das Wort Gottes ist immer noch gültig und nicht alle aus Israel werden Kinder sein, sondern auch aus anderen Völkern. **9-13** Die Verheißung sagt: Ich will kommen und Sara soll Sohn haben > auch Rebekka. Älterer soll dem Jüngeren dienen > Jakob geliebt – Esau gehasst. **14-18** Gott ist Gerecht. Er entscheidet, wer Gnade empfängt. Er lässt sich von Macht nicht beeindrucken. **19-29** Gott hat uns alle geschaffen, wie er wollte. Er erträgt auch die, die Böses tun. Wir alle gehören zu ihm, Juden und Heiden. Wir sind berufen. **30-33** Israel hat die Gerechtigkeit nicht erlangt, da sie nicht aus ihrem Glauben kam, sondern in den Büchern vermutet wurde.

10 **1-2** Ich möchte und bete dafür, dass sie gerettet werden, denn sie glauben an Gott, auch wenn sie manches falsch verstehen. **3-13** Christus ist das Gesetz; wer an ihn mit Herzen glaubt ist gerecht, wer mit dem Munde bekennt, wird gerettet. Es ist über allen derselbe Herr. **14-21** Wer das Wort Christi hört, will es weitersagen, aber nicht alle werden es annehmen. Die es tun, werden Gottes Volk sein.

JEDER SOLL TUN, WAS ER KANN ⊘

11 **1-10** Paulus als Jude ist der Beweis, dass Gott sein Volk Israel nicht verstoßen hat. Aber wie immer beruft Gott aus Gnade und nicht nach Werken. **11-21** Was bringt es eigentlich, an Jesus Christus zu glauben? Rettung! Leben aus den Toten! Fest stehen durch den Glauben! **22-27** Gott hat sich entschieden, gnädig zu sein. Selbst wer sich von Gott abgewandt hat, wird wieder aufblühen. Gott selbst wird allen vergeben. **28-36** Gott liebt und vergibt allen Menschen. Seid wie Gott barmherzig und vergebt anderen Menschen. Gott ist gut zu jedem. Lobt und preist ihn!

12 **1-8** Ihr sollt lebendig sein & immer wieder reflektieren. Niemand soll sich wichtiger als andere fühlen & jeder soll tun, was er kann. **9-21** Lass Nächstenliebe wachsen und habe keine Vorurteile anderen Menschen gegenüber.

🢒 **LIEBT – DANN ERFÜLLT IHR ALLE WEISUNGEN**

13 **1-7** Jede Obrigkeit ist von Gott angeordnet, egal ob demokratisch oder diktatorisch. Fürchte die Gewalt der Obrigkeit und zahle Steuern. **8-10** Liebt – dann erfüllt ihr alle Weisungen, die in Mose gesagt sind. Die Zehn Gebote sind zusammengefasst und erfüllt im Gebot der Nächstenliebe. **11-14** Es ist Zeit zu erwachen. Das Heil ist nahe. So vertreibt die Dunkelheit mit den Waffen des Lichts und sündigt nicht mehr.

14 **1-11** Wir leben und sterben um der Ehre Gottes willen. Wenn wir leben oder sterben, so gehören wir ihm. Christus aber ist unser Herr. **12-23** Kannst du das, was du tust, vor Gott verantworten? Und wenn ja, ist es für deinen Nächsten auch ok? Sonst lass es lieber. Handle liebevoll!

15 **1-7** Wir tragen auch das Unvermögen der Schwachen und haben durch Geduld und die Schrift Hoffnung. Nehmt einander an, wie Christus es tat. **8-13** Gott hat durch Jesus die Verheißungen erfüllt, die er dem jüdischen Volk gegeben hat. Diese gelten nun auch für Nicht-Juden. **14-21** Paulus berichtet den Römern von seinen Anstrengungen, Ungläubige zu bekehren und bekräftigt, dass er nur predigt, was Christus ihn gelehrt hat. **22-33** Ich werde mein Versprechen einlösen und freue mich, dass alle miteinander teilen, weil Christus mit uns geteilt hat. Betet für mich. Danke.

16 1-7 Grüße an alle, die Christus' Glauben leben und ihn verbreiten und die, die ihn persönlich kannten. 8-16 Ganz liebe Grüße an alle! 17-27 Schlussgruß des Paulus: Nehmt euch in acht vor denen, die euch durcheinander bringen wollen. Und übrigens: Schöne Grüße von den anderen!

Der erste Brief des Paulus an die Korinther

⊙ **LASST EUCH NICHT SPALTEN**

1 **1-2** Paulus schreibt als Apostel an die Gemeinde in Korinth (und an alle, die Jesus als ihren Herrn kennen): **3-8** Schön, dass die Gnade unseres Herrn euch zuteil wurde und euch alles mitgegeben wurde, was ihr braucht, um aufs Ende vorbereitet zu sein. **9-19** Christen, lasst euch nicht spalten. Der Einzige, an dem wir uns alle gemeinsam orientieren sollen, ist Jesus Christus, der Sohn Gottes. **20-31** Klugheit + Weisheit zählen bei Gott nichts. Er übertrifft alles. Allein durch Jesus sind wir etwas wert & nur darauf sollen wir stolz sein.

⊙ **HEILIGER GEIST VERSCHAFFT IHM DURCHBLICK**

2 **1-8** Paulus behauptet, Gottes Weisheit zu verkündigen durch Inspiration des Heiligen Geistes. **9-16** Durch seinen Heiligen Geist zeigt Gott dem Menschen, was er nicht durch die Vernunft erkennen kann. Der Heilige Geist verschafft ihm Durchblick.

3 **1-11** Nicht auf Gurus kommt es an, sondern die Gemeinde als Ganze ist Gottes Ackerfeld. Jeder Einzelne ist mitverantwortlich, dass was wächst. **12-23** Am Ende wird sich rausstellen, was nur Heu und Stroh war und was Silber und Edelstein. Achtet drauf: Ihr seid der Tempel Gottes!

4 **1-9** Menschen können nicht das Leben eines anderen oder das eigene beurteilen, sondern nur Gott. Die Folge daraus? Hochmutsgefühl ausgeschlossen. **10-21** Christus hat's uns beigebracht: Wir bleiben freundlich, auch wenn man uns schmäht und verlästert. Folgt diesem Beispiel!

5 **1-7** Paulus schreibt den Korinthern, dass sie Menschen aus ihrer Gemeinde, die Unzucht betreiben, verdammen und verstoßen sollen. **8-13** Paulus schreibt, dass die Korinther nichts mit denen, die sich Bruder nennen, (aber Geizige oder Räuber sind), zu tun haben sollen.

KEINE SEXASKESE IN DER EHE

6 **1-11** Wenn ihr als Christen Stress untereinander habt, seht zu, dass ihr das unter euch regelt. Geht vernünftig miteinander um. Gott ist heilig! **12-20** Mahnung an uns: Nicht übertreiben. Unser Leib ist ein von Sünden befreiter Leib mit Christus, ein Tempel des Heiligen Geistes und kein Hurenhaus.

7 **1-9** Am besten ledig, wie Paulus, aber realistisch: Heiraten, Gleichberechtigung in der Ehe, Wiederverheiratung möglich. Keine Sexaskese in der Ehe.

ACHTET NICHT AUF ÄUSSERLICHKEITEN

10-15 Gott hat alle zum Frieden berufen, deshalb können Gläubige & Ungläubige heiraten, wenn Streit: Scheidung als letzter Ausweg. **16-24** Werdet nicht der Menschen Knechte. Ihr seid teuer erkauft. Achtet nicht auf Äußerlichkeiten, sondern auf Gottes Gebote. **25-34** Wer einen Menschen liebt, liebe ihn. Wer allein ist, suche nicht nach einem Partner. Ihr habt es leichter, wenn euer Herz nur an Gott hängt. **35-40** Eine Frau ist gebunden, solange ihr Mann lebt. Stirbt ihr der Mann, ist sie frei, neu zu heiraten. Tut sie es dann nicht, ist sie seliger.

8 **1-7** Es gibt keine Götzen, keine Götter – nur den einen Gott. Wer ein Götzenopfer isst, soll dies reinen Gewissens tun, da es so etwas nicht gibt. **8-13** Die Freiheit in Christus ist groß, aber achtet auf die Schwachen. Der Mitchrist ist wichtiger als alle Freiheiten. Es geht um seine Zukunft.

9 **1-10** Dem Ochsen nicht das Maul stopfen. Wer pflügt, soll Hoffnung pflügen. Wer drischt, darf hoffen, seinen Teil zu empfangen.

AUCH ANDERE SOLLEN FREI WERDEN

11-18 Den Nächsten lieben und Gott ehren. **19-27** Paulus ist sich seiner Freiheit gewiss! Aber auch andere sollen frei werden, darum redet er zu den Menschen, dass alle es verstehen.

10 **1-8** Unsere Väter sind alle von Gott geleitet worden und tranken vom geistlichen Felsen, der Christus ist. Dies soll ein Vorbild für uns sein. **9-13** Lasst uns Christus nicht versuchen. Es sei uns als Warnung geschrieben. Wer steht, darf nicht fallen. Gott lässt euch nicht versuchen. **14-22** Fordert nicht den Herrn durch Teilnahme an Götzendiensten und -opfern. Habt teil am gesegneten Abendmahl in der Gemeinschaft Christi. **23-31** Wer sein Leben ganz bewusst an Jesus Christus ausrichtet, kann eigentlich nichts mehr falsch machen. Ist das nicht eine befreiende Botschaft?

GEMEINSCHAFT & GEDÄCHTNIS

11 **1-7** Hierarchie ist klar geregelt: Gott – Mann – Frau. Wer hier Grenzen überschreitet, hat ein Problem. **8-16** Mann und Frau sind verschieden. Wie steht's mit der Gleichberechtigung? Ganz einfach: Vor Gott sind alle Menschen gleich, egal ob Mann oder Frau. **17-25** EINE Gemeinde sein, sagt Paulus. Abendmahl feiern heißt andere wahrnehmen: Gemeinsam kommen, feiern, gehen. **26-34** Bei jedem Abendmahl wird Jesu Tod verkündigt. Nicht unreflektiert feiern. Ist heilige Sache. Geht nicht um Essen, sondern Gemeinschaft + Gedächtnis.

12 **1-11** Erkenne Jesus, Gott durch seinen Heiligen Geist. Es gibt viele Gaben, Ämter, Kräfte, aber alles geschieht nur durch den einen Geist, Herrn, Gott. **12-21** Ein Leib hat viele Glieder, aber alle Glieder des Leibes sind ein Leib. Gott aber hat die Glieder im Leib eingesetzt, wie er gewollt hat.

LIEBE IST ALLES

22-31 Ihr seid ein Leib und viele Glieder. Keiner ist geringer als der andere und jeder hat seinen Platz und seine Aufgabe.

13 **1-7** Die Liebe ist das Höchste, ohne sie ist alles nichts. **8-13** Nun aber bleiben Glaube, Hoffnung, Liebe, diese drei; aber die Liebe ist die größte unter ihnen. Liebe ist alles.

14 **1-9** Bemüht euch um die Gaben des Geistes und dann: redet Klartext. Redet in deutlichen Worten. Sonst versteht euch niemand. **10-18** Nur durch die Sprache kann ich mit Verstand und Geist mein Dankgebet sprechen. Nur so können es andere verstehen und dadurch erbaut werden. **19-25** Seid nicht Kinder im Verstehen, seid Kinder bei Bösem. Zungenreden gehört den Ungläubigen. **26-31** Verschiedene Gnadengaben sind ok! Es ist zur Erbauung. Zungenrede nur mit Ausleger. Propheten sprechen nacheinander. **32-40** Prophetische Rede und Zungenrede kommen von Gott und man soll ihnen mit Respekt begegnen. Die Frau soll sich unterordnen und schweigen.

15 **1-11** Christus ist gestorben und auferstanden und von vielen gesehen worden. Zuletzt von Paulus, dem Kleinsten der Apostel. Gottes Gnade mit ihm. **12-19** Der Glaube an die Auferstehung ist die Grundlage unseres Glaubens. Sonst hätte alles keinen Sinn.

WIR WERDEN NICHT ALLE ENTSCHLAFEN

20-28 Durch seine Auferstehung hat Jesus den Tod besiegt, für alle, die an ihn glauben. Gott ist überall. **29-34** Der Text zeigt, dass sich jeder taufen lassen soll, weil Gott jedem die Sünden vergibt, solange er Einsicht zeigt. **35-41** Zweifelt nicht an der Auferstehung, nur weil ihr es euch nicht vorstellen könnt. Vertraut auf Gott, der sein herrliches Werk tun wird. **42-49** Tod und Auferstehung werden mit dem Bild vom Säen und Wachsen verglichen. Gesät wird ein verweslicher Leib, auferstehen ein unverweslicher. **50-53** Wir werden nicht einfach entschlafen, sondern die l. Posaune wird uns verwandeln in das Unsterbliche und -verwesliche, das ist das Geheimnis. **54-58** Gott gibt uns das ewige Leben. Der Tod behält nicht das letzte Wort, sondern Jesus Christus hat den Tod besiegt! Unser Leben ist nicht unnütz.

16 **1-4** Ein Wort zur Kollekte: Jeder sammle schon ab montags, was er übrig hat. Vertrauensleute bringen dann den gesammelten Betrag nach Jerusalem. **5-12** Apostel teilt Reisepläne mit. Hofft, einige Zeit bei Korinther zu bleiben, wenn es der Herr erlaubt. **13-17** Bleibt stark im Glauben, tut alles mit Liebe. Ordnet euch den Mitarbeitern am Reich Gottes unter. Management hat Belegschaft gut vertreten. **18-24** Mit vielen Grüßen ergreift Paulus am Ende des Briefes eigenhändig die Feder und segnet die Seinen und verflucht die Gegner.

Der zweite Brief des Paulus an die Korinther

⊙ ›

IN GOTT VERSIEGELT

BUCHSTABE TÖTET – ABER GEIST MACHT LEBENDIG

⊙ ›

1 **1-2** Paulus und Timotheus wünschen allen Heiligen aus Korinth und den Heiligen Gottes Gnade und Frieden. **3-11** Leiden Christi kommt über uns und wir werden getröstet durch Christus. **12-17** Die Gnade Gottes führt uns. Nach und von Mazedonien reise ich und lasse mich von euch geleiten nach Judäa. Bin ich im Vertrauen leichtfertig? **18-24** Gott, Jesus, seine Prediger sagen: Ja, es ist wahr, wir sind in Gott versiegelt. Geistbeschenkt. Gehilfen der Freude aller Glaubenden.

2 **1-11** Was du nicht willst, was man dir tut, das füg auch keinem andern zu. **12-17** Gott offenbart uns den Wohlgeruch seiner Erkenntnis in Christus. Wir sind für ihn ein Wohlgeruch Christi, wenn wir in seinem Sinne glauben.

3 **1-3** Müssen wir uns selbst loben? Oder brauchen wir den Zuspruch von anderen? Wir sind unsere Empfehlung im Herzen. **4-6** Vertrauen durch Jesus zu Gott; nicht durch uns, nur durch Gott: wir tüchtig → Diener des Geistes; Buchstabe tötet, ABER Geist macht lebendig. **7-11** Paulus erläutert, dass die neue, auf Einsicht und Vernunft gegründete Religion den alten, aufs Gesetz gegründeten Bund noch übertrifft. **12-18** Die Israeliten können Christus nicht im Alten Testament entdecken, sind verstockt. Aber auch sie werden die Herrlichkeit des Herrn erkennen.

4 **1-6** Wir verkünden Gottes Wort mutig und wahrhaftig. Alle, denen es von Gott bestimmt ist, wird Jesus Christus dadurch als Retter offenbar. **7-18** Christ sein bedeutet auch: bedrängt werden und in ernste Schwierigkeiten geraten. Aber Gottes Kraft ist gegenwärtig.

5 **1-10** Unsere Zukunft liegt in Gottes Händen. Er bereitet uns eine neue Heimat. Darauf freuen wir uns. Das glauben wir fest und sind deshalb froh.

⊙ **STELLT EUCH NICHT SO AN, IHR KORINTHER**

11-15 Wir versuchen, Menschen für Gott zu gewinnen. Christi Liebe drängt uns, denn einer ist für alle gestorben, damit diese für ihn leben sollen. **16-21** Wir sind Botschafter an Christi statt, das heißt, wir tragen Gottes Botschaft nach außen als Dank für die Erlösung von unseren Sünden durch Jesus.

6 **1-10** Briefing für Mitarbeiter, damit ihr Amt nicht in Missgunst fällt. **11-18** Stellt euch nicht so an, ihr Korinther. Seid offen, wie ich zu euch. Denn was hat Hell mit Dunkel zu tun? Wir sind die Echten!

7 **1-4** Öffnet euch uns und unserer Botschaft, denn wir sind euch gut gesinnt. **5-10** In der schweren Zeit in Mazedonien tröstet uns, dass ihr eure Fehler bereut habt und neuen Mut gefasst habt. Davon hat Titus berichtet. Toll.

FANGT WIRKLICH AN ZU TEILEN ⊙

11-16 Ihr wart traurig über meinen Brief, aber das hat Besserung bewirkt, darüber hat sich Titus ganz besonders, aber auch ich mich sehr gefreut!

8 **1-7** Obwohl die Gemeinden in Mazedonien sehr arm sind, haben sie sehr viel gespendet. Nehmt euch das als Vorbild. **8-15** Redet nicht nur davon zu spenden, sondern fangt wirklich an zu teilen! Nicht, dass ihr dann arm seid, sondern so, dass es für alle reicht! **16-24** Der eifrige Titus und der viel gelobte Bruder überbringen die Gabe aus gutem Willen. Tut es ihnen gleich.

9 **1-5** Achajaner, ihr wisst genug über das Beten, für euren guten Willen seid ihr bekannt. Enttäuscht mich nicht! **6-15** Tut Gutes, aber nicht aus Unwillen oder Zwang. Gott hilft euch durch Gnade. Das Gute wirkt weiter und ihr werdet Gemeinschaft!

10 **1-6** Kämpft mit den Mitteln des Geistes, nicht mit denen des Fleisches. **7-11** Wir alle gehören Christus an. **12-18** Lobt euch nicht selbst, so wie es andere tun, nur weil ihr etwas Gutes getan habt. Ein guter Mensch wird allein von Gott belohnt.

> MEIN VERSAGEN IST NICHT
> MEIN VERDERBEN

11 **1-6** Spinnt ihr? Ich opfere mich auf, euch die Wahrheit zu bringen. Ihr aber lasst euch ständig auf die falsche Fährte führen. **7-15** Alles, was ich tue und sage, ist zur Ehre Christi. Brüder unterstützen einander, alles andere ist nicht eure Sorge. **16-22** Das Rühmen verführt leicht zum Mitmachen und ihr ertragt es, wenn jemand als Tor verkleidet sich rühmt. **23-33** Gott ist in den Schwachen mächtig.

12 **1-6** Ich gebe nicht an, wie toll ich bin, sondern Gott kennt mich. Wenn ich auf jemanden oder etwas stolz bin, dann auf das, was Gott für mich getan hat. **7-10** Meine Schwachheit, mein Versagen ist nicht mein Verderben. Es ist mein Sieg, mein Überleben, denn erst dann ist Jesus stark in mir. **11-18** Denn es sollen nicht die Kinder den Eltern Schätze sammeln, sondern die Eltern den Kindern. **19-21** Wir reden durch Christus zu Gott, weil Jesus in unser Herz zu blicken vermag. Darum würde ihn Gott bestrafen, weil er nicht in uns blickt.

13 **1-10** Christus lebt in der Kraft Gottes. Ich hoffe, ihr erkennt Jesus Christus in euch. Bald komm ich wieder vorbei. **11-13** Freut euch. Lasst Kritik und Ermahnung zu. Verfolgt gemeinsame Ziele. Geht friedlich miteinander um. Dann könnt ihr sicher sein: Gott ist da!

Der Brief des Paulus an die Galater

› MANNO, IHR GALATER!

1 **1-5** Paulus schreibt den Galatern am Briefanfang, wie er sich selbst versteht: Er ist ein Apostel durch Jesus Christus. Er verkündigt Frieden und Rettung. **6-10** Man sollte sich nicht abwenden und nicht vom Weg abkommen. **11-24** Paulus schreibt über sein Leben vor Gott und das Evangelium von Gott.

2 **1-5** Paulus, Barnabas und Titus gingen gemeinsam nach Jerusalem, um das Evangelium auch unter den Heiden zu verbreiten. **6-10** Das Ansehen der Menschen ist nicht so wichtig; wichtiger ist die Vertrautheit mit dem Evangelium und dessen Verbreitung in aller Welt. **11-16** In Antiochia: Krach mit Kephas. Er wollte, dass alle die jüdischen Gebote halten, und tat es selbst nicht. Nur der Glaube macht gerecht. **17-21** Wir haben unser Leben Jesus gegeben, denn er gab seins für uns – nun lebt er. Kehrte ich wieder zum Alten zurück, wäre er umsonst gestorben.

3 **1-7** Manno, ihr Galater! Gerecht wird man nicht durch Taten, sondern durch den Glauben. Wie bei Abraham! Oder checkt ihr das nicht? **8-14** Es steht geschrieben: Verflucht sei jeder, der nicht macht, was im Buch des Gesetzes steht. Das Gesetz ist nicht aus Glauben.

NICHT SELBSTVERLIEBT SEIN, BITTE ‹

15-19 Die Verheißung Gottes an Abraham gilt bedingungslos. Das Gesetz kam erst später, um in der Zeit bis Christus die Sünde zu verhindern. **20-29** Das Gesetz schenkt kein Leben. Nur der Glaube. Wir sind Erben durch Christus, weil wir als Getaufte ein Teil von ihm sind. Ohne Unterschied.

4 **1-7** Wenn man unmündig ist, ist man in Knechtschaft. Jesus kam, um uns zu erlösen, damit wir anstatt Knecht Kind sind. **8-14** Früher ranntet ihr falschen Göttern hinterher. Aber jetzt kennt ihr Gott.

Also: Finger weg! Oder war's um-sonst, was ich euch beibrachte?! **15-20** Was ich aber überhaupt nicht verstehe: Warum ihr euch von diesen Verführern von dem Glauben ab-bringen lasst, den ich euch beige-bracht habe. **21-31** Wollt ihr etwa wie-der Hagar-Kinder, also Sklaven des Gesetzes werden, wo ihr doch Sara-Kinder, also freie Kinder der Verhei-ßung seid?

5 **1-12** Die Beschneidung ist un-wichtig. Nicht Werke machen gerecht, allein der Glaube an Jesus Christus, dessen Liebe zu uns den Glauben weckt. **13-26** Seid zur Frei-heit berufen. Liebe deinen Nächsten wie dich selbst. Lebt im Geist. Die Frucht des Geistes ist Liebe, Freude, Friede.

6 **1-10** Liebe Schwestern und Brüder, lasst uns einander hel-fen, auch wenn wir mal Mist gemacht haben, und nicht selbstverliebt sein, bitte. **11-18** Jesus ist es egal, ob man beschnitten ist oder nicht, denn auch die Beschnittenen tun Unrecht. Für Jesus zählt nur die Kreatur.

⊙ ER IST DER FRIEDEN

1 **1-8** Gott hat uns durch Jesus gesegnet und er hat uns in seiner Liebe vorherbestimmt. In Jesus haben wir Gnade und Erlösung. **9-14** Alle, die gläubig werden und es sind, sind durch Gott und in ihm, durch das Evangelium ihrer Seligkeit. **15-23** Paulus freut sich tierisch, dass die Epheser so stark an Jesus glauben und alle Heiligen lieben. Gott gebe ihnen den Heiligen Geist & erleuchtete Augen!

2 **1-10** Durch Sünden seid und waren wir tot, bis Gott uns aus Gnade geweckt und Jesus im Himmel eingesetzt hat. Wir sind Gottes Werk. **11-22** Darum denkt daran, dass auch ihr einst Heiden wart und keine Hoffnung hattet. Aber nun ist Jesus auch bei euch. Er ist der Frieden.

3 **1-13** Der ewige Wille Gottes ist es: Die Gnade Gottes in Jesus Christus gilt für jeden Menschen. Ich, Paulus, darf das allen Menschen verkündigen. **14-21** Gott ist dein Vater in Himmel und auf Erden. Er gibt dir die Kraft, Liebe, Erfüllung und das Verstehen in alle Ewigkeit.

4 **1-9** Minimalanforderung für gelingendes Zusammenleben: Ertrage einer den andern in Liebe. So verschieden alle sind, sie sind doch eins in Gott. **10-16** Die christliche Gemeinde ist nicht allein gelassen. Menschen bringen ihre Gaben ein zur Stärkung der Gemeinde. Die Liebe lässt sie wachsen.

IN DER LIEBE LEBEN ⊙

17-24 Lebt nicht wie Heiden in der Nichtigkeit, sondern, die ihr Christus kennen gelernt habt, erneuert euren Geist und Sinn. **25-32** Ihr sollt nicht lügen, stehlen oder lästern. Seid untereinander freundlich und herzlich und vergebt einander, so wie Gott euch vergeben hat.

5 **1-7** Als geliebte Kinder Gottes sollen wir in der Liebe leben, mit Christus als bestes Beispiel: Leben in Liebe ist Gabe und Opfer. Gott sei Dank. **8–20** Von der Dunkelheit ins Licht durch GOTT. Durch unser Leben mit ihm lassen wir ihn leuchten im Alltag, dadurch wird die Welt hell. Danke! **21–33** Die Frauen sollen sich den Männern unterordnen. Die Gemeinde hat sich Jesus unterzuordnen. Der Mann liebe und ehre seine Frau.

6 **1–9** Kinder hört auf eure Eltern, damit es euch gut geht! Seid freundlich im Namen des Herrn und euch erwartet das Paradies im Himmel! **10–20** Zieh die Waffenrüstung Gottes an, um dem Bösen widerstehen zu können. Wir kämpfen nicht mit Menschen, sondern bösen Geistern unter dem Himmel. **21–24** Lebt alle friedlich zusammen und lasst Gott in eure Mitte. Ein Brief von Paulus an die Epheser, der erklären soll, dass der Herr versucht, alle Herzen zu trösten.

Der Brief des Paulus an die Philipper

⊙ **ABER ICH ERTRAGE DAS GERN: FÜR DAS EVANGELIUM**

1 **1-11** Paulus fühlt sich während der Gefangenschaft gestärkt durch Gedanken an die Brüder. Er berichtet von Sehnsucht nach ihnen und betet für sie. **12-17** Kein Problem, ich bin zwar gefangen – aber ich ertrage das gern: für das Evangelium. Andere predigen nur, um anzugeben. **18-26** Unser ganzes Leben soll von Christus erzählen, bis hin zum Tod. Der ist fast besser als das Leben, weil ich dann bei Christus bin. **27-30** Wandelt nur würdig des Evangeliums Christi. Ihr steht ein für den Glauben und bleibt locker im Angesicht des Feindes, den das etwas irritiert.

2 **1-11** Lebe dein Leben zur Ehre Christi und nimm ihn als Vorbild für all dein Tun. **12-18** Seid fest im Glauben und jammert oder meckert nicht. Damit helft ihr mir und allen anderen Leuten am meisten. **19-30** Timotheus, den Besten, schick

ich zu euch, wenn ich weiß, wie´s weitergeht! Zuerst kommt Epaphroditus, der hat euch lieb, behandelt ihn gut!

3 **1-11** Alles was mir früher wertvoll war, erachte ich heute für nutzlos. Ich möchte nur noch Christus erkennen, um gerecht aus dem Glauben zu sein. **12-16** Ich hab's noch nicht begriffen, aber ich lasse jetzt die Vergangenheit hinter mir und folge der Berufung durch Christus. **17-21** Gott ist für uns, wer mag wider uns sein?!?

4 **1-9** Streitet euch nicht und dankt dem Herrn, dann wird er zu euch halten. **10-20** Klasse Unterstützung! War ne harte Zeit. Mit Gott steh ich's durch. Meine Lieblingsgemeinde! Hab nun, was ich brauch. Gott hilft euch auch! **21-23** Gegrüßt seien alle, die an Jesus glauben. Die Brüder und die Heiligen aus dem Kaiserhaus grüßen euch. Die Gnade des Herrn sei mit euch.

Der Brief des Paulus an die Kolosser

⊙ **HÖRT NICHT AUF DEN ASTROLOGIE-SCH...!**

1 **1-6** Paulus sagt: Gnade und Friede, wir danken Gott, wenn wir für euch beten. Liebe und Wahrheit durch das Wort des Evangeliums, es fruchtet. **7-14** Ich bete jeden Tag für euch, dass ihr fröhliche Christen bleibt und euch freut, dass Gott sich um euch kümmert. Vergesst Gottes Liebe nie! **15-23** Jesus ist das Ebenbild Gottes, der Erstgeborene. Er ist der Kopf der Gemeinde. Er ist Alpha und Omega. Ich, Paulus, bin sein Diener! **24-29** Ich freue mich im Geiste Jesu zu dieser Gemeinde zu predigen, dass er in uns allen ist und wirkt.

2 **1-7** Ihr sollt wissen, dass ich drum kämpfte, euch im Glauben & Gottes Liebe zu halten. Niemand soll euch davon abbringen. Denk an euch. **8-14** Gott hat den Schuldschein, der gegen uns sprach, durchgestrichen und seine Forderungen, die uns anklagten, aufgehoben. **15-23** Hört nicht auf den Astrologie-Sch... ! Eure Zukunft erfahrt und habt ihr in Christus. Dazu braucht es keine Menschenregeln und Fitness-Tipps.

3 **1-10** Wer in Christus ist, ist in Gott. Im Himmel legt man alles Böse ab, da man in Christus frei und das Leben vollkommen ist. **11-17** Christus ist allen und allem verbunden. Seid nicht böse aufeinander, sondern liebt euch und bringt die Liebe in die Welt. **18-25** Alle Familienmitglieder sollen gut zueinander sein und tun, was ihnen nach ihrer Stellung – Mann, Frau, Kind, Herr oder Sklave – zukommt. Ihr Männer, liebt eure Frauen und seid nicht bitter gegen sie.

4 **1-6** Betet und erzählt anderen von Jesus Christus: freundlich, mit weisen Worten – und mit Antworten auf Fragen. **7-18** Ich schicke euch meine Brüder, damit sie euch sagen, wie es geht. Gebt die Botschaft des Briefes weiter in die Gemeinden.

Der erste Brief des Paulus an die Thessalonicher

⊙ BE HAPPY!

1 1–10 Wir danken euch Thessalonichern, weil ihr Gottes Gebote verinnerlicht habt und nach ihnen lebt! Ihr seid Vorbild für viele Christen.

2 1–4 Unter viel Kampf bringen wir euch Brüdern – mit Ermahnung und ohne List – das Evangelium, um Gott zu gefallen, der uns prüft. 5–12 Wir waren immer gütig, freundlich und lieb zu euch und haben unsere Macht nie ausgenutzt. 13–16 Danke, Gott! Andere haben das Wort Gottes akzeptiert. Beweis: Sie erleiden Verfolgung und dürfen nicht predigen. 17–20 Die an Jesus glauben – sie sind seine Freude und Ehre, wenn er kommt.

3 1–8 Wir wissen, dass Glaubensprobleme unvermeidlich sind und wollten unbedingt wissen, wie es euch geht. Timotheus berichtet: Alles ok, juhu! 9–13 Wie kann man Gott genug danken und wann wird uns der Herr selbst begegnen, um unseren Glauben endgültig zu stärken, da die Gemeinde wächst?

4 1–12 Ihr seid lieb und fair zueinander – aber ihr könnt es noch besser! Denkt dran: Wenn ihr Menschen ärgert, ärgert ihr Gott. 13–18 Was mit den Toten ist? Wenn Jesus kommt, stehen sie auf vom Tod und dann kommen sie mit uns Lebenden und Jesus in den Himmel. Be happy!

5 1–11 Der Tag, an dem der Herr kommt, wird überraschend da sein. Daher gilt die Parole: Nicht schlummern, sondern wachsam sein und sich vorbereiten. 12–22 Seid fröhlich, betet ohne Unterlass, seid dankbar. Das ist der Wille Gottes. Dämpft den Geist nicht. Prüft prophetische Rede auf das Gute. 23–28 Gott des Friedens segne euch & mache euch fit für Jesus. Grüße an alle. Bitte diese Wünsche verbreiten. Gottes Gnade in Jesus sei mit euch.

Der zweite Brief des Paulus an die Thessalonicher

⊙ **BRUT DES BÖSEN – NICHT VERFÜHREN LASSEN**

1 **1-8** Paulus und Silvanus schreiben den Thessalonichern: Wir sind stolz auf euch, weil ihr trotz Verfolgung glaubt. Das wird sich für euch lohnen. **9-12** Einige werden auf ewig eins auf den Deckel bekommen, weil sie Gott keine Chance geben, sie zu verändern. Bei den anderen wendet Gott ihr Leben.

2 **1-5** Seid stark auf eurem Weg des Herrn Jesus Christus und lasst euch nicht verführen von der Brut des Bösen, die zuerst entlarvt werden muss. **6-12** Durch Glaube und Heiligung mögt ihr zur Herrlichkeit Christi gelangen. Bleibt dabei. Gott und Christus geben euch Durchhaltevermögen und Trost. **13-17** Dank an IHN für eure Berufung zur Seligkeit und Heilung durch den Geist. Steht fest in der Lehre. Er tröstet und stärkt in Werk und Wort.

3 **1-5** Betet für uns, dass das Wort Gottes wirke und wir erlöst werden. Der Herr ist treu, stärkt uns. Er richtet uns auf. Gottes Liebe und Geduld. **6-16** Wenn einer nur rumfaulenzt und auf Kosten anderer lebt – haltet Abstand. Ich war ja auch nicht so. Hasst ihn nicht, versucht ihn zu bessern! **17-18** Ich, Paulus, grüße euch mit meiner Hand. Die Gnade unseres Herrn Jesus Christus sei mit euch allen!

Der erste Brief des Paulus an Timotheus

GUCKT HIN!

1 **1-11** Paulus ermahnt Timotheus, da dieser nicht, wie geheißen, in Ephesus geblieben + auf die Vermittlung der richtigen Lehre achtete. **12-16** Ich danke Jesus Christus für seine reiche Gnade. Ich war ein Sünder. Und mich macht er zum Vorbild für die, die an ihn glauben sollen. **17-20** Gott ist der Ewige, Unvergängliche, Unsichtbare. Ehre sei Gott. Paulus schreibt das an Timotheus, damit er seinen Glauben stärkt.

2 **1-7** Betet für alle Menschen, auch für Könige und Kanzler, auch sie sollen zu Erkenntnis und Wahrheit kommen, damit wir in Frieden leben können. **8-15** Die Leute sollen angemessen zum Gottesdienst kommen, ohne Zorn und Eitelkeiten. Frauen sollen Kinder kriegen, nicht führen wollen.

3 **1-7** Welche Voraussetzungen muss einer haben, der Bischof werden will? Ehrlich, nüchtern, gütig, gläubig. Guckt hin, wie es bei ihm daheim zugeht. **8-13** Diakone sollen gefestigte Persönlichkeiten sein, die sich im Dienst und im Privatleben vorbildlich verhalten. **14-16** Paulus erklärt Timotheus, worin das Geheimnis des Glaubens liegt und hofft, bald selbst zu Besuch kommen zu können.

ÜBERFLÜSSIGES REDEN

4 **1-5** Durch überflüssiges Reden werden viele Leute vom Glauben abgehen. Sie gebieten Abstinenz von Gott. Du aber erfülle deinen Auftrag. **6-16** Sei fromm. Lehre den Glauben! Hab acht auf dich selbst und die Lehre, dann wirst du dich selbst retten und die, die dich hören.

5 **1-8** Kinder von Witwen sollen erst lernen, fromm zu sein. Jüngere Witwen, die ausschweifend leben, sind lebendig tot! **9-16** Sechzigjährige Witwen verehren, da sie gedient haben. Junge Witwen sollen heiraten, da sie sonst in Satans Hände geraten. **17-23** Sei korrekt zu Gemeindemitarbeitern, motiviere auch andere dazu um Gottes und Jesu Christi Willen. Meide Sünde. Etwas Wein zu Wasser ist ok. **24-25** Sünden werden bekannt – früher oder später. Gute Taten werden auch immer bekannt, sie kann man nicht verstecken! :-)

6 **1-2** Jeder Angestellte soll seinen Chef ehren, wenn er gut ist – den gläubigen Chef erst recht, weil er für seine Angestellten alles geben wird. **3-9** Jemand, der was anderes als die Sache Jesu lehrt, hat keine Ahnung und bekommt Ärger. Wirklich fromm sein heißt genügsam sein (in Gott). **10-16** Ergreife das ewige Leben, denn dazu bist du berufen und hast den guten Glauben vor vielen Zeugen bekannt. **17-21** Reiche sollen nicht stolz sein, sondern dankbar. Tut Gutes, werdet reich an guten Werken. Meidet loses Geschwätz und Gezänk.

Der zweite Brief des Paulus an Timotheus

> **DUMMHEIT WIRD JEDEM AUFFALLEN**

1 **1-2** Paulus, von Gott beauftragt, grüßt seinen Vertrauten Timotheus: Gnade, Barmherzigkeit und Friede vom Vater und von Christus, unserem Herrn. **3-11** Paulus betet für Timotheus und bestärkt ihn im Glauben: Gott hat uns im Geist der Kraft, der Liebe und der Besonnenheit berufen in Christus. **12-18** Der Herr gebe denen Barmherzigkeit, die ihn suchen.

2 **1-13** Werde ein guter Streiter Christi. Halte fest an Christus. Lebe, stirb und dulde für seine Sache, so wirst du mit ihm selig werden. Keine Angst. **14-20** Sie sollen sich nicht streiten. Zeige Gott, dass du die Wahrheit erzählst. Denn der Herr kennt die Seinen mit ihren Fehlern. **21-26** Suche Gerechtigkeit und suche Frieden mit allen, die an den Herrn glauben. Sei aber auch nett zu denen, die noch nicht glauben.

3 **1-9** Am Ende der Zeit wird alles ganz schlimm werden, weil viele Leute nur noch sich selbst sehen. Und ihre Dummheit wird jedem auffallen. **10-13** Du hast mich verfolgt und ich musste viel erleiden. Aber alle, die an Jesus glauben, müssen es erleiden. **14-17** Vergiss nicht deinen Ursprung: Die Heilige Schrift lehrt uns, wie wir nach Gutem streben. Selig sind die, die da glauben an Christus Jesus.

4 **1-8** Jetzt bist du dran. Rede ehrlich, weise und tapfer von der Wahrheit Gottes. Meine Zeit und mein Kampf ist zu Ende. Gott wird mich belohnen. **9-22** Und er wird mich erlösen von allem Bösen und mich retten. Außerdem werde ich in sein himmlisches Reich kommen.

Der Brief des Paulus an Titus

⊙ **REDE KEINEN STUSS**

1 **1-4** Paulus an Glaubensbruder Titus: Gott lügt nicht. Gottes Befehl ist, dass ich predige. Als Auserwählter Gottes besitze ich die Wahrheit. **5-9** Titus, bleib für mich in Kreta und sorge für Ordnung: Nimm pro Stadt einen braven alten Familienvater und lass ihn verkünden! **10-16** Pass auf: Es gibt sehr viele, die sich in den Vordergrund drängen, weil sie sich einen Vorteil erhoffen, aber nicht vertrauenswürdig sind.

2 **1-10** Rede keinen Stuss, sei redlich und benimm dich, damit du ein Vorbild bist und begeistere andere, dir zu folgen, damit der Feind keine Chance hat. **11-15** Gottes Gnade ist erschienen, damit wir Götzen ablehnen und stattdessen auf die Erscheinung Jesu warten, der uns erlöst.

3 **1-7** Übe Frieden, denn Gottes Geist wirkt in dir und lässt dich Liebe zu den Menschen empfinden. **8-11** Es ist nützlich, ernsthaft zu lehren, damit alle Gutes tun. Meide sinnlose Fragerei sowie Streit ums Gesetz und Register. Ermahne Ketzer. **12-15** Wenn ich Artemas oder Tychikus zu dir sende, komm zu mir nach Nikopolis. Lass die Unseren lernen, Gutes zu tun. Gnade sei mit euch allen!

Der Brief des Paulus an Philemon

ICH WEISS, DU BIST SUPER

1 **1-3** Paulus und Timotheus grüßen Philemon. Der dreieinige Gott sei mit dir und die Gemeinde deines Hauses. **4-7** Der Gedanke an den geliebten Bruder ist wie der Gedanke an den geliebten Christus, weil auch der Bruder den Herrn liebt. **8-14** Paulus wendet sich an Onesimus' Herrn und bittet ihn, seinen Sklaven, der ihm ans Herz gewachsen ist, zu sich nehmen zu dürfen. **15-22** Nimm meinen Sohn auf und wenn er Fehler macht, rechne sie mir an. Ich weiß, du bist super und hilfst mir. Ich komm bald vorbei. **23-25** Es grüßen dich mein Mitgefangener und mein Team. Die Gnade des Herrn Jesus Christus sei mit eurem Geist!

Der erste Brief des Petrus

HABT EUCH LIEB

1 **1-2** Petrus schreibt an die Bewohner der entferntesten Provinzen: Gott gebe euch Gnade und Frieden! **3-7** Gelobt sei Gott, da er zu einer lebendigen Hoffnung – durch den Glauben – wurde. Der Glaube soll viel kostbarer als Gold sein. **8-12** Die Seligkeit wird vollkommen, wenn ihr Jesus seht. Davon haben die Propheten für euch geweissagt – und sich aber selbst danach gesehnt. **13-19** Macht euch startklar und richtet euch nach der Gnade. Haltet euch im Zaum und seid heilig. Führt anständiges Leben. Jesus hat euch erlöst. **20-25** Jesus war schon immer eingeplant. Reinigt eure Seelen und habt euch lieb.

2 **1-10** Seid nicht böse, heuchlerisch oder neidisch. Seid lebendige Steine, kostbar wie Jesus: kein Stein des Anstoßes, sondern wichtiger Eckstein. **11-17** Lebt enthaltsam und rechtschaffend. Überlasst das Richten der Staatsgewalt.

Eure Kraft sei gute Taten. **18-25** Jesus hat viel erlitten – darin ist er euer Vorbild. Tretet in seine Fußstapfen! Er geht euch voran als euer Hirte und Bischof.

MACHT ETWAS AUS DEN GABEN

3 **1-7** Frau soll sich Mann unterordnen – dieser seine Frau ehren. Wahrer Schmuck für Frau & Vorbild für ungläubigen Mann ist Leben in Gottesfurcht. **8-17** Wenn ihr bei allem, was ihr tut, die Liebe nicht vergesst, dann seid ihr auf dem richtigen Weg! **18-22** Jesus hat uns errettet wie auch Gott Noah und Familie errettet hat. Durch Auferstehung Christi und Zusage der Taufe sind auch wir errettet.

4 **1-11** Lebt als Christen ordentlich: Liebt einander. Dient einander. Macht etwas aus den Gaben, die euch Gott geschenkt hat. **12-19** Zu seinem Glauben und seiner Überzeugung soll man stehen, auch wenn man dafür leiden muss; seiner Seele zuliebe.

5 **1–9** Eines nehmt mit auf euren Weg: Übt euch in Demut und achtet eure Mitmenschen. Seid ihnen Vorbild und haltet das Böse in Schach. **10–14** Gott ist gnädig & wird euch aufrichten. Er ist ewig mächtig. Silvanus hat es euch geschrieben. Grüße aus Babylon (inkl. Markus). Love & Kisses. Peace!

Der zweite Brief des Petrus

GOTT MEINT ES TOTAL ERNST

1 **1-2** Petrus als Apostel Jesu schreibt an Glaubende: Ich wünsche euch Gnade und Frieden von Gott durch die Erkenntnis Gottes und Jesu, des Herrn. **3-11** Bemüht euch, eure Berufung und Erwählung festzumachen. Dann werdet ihr nicht im Dunkeln tappen. Der Eingang ins ewige Reich wird euch gewährt. **12-15** Ich werde das Haus bald verlassen müssen, wie Jesus mir sagte. Ihr sollt es nicht vergessen und gestärkt sein in der Wahrheit. **16-21** Alle Weissagungen stammen von Gott und auch dass Jesu Gottes Sohn ist, wurde von Gott direkt gesprochen. Daher hört auf sein Wort!

2 **1-7** Immer gibt es Leute, die Lügen lehren. Absichtlich. Aber Gott bestraft sie. Erinnere dich an die Sintflut – oder Sodom. Wer glaubt, der überlebt! **8-11** Dem Gerechten ist der Anblick des Bösen pure Seelenqual. Gott wird richten die Anarchisten und Lästerer, die gar Barmherzigkeit verspotten. **12-16** Sie lästern, schlemmen, geben an und betrügen. Das wird bestraft. **17-22** Diejenigen, die die Erkenntnis Jesu begriffen, jedoch wieder von ihm abfielen, sind schlimmer als zuvor. Sie locken jeden zum Bösen.

3 **1-7** Bleibt hellwach, ihr sollt es lesen: Am Ende wird abgerechnet. Auch wenn es jetzt nicht so scheint – Gott meint es total ernst. **8-13** 1 Tag = 1000 Jahre und vice versa. Doch dann ist es soweit. Alles wird zergehen, alles wird neu. Darauf warten wir. **14-18** Paulus' Worte sind manchmal etwas wirr und lassen sich leicht verdrehen. Passt auf, dass ihr nicht auf die Fehlinterpretationen hereinfallt!

Der erste Brief des Johannes

**WAHRES LEBEN IST LIEBE
UND PROEXISTENZ**

1 **1-4** Uns erschien das ewige Leben und dies verkünden wir euch, damit ihr mit uns, Gott und Jesus in Gemeinschaft lebt. **5-10** Gott ist das Licht. Vertraue ihm und bleib bei der Wahrheit.

2 **1-6** Wir kennen Jesus. Wenn wir seine Gebote einhalten, dann ist die Wahrheit bei uns und Gottes Liebe in uns vollkommen. **7-11** Es wird ein neues Gebot geschrieben, denn nun erscheint das wahre Licht, obwohl noch ein Teil in der Finsternis ist. **12-17** Ich schreibe euch Vätern und Kindern und jungen Männern, denn ihr habt das Böse überwunden. Denn alles, was Lust ist, ist nicht vom Vater. **18-27** Es ist höchste Zeit! Anti-Christen sind da. Wer bei Gott bleibt, lebt ewig. Lasst euch nicht verarschen! **28-29** Bleibt in ihm: Wenn er offenbar wird → wir: hoffnungsvoll + nicht zuschanden; ihr

wisst: Er ist gerecht + wer Recht tut, ist von ihm geboren.

3 **1-10** Wir sind Kinder Gottes. Wer Kind Gottes ist, sündigt nicht. Wer sündigt, ist Kind des Teufels. Darin unterscheiden sich die Menschen. **11-17** Nicht wie Kain, sondern wie Jesus sollt ihr denken und handeln. Wahres Leben ist Liebe und Proexistenz. Das ist Jesu Lebensbotschaft. **18-24** Die Tat zeugt von der Wahrheit – Gottes Herz ist groß und unsere Zuversicht. Wir halten seine Gebote und so ist Gott in uns, durch seinen Geist.

**LIEBE DEN MENSCHEN
GEGENÜBER**

4 **1-6** Die Menschen, die Jesus anerkennen, sind von Gott. Nur Menschen von uns hören uns. Die anderen reden nur das Weltliche. **7-14** Gib Gottes Liebe, die du von Ihm geschenkt bekommst, an deine Mitmenschen weiter. **15-21** Gott ist die Liebe und wer liebt, der bleibt in

Gott und Gott in ihm. Gottes Liebe vertreibt Furcht und lehrt uns, unsere Brüder zu lieben.

5 1-5 Glaube an Jesus als Christus = Liebe den Menschen gegenüber. Dadurch halten wir Gottes Gebote. Glaube = Sieg, der die Welt überwunden hat! 6-12 Jesus Christus, getauft durch Wasser, gestorben am Kreuz, durch den Geist bestätigt, hat das ewige Leben durch Gott. Wir glauben und teilen es. 13-17 Glaube an das ewige Leben, das ist Zuversicht. Wenn wir Gott bitten, auch für andere, wird er uns erhören, nicht jedoch bei der Todsünde. 18-21 Das ist unsere Gewissheit: Wiedergeburt aus Gott bedeutet Bewahrung vor dem Bösen und Glaube an Christus, Erkenntnis Gottes und ewiges Leben.

Der zweite Brief des Johannes

⊙ **HÜTET EUCH VOR VERFÜHRERN**

1 **1-3** Gnade, Barmherzigkeit, Friede von Vater und Sohn sei mit uns, das sage ich allen Gläubigen. **4-6** Cool, dass hier Leute nach meinem Gebot leben: Macht weiter so und lebt in Gottes Liebe und nach seinem Gebot. Liebt einander! **7-11** Hütet euch vor Verführern. Prüft sie an der Lehre Christi. Bleibt in der Lehre, dann bleibt ihr bei Gott und Jesus. Grüßt Verführer nicht. **12-13** Wenn ich zu euch komme, können wir über alles reden und werden richtig froh sein. Bis bald!

Der dritte Brief des Johannes

GUT UND BÖSE MÜSSEN SICH VERSÖHNEN

1 **1-4** Ein Christ wünscht seinem christlichen Bruder ein gesundes und zufriedenes Herz im Namen der Wahrheit. Gut und Böse müssen sich versöhnen. **5-8** Mein Lieber, es ist gut, dass du deinen Nächsten liebst und ihm Gutes tust im Namen Gottes; seinetwegen nehmen sie von den Heiden nichts an. **9-12** Diotrephes will herrschen, tut Böses und verhindert unser Gutes. Wer gut ist, in dem wirkt Gottes Geist. **13-15** Ich muss dir so viel sagen, und will das persönlich tun; ich komme bald. Grüße jeden der Freunde namentlich. Friede sei mit dir!

Der Brief an die Hebräer

⊘

NICHT AM ZIEL VORBEITREIBEN

1 **1–4** Früher redete Gott durch die Propheten, jetzt durch seinen Sohn, durch den er die Welt erschuf und dessen Name der Höchste ist. **5–14** Vater-Sohn-Beziehung – wurde schon früher erwähnt. Der Sohn herrscht ewig, hat die Erde gemacht, die vergeht. Er bleibt. Auf Gottes Thron.

2 **1–4** Darum sollen wir desto mehr achten auf das Wort, das wir hören, damit wir nicht am Ziel vorbeitreiben. **5–10** Wer ist der Mensch, dass Gott sich um ihn kümmert? Wir sind die Krone der Schöpfung. Jesus aber ist der Größte. Er ist jetzt bei Gott. **11–18** Christus wurde uns als Bruder in Leben und Leiden gleich, damit er uns als Hohepriester erlöste und dessen Macht durch seinen Tod besiegte.

3 **1–6** Seid treu; Gott ist in allem! **7–19** Seid fest im Glauben!

Herz nicht verstocken! Denkt dran, dass Ungläubige nicht zur Ruhe kommen.

LEBENDIG UND KRÄFTIG UND SCHÄRFER

⊘

4 **1–7** Die verheißene Ruhe ist keine Friedhofs-, sondern eine Friedensruhe. Die den Christusglauben bisher abgelehnt haben, bekommen eine 2. Chance. **8–13** Das Wort Gottes ist lebendig und kräftig und schärfer als ein zweischneidiges Schwert. Gott sieht alles. Lasst uns zur Ruhe kommen. **14–16** Wir sollen an Gott glauben, denn dann wird er uns immer helfen.

5 **1–10** Jeder Priester wird für seine Sünden bestraft, er soll sich für alle opfern und so die Bestrafung auf sich nehmen und alle versöhnen. **11–14** Zurück zur Milch. Rückschritt statt Fortschritt bei den Hebräern. Feste Speise, wer geübte Sinne hat und Gut & Böse unterscheiden kann.

6 **1-9** Der Grund soll nicht erneut gelegt werden: Wer erleuchtet war durch den Heiligen Geist und abfällt, ist verloren – ihr aber werdet gerettet! **10-20** Gott ist gerecht und sieht die Liebe, die wir ihm erweisen. Wir dürfen aber nicht träge werden oder ungeduldig. Sein Eid ist unser Anker.

7 **1-3** Melchisedek segnete Abraham. Melchisedek war ein besonderer Priester, König der Gerechtigkeit & des Friedens. Er gleicht Jesus & bleibt ewiglich Priester. **4-14** Unser Herr kam nicht aus dem Stamm der Priester, doch gebt ihm den Zehnten, denn von ihm ist bezeugt, dass er lebt. **15-22** Nicht das Gesetz bringt die Vollendung, sondern der die Kraft ewigen Lebens verleiht: Jesus ist Bürge eines besseren Bundes.

> OHNE BLUTVERGIESSEN
> KEINE VERGEBUNG

23-28 Nur der unvergängliche Priester kann selig machen. Er ist heilig & total unbefleckt. Er muss nicht täglich Opfer bringen; er gab sich selbst.

8 **1-6** Hauptsache: Wir haben einen Hohepriester. Er sitzt zur Rechten des Thrones im Himmel. Er hat ein höheres Amt und ist Mittler eines Bundes. **7-13** Der neue Bund des Hohepriesters überbietet den alten Bund, wie ein Jeremia-Zitat nahe legt.

9 **1-10** Der erste Bund, die Stiftshütte und das Blutopfer bestehen bis zu ihrer Erneuerung; solange ist der Weg ins Heilige noch nicht offenbart. **11-15** Christus hat als Hohepriester durch sein eigenes Blut ewige Erlösung erworben: Er ist Mittler des neuen Bundes. **16-22** Ein Testament tritt erst mit dem Tod in Kraft. Deshalb musste auch der Bund mit Blut bestätigt werden. Ohne Blutvergießen keine Vergebung. **23-28** Kein Abbild wird dem Herrn gerecht. Er wird kommen zu erlösen. Nicht zu leiden.

10 **1-8** Die bisherigen Brandopfer und Sühneopfer sind nutzlos. Das Opfer Christi macht aber ein für alle Mal rein. **9-18** Jesus hat das ultimative Opfer erbracht. So kann Gott sein Gesetz als Hardware-Firewall in Menschen schreiben, die dann nicht mehr sündigen. **19-25** Durch das Blut Jesu ist uns der Eingang zum Heiligtum offen. Lasst festhalten am Bekenntnis, gebt acht aufeinander und tut gute Werke. **26-31** Wenn wir gesündigt haben, bleibt nur das Jüngste Gericht. Wer Moses Gesetze bricht, stirbt. Noch schlimmer trifft es Jesu Feinde. **32-34** Denkt an die Zeit, als euch alles genommen wurde und ihr Leid ertragen musstet, aber konntet, da ihr das Wichtigste in euch tragt. **35-39** Vertrauen und Geduld müssen zusammenwirken, um den Messias zu empfangen. Nämlich nur die werden Errettung erfahren.

(>) HELDENTATEN UND WUNDER

11 **1-3** Der Glaube gibt uns Zuversicht und lässt uns nicht zweifeln. Der Glaube lässt uns erkennen, dass die Welt aus Gott geschaffen ist. **4-6** Was der Glaube doch für Kraft verleiht! **7-10** Durch den Glauben und bedingungsloses Vertrauen in Gott haben Noah und Abraham aus scheinbaren Risiken Chancen gemacht. **11-12** Da sie glaubte, bekam Sara trotz ihrer Unfruchtbarkeit und ihres Alters so viele Kinder wie Sterne am Himmel und Sand am Meer.

13-16 Todgeglaubt als Gast und Fremder. Zurückgekehrt, um nicht umzudrehen für ein besseres Vaterland ohne Rechtfertigung an und von dem Herrn. **17-20** Durch den Glauben opferte Abraham Isaak und bekam ihn zurück. Isaak segnete Jakob und Esau für die zukünftigen Dinge. **21-29** Der Glaube macht vieles möglich und hilft gerade Mose und den Israeliten, scheinbar unüberwindbare Hindernisse zu überwinden. **30-31** Glauben versetzt Berge! Die Hure Rahab mag in den Augen der Menschen zwar ein sündhaftes Leben führen, doch ist bei Gott Vergebung. **32-40** Die Propheten haben Heldentaten und Wunder vollbracht und Unglück erfahren, aber Gott hat etwas Besseres mit uns vor.

12 **1-5** Diese Vorbilder sollen uns motivieren für das Leben im Glauben. Wir sollen uns auf Jesus ausrichten, der es uns am Besten vorgelebt hat. **6-11** Züchtigung zeigt Liebe des Vaters/Kind sein, keine Züchtigung: Ausgestoßene → Züchtigung zunächst Leid – dann bringt sie Frieden + Gerechtigkeit. **12-21** Stärke, Frieden, Heiligung. Tägliche starke Herausforderungen! **22-29**

Passt auf, wen ihr abweist, es könnte Jesus sein und ihr verpasst die Chance auf ein unerschütterliches Reich.

13 1–6 Man soll sich auf Gott verlassen und alle Fremden nett behandeln und kein Sex haben vor der Ehe. 7–16 Gelobt sei Jesus, der das Volk geheiligt hat durch sein Blut. Folgt seiner Lehre und tut Gutes. 17–25 Brüder Italiens sagen, Gott sei der Vater Jesu – er sei der Gott des Friedens und wolle nicht, dass Blut vergossen wird. Timotheus ist wieder frei.

Der Brief des Jakobus

⊙ **GOTT BRINGT NIEMANDEN IN VERSUCHUNG**

1 **1–12** Anfechtung geduldig ertragen, im festen Glauben bitten und nicht an Gott zweifeln. Nach Bewährung > Ergebnis: Gottes Versprechen werden wahr. **13–18** Gott bringt niemanden in Versuchung, daher wird er nie das Böse sein. Er ist beständig und alles Gute stammt von ihm. **19–27** Jakobus sagt, dass der Zorn nicht Gottes Willen ist und dass, wer sich selbst belügt, nicht mehr er selbst sei.

2 **1–5** Man soll keinen Unterschied zwischen Armen und Reichen machen und Vorurteile haben. Gott mag die, die im Glauben reich sind. **6–13** Barmherzigkeit, Nächstenliebe und sich an die 10 Gebote halten. Barmherzigkeit ist das Gesetz der Freiheit, daran muss man sich halten. **14–19** Wer nur redet, sich aber zu handeln weigert, dessen Glaube ist ein Lippenbekenntnis und erweist sich so zwar eventuell als »korrekt«, aber tot. **20–26** Glaube ohne Taten ist nutzlos. Siehe Abraham, der bereit war, seinen Sohn zu opfern. Oder die Hure Rahab, die die Boten gerettet hat.

NICHT VOM SCHEIN TRÜGEN LASSEN ◉

3 **1–12** Die Zunge ist ein wichtiges Organ. Wir können damit Gott loben, aber auch fluchen. Diese Zwiespältigkeit muss aufhören. **13–18** Weisheit und Barmherzigkeit kommen von oben und bringen Frieden, man zeugt von ihnen durch Taten. Neid und Streit sind irdisch und nieder.

4 **1–12** Widersteht dem Teufel und er flieht. Nähert euch Gott – und er wird entgegenkommen. **13–17** Man darf sich nicht vom Schein trügen lassen und soll immer den Blick auf das Wesentliche, auf Gott gerichtet haben.

5 **1-6** Die Reichen ergeben sich der Völlerei und verführen auch die Gerechten dazu, die ihnen nicht widerstehen. Deshalb kommt Elend über sie. **7-12** Der Herr kommt bald, seid geduldig. Der Herr ist barmherzig! **13-18** Gebet vermag viel, wenn es ernstlich ist. Der HERR wird den Kranken aufrichten und dem Sünder vergeben. **19-20** Es ist niemals zu spät, einem Mitmenschen wieder auf den richtigen Weg zu helfen. Jeder Mensch verdient die Chance zur Wiedergutmachung.

Der Brief des Judas

> HASST DIE SÜNDE

1 1–2 Judas, Knecht Jesu Christi und Bruder des Jakobus, beginnt seinen Brief an die Christen mit einem Segen um Barmherzigkeit, Frieden, Liebe. 3–9 Kämpft für den Glauben und seid wachsam! Gedenkt des Schicksals der gefallenen Engel, der Spötter. Wie auch den Teufel wird Gott sie strafen. 10–19 Die einen bohren sich löcherige Brunnen mit allen möglichen Mitteln und bleiben durstig; die anderen wurzeln an der Quelle des Lebens. 20–23 Steht im Glauben und im Heiligen Geist. Helft euren zweifelnden Brüdern, helft ihnen aus der Schuld und hasst selbst die Sünde. 24–25 Dem alleinigen Gott sei durch Jesus Christus unserem Erlöser Ehre, Majestät, Gewalt und Macht wie schon immer, jetzt und in alle Ewigkeit.

Die Offenbarung des Johannes

1 **1-3** Das ist die Offenbarung Jesu, die er über Engel an Johannes geschickt hat. Gut für jeden, der's liest und glaubt – denn das Ende ist nah. **4-8** Johannes schreibt an sieben Gemeinden: Jesus Christus ist der Herr. Gott ist unser Anfang und unser Ende. **9-13** Johannes erzählt, wie Gott ihn ergriffen hat. Die Stimme sagte, er soll die Geschichten über Jesus aufschreiben und an sieben Gemeinden schicken. **14-20** Johannes schaut den Auferstandenen in aller Macht und Herrlichkeit. Jesus lehrt ihn, die Zeichen zu deuten – und verweist ihn auf die Gemeinden.

2 **1-7** Johannes @ Ephesus: Ich weiß um deine Probleme. (Falsche Apostel). Aber verlass die erste Liebe nicht! Fass dir an die eigene Nase, bevor du meckerst! **8-11** Johannes @ Smyrna: Armut und Leid kann dem Gläubigen wahren Reichtum nicht nehmen: Wer die Lüge überwindet, dem soll kein Leid geschehen. **12-17** Johannes @ Pergamon: Wer sich zu Gottes Wort bekehrt und Buße tut, dem will ich geben von dem verborgenen Manna, den soll der Glaube nähren. **18-29** Johannes @ Thyatira: Alle sollen erkennen, dass Gott jedem nach seinen Werken gibt. Wer Böses überwindet und im Glauben bleibt, bekommt Macht.

ICH WAR TRAURIG UND WEINTE ⊙

3 **1-6** Johannes @ Sardes: Deine Werke sind tot – wach auf, tue Buße – ich komme überraschend – nimm mit, die es wert sind, deren Namen stehen im Buch des Lebens! **7-13** Johannes @ Philadelphia: Weil du mein Wort bewahrt und mir treu warst, werde ich dich und den, der überwindet, belohnen und auch deine Feinde werden dies anerkennen. **14-22** Johannes @ Laodizea: Weil du dich nicht anstrengst, Gutes zu tun, schließe ich dich aus. Öffne dich meinem Wort, dann wirst belohnt, zumal, wenn du überwindest.

4 **1-6** Ich sah im Himmel einen unter einem Regenbogen auf dem Thron sitzen, um ihn herum gekrönte Älteste, die Geister Gottes, ein Meer und Engel. **7-11** Da waren Gestalten: mit Flügeln und Augen überall! Die sagten immer nur: Heilig, heilig, heilig ist der Herr! Heilig, heilig ...

5 **1-4** Ein Buch mit Siegeln und niemand wurde – auf Nachfrage des Engels – für würdig befunden, es zu öffnen. Ich war traurig und weinte. **5-10** Ein goldenes Lamm nimmt das Buch mit den 7 Siegeln aus der Hand dessen, der auf dem Thron saß. Die Ältesten singen: Du bist seiner würdig. **11-14** Ein großes Fest im Himmel, größer als je alle Feste: Jesus, das Lamm auf dem Thron Gottes, ist selber Gott und rettet die Schöpfung.

6 **1-2** Das Lamm öffnete das 1. Siegel & einer der 4 Typen sagte voll laut: KOMM. Ich sah 1 Schimmel mit Reiter & Bogen. Er bekam 1 Krone zum Siegen. **3-4** Aus dem 2. Siegel kommt ein feuerrotes Pferd. Sein Reiter mit Schwert hat die Macht, den Frieden zu nehmen, dass sie sich alle niedermetzeln. **5-6** Drittes Siegel, schwarzes Pferd. Reiter hatte eine Waage. Stimme: 1 Maß Weizen, 3 Maß Gerste pro Silbergroschen; Öl + Wein – tu keinen Schaden! **7-8** Der, der auf dem fahlen Pferd als viertes Siegel saß, war der Tod. Er hatte Macht zu töten und Hungersnöte und Pest zu verursachen. **9-11** Das 5. Siegel bringt die wütende Klage der Märtyrer – zum Trost gibt´s ein weißes Gewand, aber noch müssen sie sich gedulden. **12-17** Das 6. Siegel lässt die Welt und das Universum erzittern. Alle Menschen fragen sich, wer dem Zorn Gottes entkommt.

JETZT TROCKNET GOTT IHRE TRÄNEN

7 **1-8** 4 Engel halten die Erde, ein 5. ruft zur Verschonung der Welt auf bis das Ziel erreicht ist, dass alle Stämme in Frieden vereint sind. **9-17** Menschen aus allen Ländern kamen vor Gottes Thron. Auch wenn sie vorher gelitten haben – jetzt trocknet Gott ihre Tränen.

8 **1-5** Den Engeln wird von Gott die Macht gegeben, auf die Menschen einzuwirken. Unter anderem verursacht ein Engel Donner, Blitz und Erdbeben. **6-13** 7 Engel mit 7 Posaunen: 4 Engel blasen hinein, jeder Ton steht für schreckliche Katastrophen. Wehe, wenn die 3 weiteren Posaunen ertönen.

9 **1-5** 5. Engel bläst Posaune. Stern vom Himmel → Schlüssel zum Abgrund. Heraus kommt Ungeziefer, um Menschen zu quälen, aber nur die ohne Gottes Siege.

◉ **EIN ENGEL MIT EINEM BÜCHLEIN BRÜLLT WIE EIN LÖWE**

6-12 1. Wehe: Die Menschen werden von riesigen, apokalyptischen Heuschrecken heimgesucht, deren König (auf Hebräisch) Abaddon und (auf Griechisch) Apollyon ist. 2 Wehen folgen. **13-21** Posaunenspiel: 4 Engel wurden befreit und viele Reiter töteten den 3. Teil der Menschen, doch die Überlebenden bekehrten sich nicht des Bösen.

10 **1-7** Ein Engel mit einem Büchlein brüllt wie ein Löwe. Der Prophet darf diese Worte aber nicht aufschreiben. Geheimnisse werden später gelöst. **8-11** Ein Engel sprach zu ihm, gibt ihm ein Buch und sagt, dass es im Mund lecker wäre und im Bauch nicht. So war es auch, als er es aß.

11 **1-6** Ich bekam einen Zollstock, mir wurde gesagt: Miss die ganze Kirche außer Garten – dafür gibt dir der Herr was, damit kann man einiges anstellen. **7-14** Feinde sterben, ihre Leichen ausgestellt. Gottes Geist fährt in sie, bringt sie in Himmel. Erdbeben, viele Tote, Schrecken, dann Ehre für Gott.

CIAO, TEUFEL! ◉

15-19 Der siebte Engel blies die Posaune, alle beteten Gottes Macht an und dankten ihm. Der Tempel im Himmel mit der Bundeslade ging auf.

12 **1-9** Die schwangere Frau. Der vernichtende Drache. Der Erzengel Michael. Kampf, Hauen und Stechen. Sieg der Guten. Ciao, Teufel! S'war nix! Lach! **10-12** Heil, Kraft und Reich sind Gottes. Der Verkläger ist überwunden. Der Himmel freue sich, weh aber der Erde und dem Meer, der Teufel kommt! **13-18** Der Drache kriegt das Kind nicht und bedrängt nun die Frau. Keine Tricks helfen. Die treu zu Jesus stehen, werden verschont.

13 **1-10** Tier und Drache, der ihm Kraft verliehen hat, lästern 2 Jahre gegen Gott und alle Heiden beten sie an. Geduld nur, dafür werden sie bestraft. **11-18** Ich sah ein zweites Tier aufsteigen. Das Tier bringt Verderben. Seine Zahl ist 666.

⊙ 7 ENGEL MIT 7 PLAGEN

14 **1-5** Ich sah das Lamm auf Zion stehen mit 144 000 Reinen. Nur sie verstehen die Stimme aus dem Himmel, lernen und singen Sein Lied. **6-13** Drei Engel verkünden die Apokalypse. Gericht ist da. Babylon ist gefallen. Wer den Teufel anbetet, wird leiden. Selig sind die Toten. **14-20** Der Menschensohn bringt die Ernte ein. Die Früchte sind reif, die ganze Erde wird abgeerntet.

15 **1-4** Ein Zeichen am Himmel: 7 Engel mit 7 Plagen. Am gläsernen Meer stehen Sieger, singen ein Lied von Gottes Heiligkeit, Gerechtigkeit und Güte. **5-8** Offenbarung: Gott, der Ewige, gebietet über die 7 Engel und die 7 Plagen. Im Zorn vollendet er deren Sein mit Kraft und Herrlichkeit.

16 **1-7** Gott befiehlt sieben Engeln, Rache auf der Erde zu üben. Und der Altar sagte: Gott, Deine Gerichte sind wahrhaft und gerecht. **8-9** Der 4. Engel verlieh der Sonne Macht, die Menschen zu versengen. Die Menschen aber bekehrten sich nicht und lästerten über den mächtigen Gott. **10-11** Der Engel goss Schale aus auf Thron des Tieres > Reich verfinstert sich > Menschen litten brutale Qualen, lästerten Gott und bekehrten sich nicht. **12-16** Der sechste Engel bereitet den Königen einen trockenen Weg und bewahrt sie vor bösen Geistern. Sie versammeln sich in Harmagedon. **17-21** Der 7. Engel veranlasst ein Erdbeben, das die Stadt zerteilt. Die Plage des Hagels kommt über die Menschen, deshalb lästern sie gegen Gott.

17 **1-6** Der 7. Engel zeigt das Gericht über Babylon. Das ist furchtbar. **7–14** Das Tier mit 7 Häuptern wird geheimnisvoll aus dem Abgrund wiederkommen – mit Königen herrschen, das Lamm bekämpfen, aber vernichtet werden. **15–18** Menschen sollen den Sinn des Lebens erkennen. Die, die keinen finden, werden bestraft.

18 **1–3** Noch ein mächtiger Engel fährt herab: Babylon ist gefallen! Dekadenz und Maßlosigkeit in Politik und Wirtschaft wurden zum Verhängnis. **4–8** Mein Volk, flieh aus der Stadt, in der es wie in Sodom und Gomorra zugeht, damit das Gericht nicht dich trifft. **9–13** Die mit Babylon hurenden Könige und Kaufleute beklagen dessen Vernichtung, denn damit ist all ihre Macht über die Menschen dahin. **14–19** Wer sich auf Reichtum und Wohlergehen verlässt, ist verlassen. Die große Stadt, einst schön geschmückt, ist in nur einer Stunde verwüstet. **20–24** Ein starker Engel kündigt den Untergang Babylons an, jener Stadt, die bei jeder kleinen und großen Schweinerei die Finger drin hat.

FALSE PROPHETEN WERDEN GEQUÄLT UND ANDERE MISTKERLE AUCH ⓒ

19 **1–5** Halleluja, lobt unsern Gott, denn sein sind Herrlichkeit und Kraft. Er ist wahrhaftig und gerecht. Halleluja. **6–10** Eine überwältigende Audition und eine großartige Vision: Eine Hochzeitsfeier als Bild für die Endzeit. Angemessenes Fest-Gewand: Gerechtigkeit. **11–16** Auf einem weißen Pferd ritt das Wort Gottes. Ihm folgte das Heer des Himmels. Er ist der König der Könige. **17–21** Engel ruft zur Raubtierfütterung. Futter: alle die Krieg führten, mit ihnen die falschen Propheten.

20 **1–6** Gottes Boten versuchen, alles Schlechte von den Menschen fernzuhalten. Selig ist der, der teilhat an der ersten Auferstehung. **7–10** Und dann wird der Satan losgelassen, Feuer fällt auf die Stadt, falsche Propheten werden gequält und andere Mistkerle auch, Tag und Nacht. **11–15** Gott richtet die Toten nach dem, was über sie geschrieben steht. Über wen nichts geschrieben steht, wird geworfen in den feurigen Pfuhl.

21 1-2 Ich sah: Ein neuer Himmel, eine neue Erde – alles vorherige ist vorbei. Gottes neue Stadt kommt aus dem Himmel zu uns – was für ein Fest! 3-4 Gott kommt zu den Menschen und bleibt. Es gibt nichts Böses, Schlechtes oder Falsches mehr. Keine Angst, noch Trauer, noch Schmerz. Nur Liebe. 5-8 Gott ist der Anfang und das Ende. Gläubige kommen in den Himmel, Atheisten durchleiden die Hölle. 9-14 Ein Engel zeigt mir die heilige Stadt Jerusalem in Herrlichkeit und Licht: eine Mauer mit 12 Tore der 12 Stämme mit 12 Namen der 12 Apostel.

⊙ DIE ZEIT IST NAHE

15-21 Er hatte eine Messlatte und maß die Stadt der Edelsteine, die herrliche Stadt voll goldenem Perlenglanz, mit zwölf Toren und rein. 22-27 Gott und Lamm sind der Tempel. Gott ist das Licht der Welt. Könige bringen Herrlichkeit – Gott ist immer da.

22 1-5 Da ist lebendiges Wasser und Bäume, die zur Heilung dienen. Es wird nichts Verfluchtes geben, keine dunkle Nacht, denn Gott wird regieren. 6-7 Er sprach zu mir: Siehe, ich komme bald. Selig ist, der die Worte der Weissagung in diesem Buch bewahrt. 8-10 Johannes hat dies gehört und fiel zu Füßen des Engels. Dieser sprach zu ihm: Ich bin dein Mitknecht. Bete, die Zeit ist nahe! 11-15 Bleibe du selbst und verstelle dich nicht. Wohl denen, die gut sind und gerecht, sie werden am Leben teilhaben. 16-21 Eine letzte Regel: Ihr sollt nichts zur Bibel hinzufügen oder wegnehmen. Was sagt uns das also über diese Twitter-Aktion? Twitter ade!